Kristine Grotian · Karl Heinz Beelich

Lernen
selbst managen

Effektive Methoden und Techniken
für Studium und Praxis

Mit 32 Abbildungen

Springer

Dipl.-Ing. Kristine Grotian
Dr.-Ing. Karl Heinz Beelich
Zilleweg 1
64291 Darmstadt

Die Deutsche Bibliothek - CIP-Einheitsaufnahme

Grotian, Kristine: Lernen selbst managen: effektive Methoden und Techniken für
Studium und Praxis / Kristine Grotian; K.H. Beelich. -
Berlin; Heidelberg; New York; Barcelona; Hongkong; London; Mailand; Paris; Singapur;
Tokio. Springer, 1999
  (VDI-Buch)

ISBN 3-540-65139-X Springer-Verlag Berlin Heidelberg New York

Einbandentwurf: Struve & Partner, Heidelberg
Satz: Reproduktionsfertige Vorlage der Autoren
SPIN: 10640111   60/3020   5 4 3 2 1 0 - Gedruckt auf säurefreiem Papier

Für Jan Tim
geboren am 10. Februar 1998

Vorbemerkungen

Welchen Nutzen haben Sie, wenn Sie dieses Buch lesen?

Jeder von uns ist ein Manager. Wir managen u.a. unser Leben, unsere Freizeit, aber auch unser Lernen. Peter F. Drucker (1980, Neue Managementpraxis. Econ, Düsseldorf Wien) definiert Management: „Effektiver und effizienter Einsatz von verfügbaren Ressourcen, um gewünschte Ergebnisse zu erzielen". Analysieren wir dies:

- effektiv: Die richtigen Dinge tun. Welche Prozesse sind auszuführen? Sind Sie mit Ihren Ergebnissen zufrieden?
- effizient: Die Dinge, die getan werden, richtig tun. Werden alle Prozesse planmäßig und wirtschaftlich durchgeführt?
- verfügbare Ressourcen: Sind Ihre Ressourcen sorgfältig analysiert? Setzen Sie Ihr Können und Wissen, ihre Fähigkeiten und Fertigkeiten bewußt ein?
- gewünschte Ergebnisse: Haben Sie Ihre Ziele klar analysiert und definiert?

In diesem Buch erhalten Sie Anregungen und Hinweise, die Sie in Ihre Denk- und Handlungswelt integrieren können. Sie aktivieren so in Ihrem mentalen Lexikon (Langzeitgedächtnis) inaktive Wissensnetze für den persönlichen Erfolg.

Viele Aspekte haben zwei Seiten bzw. zwei Sichten. Beispiele sind:

kreativ	-	korrektiv
Schreiber	-	Leser
Vortragender	-	Zuhörer
Problem	-	Lösung
Lernende	-	Lehrende
Erfolg	-	Mißerfolg

Auch Ihnen sind diese Sichten bekannt. Wenn nicht, hilft Ihnen Ihr von allen Seiten zugänglicher Schreibtisch. Bleiben Sie nicht immer im Sessel sitzen. Die andere Seite gibt Ihnen eine andere Sicht. Eine wirklich kreatives Verhalten nehmen Sie ein, wenn Sie Ihre kritische Haltung für diese Phase zunächst einmal ausschalten. Erst in einem konkreten Bezugssystem, dem Anspruchsniveau, bekommen Erfolgs- oder Mißerfolgserlebnisse ihre spezifische Bedeutung. Erfolgserlebnisse entstehen bei Überschreiten, Mißerfolgserlebnisse bei Unterschreiten dieses Anspruchsniveaus.

Ein Bild sagt mehr als tausend Worte und enthält auch mehr als tausend Gedanken.

Unser Lernverhalten charakterisiert der Eintrag in der Abbildung. Hierzu lesen Sie mehr in Abschnitt 3.5.7.

Wir haben aus dem großen Bereich des „Lernens selbst managen" nur die Ausschnitte entnommen, die wir selbst anwenden und für nützlich empfinden. Bestimmt lesen Sie an anderer Stelle andere Ansichten und Schwerpunkte. Dieses Buch beschreibt unser Verständnis vom „Effektive Methoden und Techniken verstehen, anwenden und behalten".

Allen Dank, die uns immer wieder anregten, unser Verständnis vom Selbstmanagement bzw. Eigenhandeln mit individuellem Arbeitsstil in einem Buch zusammenzutragen.

Darmstadt, Frühjahr 1999   Kristine Grotian und Karl Heinz Beelich

Inhaltsverzeichnis

1 Lernen und Selbstmanagement

1.1
Lernen und Arbeitsstil

Wir alle müssen uns mit einer ständigen Informationsflut auseinandersetzen und mit dem zunehmend schnelleren Wissenswachstum Schritt halten. Unternehmen müssen ihren Platz in immer stärkerem Maße nicht nur
auf dem inländischen Markt erkämpfen und behaupten, sondern auch im
internationalen Wettbewerb existieren. Technologischer Fortschritt und
der Wandel zur Informationsgesellschaft fordern Flexibilität und Bereitschaft zum Verändern. Das setzt mehr denn je eine hohe Lernfähigkeit
und die Offenheit zu kontinuierlichem Lernen voraus. Heute sind Mitarbeiter gefragt, die selbständig mit dem Weiterentwickeln in ihrem Fachgebiet Schritt halten können und in der Lage sind, sich in neue Bereiche
schnell einzuarbeiten. Anders gesagt: Von Ihnen wird die Kompetenz zu
lebenslangem Lernen erwartet.

Gestützt auf Literatur, Gespräche, Lern- und Lehrerfahrungen der
Autoren behandelt das Buch das selbstgemanagte Lernen bei individuellem Arbeitsstil. Was soll mit diesem Lernen und Arbeitsstil ausgesagt
werden?

1.1.1
Lernen selbstmanagen

Simons (1992, S. 251) definiert die Fähigkeit, selbstgemanagt zu lernen,
als

> das Ausmaß, in dem man fähig ist, das eigene Lernen zu steuern und zu
> kontrollieren, ohne die Hilfe anderer ...

Lernende müssen erkennen, wie sie ihren Lernprozeß effizient gestalten und welche richtigen Mittel sie einsetzen. Ein erster Fall, wie er sich immer wieder einstellt:

Sie trauen sich nicht, in einem Kolloquium oder Seminar etwas zu sagen. Mal fehlt's an Sachkenntnis, mal sind Ihre Formulierungen nicht passend, oder Ihnen fällt zu dem Thema gar nichts ein. Bereits bei einem unbekannten Begriff trauen Sie sich nicht nachzufragen.

Unsere Diagnose: ein Fall von Sprachschweiger-Syndrom. Nichtredentrauen gleich: keine Übung, gleich: weniger Wissen, gleich: Nichtredentrauen.

Da hilft nur der Vier-Stufen-Plan. Der große Sprung nach vorn! Springen Sie stufenweise mit.

- Stufe 1: Suchen Sie sich einen Mitstreiter. Sie sind mächtiger zu zweit.
- Stufe 2: Besorgen Sie sich rechtzeitig das Studienmaterial zum Seminarthema. Verschaffen Sie sich einen Überblick, und setzen Sie sich mit diesem Thema auseinander. Formulieren Sie Fragen zu wesentlichen Aussagen, und notieren Sie sich offene und unklare Aspekte. Visualisieren Sie die Sachverhalte.
- Stufe 3: Diskutieren Sie dies mit Ihrem Mitstreiter. Eine erste Übung zum unbefangenen Gespräch und zur Selbstkontrolle: Was fehlt mir denn noch?
- Stufe 4: Bringen Sie sich und Ihre Vorarbeit im Seminar rechtzeitig

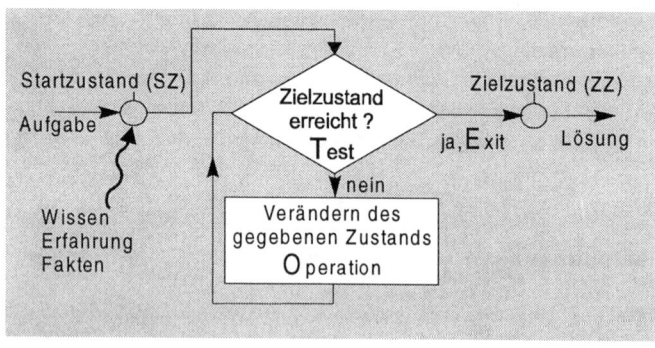

Abb. 1.1. Die TOTE-Einheit mit der Folge: Test, Operation, Test und Exit

und an der passenden Stelle ein. Wenn es bereits andere Teilnehmer gesagt haben, sind Sie nicht mehr am Zug. Auch Fragen stellen gilt, denn es gibt keine dummen Fragen. Und bestimmt verdeutlichen Sie durch die vorbereiteten bildhaften Darstellungen das von Ihnen Gesagte.

Was erkennen Sie daraus?

Selbstgemanagtes Lernen heißt: für sich selbst Fähigkeiten und Fertigkeiten aufbauen und Wissen erweitern. So bringen Sie sich im Seminar gehaltvoll und aktiv ein, gewinnen an Sicherheit und der Teufelskreis des Nichtredentrauens ist geknackt. Wollen Sie mehr zum selbstgemanagten Lernen wissen, lesen Sie in Abschnitt 3.1 weiter. Und an dieser Stelle: Was ist unter dem individuellen Arbeitsstil zu verstehen?

1.1.2
Arbeitsstil, individuell

Die Situation kennt jeder: Am Anfang jeden Semesters nehmen Sie sich wieder einmal vor, rechtzeitig mit dem Lernen zu beginnen. Und kurz vor den Klausuren kommt er dann doch: der Lernstreß. Hektik, Nervosität sind die typischen Anzeichen. Oft macht sich die geistige Herausforderung aber auch anders bemerkbar. Der Körper ist verkrampft und verspannt. Darunter leidet die Leistungsfähigkeit - und das erzeugt Streß.

Bei Beelich, Schwede (1983, S. 9) ist zu lesen:

> ... derjenige, der Probleme hat, muß vordringlich selbst an ihrer Lösung arbeiten. Im Bereich des Lernens, des geistigen Tätigseins gibt es gewisse Grundregeln, die zu wissen einfach notwendig sind, um nicht immer wieder von Ärger und Resignation geplagt zu werden. Je nach Fähigkeit, Einstellung und Tätigkeit des einzelnen sind Methoden und zugehörige Techniken äußerst unterschiedlich. Sie sind von Lernenden zu überprüfen und zu variieren, um eine Verbesserung der Lerngewohnheiten zu erreichen.

An dieser Stelle lernen Sie einen iterativen Vorgehenszyklus in fünf Phasen kennen: eine Prozeßkette zum Lösen von Problemen und zum Umsetzen der entwickelten Maßnahmen.

Das mit diesen Phasen beschriebene Gestalten von Veränderungs- und Prüfprozessen läßt sich nach Miller, Galanter, Pribram (1973, S. 34) aus mehreren Grundeinheiten mit Denk-, Handlungs- und Testoperationen, der TOTE-Einheit (Abb. 1.1), darstellen. Diese TOTE-Einheit (Test-Operation-Test-Exit) wird bei Ehrlenspiel, Rutz (1987) als Grundprinzip des menschlichen (problemlösenden) Denkens und Handelns bezeichnet. Für das Erzeugen einer Lösung muß auf Wissen, Erfahrung und Fakten zugegriffen werden. Im Test-Schritt wird durch eine schließende Frage geprüft. Erkennen Sie beim Einstiegstest sofort eine geeignete Lösung, laufen Sie in den Exit-Zweig, ansonsten müssen Sie mit der „Operation" eine neue und bei erneutem Negativ-Entscheid eine andere Lösung generieren.

TOTE-Einheit und Problemlösungsstrategie nach VDI 2221 (1993, S. 3) gestalten den iterativen Vorgehenszyklus in fünf Phasen, Abb. 1.2.

1. Phase: Situationsanalyse (Problemanalyse) und Zielanalyse (Problemformulierung) (s. Abschn. 5.1 und 5.2): Was für ein Sachverhalt liegt vor, in welcher Situation befinde ich mich?

Die bereits beschriebene Situation ist eingetreten. Die Klausur wurde ohne Erfolg geschrieben. Sie haben viel gearbeitet, aber ihrer Meinung nach wenig gelernt: Analysieren Sie die Eigenschaften (= Merkmal + Wert), die zu dieser Situation, diesem Sachverhalt führten. Dies können u.a. sein:

Vor der Klausur: Vorbereitungszeit nicht ausreichend, falsche Schwerpunkte gesetzt, unzutreffendes Lernmaterial, ... und während der Klausur: Fragen falsch interpretiert, am Thema vorbei geschrieben, falsche Zeitplanung, Fragen mit geringer Punktzahl zu umfangreich beantwortet, ...

Fragen Sie sich weiterhin: Was will ich eigentlich genau? Was strebe ich an?

Bestimmt wollen Sie sich nicht an Einzelproblemen festbeißen. Vielmehr wollen Sie ihr Lernverhalten verändern bzw. situationsgerecht optimieren und dazu Methoden und zugehörige Techniken kennenlernen.

2. Phase: Maßnahmensynthese und -analyse (s. Abschn. 5.3): Ausgehend von Ihrer Problemformulierung entwickeln Sie individuelle Maßnahmen, d.h. geeignete und spezifische Lernstrategien (s. Abschn. 3.5).

Mit diesen Lernstrategien gestalten Sie das Lernen vor der Klausur und das Bearbeiten während der Klausur effizienter und entspannter. Hierbei unterstützen Sie die Ausführungen in Kapitel 6 „Feedback: Lernerfolg". Maßnahmen hierzu sind z.B.:

Vor der Klausur: Den Lernstoff in Fragen und Antworten mit einer Lernkartei umsetzen und dies bereits in - zumindest nach - jeder prüfungsrelevanten Lehrveranstaltung.

Fünf-Phasen-Plan

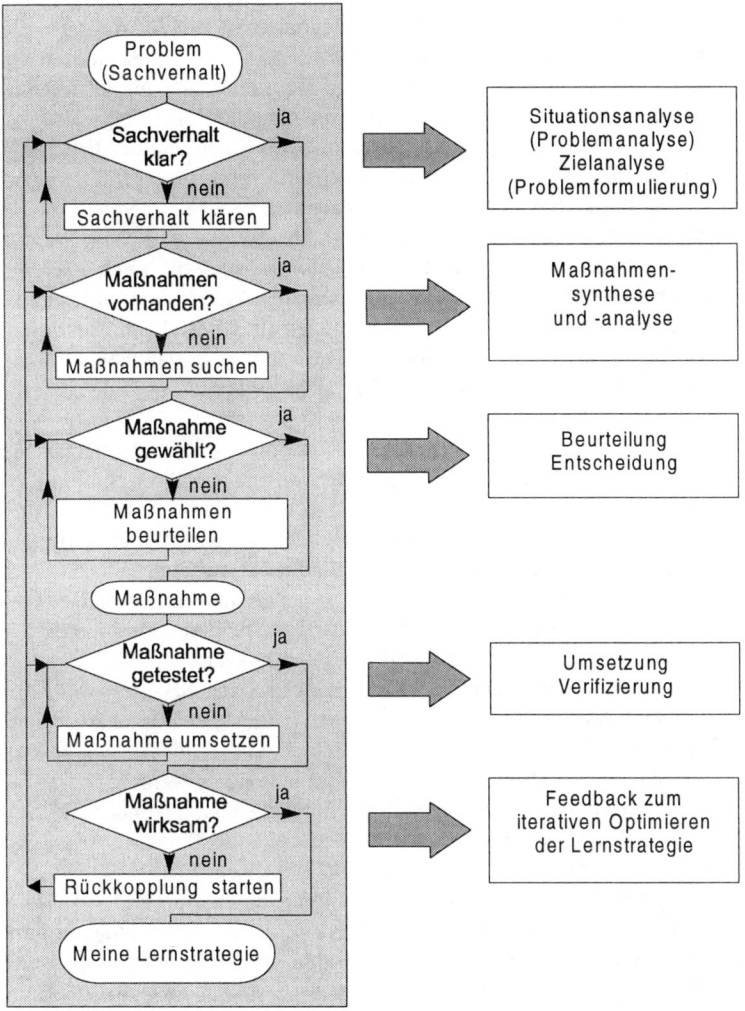

Abb. 1.2. Iterativer Vorgehenszyklus (Prozeßkette) aus mehreren selbstähnlichen TOTE-Einheiten

Die Technik der Karteikarten - die Lernkartei - nutzen und in der Lerngruppe den Schwedenpoker spielen (Beelich, Schwede 1983, S. 169-171). Während der Klausur: Beginnen Sie mit der Aufgabe, die Ihnen möglicherweise die meisten Punkte bringt. Also verschaffen Sie sich zuerst einen Überblick. Verteilen Sie die Gesamtzeit auf die einzelnen Aufgaben, und legen Sie Ihre individuelle Reihenfolge fest.

Dies sind einige Hinweise aus dem Beobachten und der Erfahrung der Autoren. Ergänzen Sie diese Auflistung sofort durch Ihre Hinweise, und fragen Sie sich: Welche Maßnahmen kenne ich bereits?

3. Phase: Beurteilung, Entscheidung (s. Abschn. 5.4 und 5.5): Welche der entwickelten individuellen Maßnahmen sind für mich geeignet und bedeutsam, um in einem angemessenen Zeitrahmen wirksam zu werden? Führen Sie einen Paarvergleich dieser Maßnahmen durch, und legen Sie die Reihenfolge fest. Die wichtigste Maßnahme könnte Ihre erste Lernstrategie sein. In den nächsten Phasen wird diese Maßnahme getestet und überprüft.

4. Phase: Umsetzung, Verifizierung (s. Abschn. 5.3 und 5.4): Setzen Sie die wichtigste Maßnahme sofort und bewußt um. Führen Sie ein Protokoll.

5. Phase: Feedback zum iterativen Optimieren (s. Kap. 6): Hinterfragen Sie den Lern- und Prüfungserfolg. Wie gut hat mir die Maßnahme geholfen, mein Problem zu lösen? Was läßt sich hinsichtlich meiner spezifischen Lernstrategie verändern bzw. modifizieren? Optimieren Sie so iterativ Ihre Lernstrategie und Ihr Lernverhalten.

Bedenken Sie auch: Neben dem geistigen Auseinandersetzen hilft zusätzlich ein sportliches Ausdauertraining. Dieses integrierte Ausdauertraining soll helfen, Streß auch körperlich abzubauen. Dazu gehört, daß Streßzustände des Körpers rechtzeitig wahrgenommen werden.

Anhand dieser zwei beispielhaften Vorgehenspläne erkennen Sie, wie die Autoren das selbstgemanagte Lernen bei individuellem Arbeitsstil verstehen. Lernende müssen es selbst tun.

Lehrende übernehmen nach unserem Verständnis die Rolle der Prozeßhelfer, Moderatoren und Trainer (Coach), die unter anderem mit persönlichen Einzelgesprächen, Lehrgesprächen in der Lerngruppe und praxiserprobten Beispielen den (Lehr-)Lern-Prozeß managen (gestalten, lenken) und den Lern- bzw. Arbeitsprozeß unterstützen.

1.2
Lehren und Lernen, (Lehr-)Lern-Prozeß

Lehren heißt:

> ... absichtsvoll Lernprozesse einleiten, fördern oder korrigieren, um Einsichten, Erlebnisse, Verhaltensmuster schneller, lückenloser und sicherer, mithin ökonomischer lernen zu lassen, als das bloße Miterleben in Natur und Gesellschaft dies gestatten würde. (Schulz 1969)

Lernen ist

> ... der Prozeß, durch den Verhalten aufgrund von Interaktionen mit der Umwelt oder Reaktionen auf die Situation relativ dauerhaft entsteht und verändert wird, wobei auszuschließen ist, daß diese Änderungen durch angeborene Reaktionsweisen, Reifungsvorgänge oder vorübergehende Zustände des Organismus (Ermüdung, Rausch u.a.) bedingt sind. (Skowronek 1969, S. 9)

Ausgehend von diesen Definitionen führte Reinhardt (1972) im Seminar „Psychologische Grundlagen des Lehrens und Lernens" an der Universität Mainz aus:

> Jeder lernt nur soviel, wie er selbst an eigener Befähigung hinzu gewinnt. Soweit er in seinem Verhalten und Leisten ein anderer wurde, hat er gelernt. Dabei paßt er seine Verhaltens- und Leistungsfähigkeit an die Forderungen an, die ihm gegenüber von Lehrseite errichtet sind.

Gemeinsam mit den Seminarteilnehmern wurde dieses Themenfeld diskutiert, und folgende Fragen wurden beantwortet.

Was umfaßt demnach stichwortartig Lernen?

1. Eigenhandeln
2. Verändern (vom Lernenden gesehen). Angeben einer Richtung
3. Anpassen an die Umwelt (Lehrinstitute sind auch Umwelt)

Wie kann dann umgekehrt Lehren stichwortartig beschrieben werden?

1. Handeln lassen, Lernmaterial geben, Kontrollen vornehmen
2. Formen, Bilden
3. Umweltanforderungen zur Verfügung stellen

Während der Lehrtätigkeit des Autors an der Universität (vormals Technische Hochschule) Darmstadt, zum Teil an der Fachhochschule, in Lehrveranstaltungen der Industrie- und Handelskammer Darmstadt und in den über 100 Industrieseminaren waren die vorangegangenen Ausführungen zum Lehren und Lernen stets eine Leitlinie. Aus dem Erleben und

Erfahren dieser Lehrtätigkeit hat sich das im Buch behandelte Modell des selbstgemanagten Lernens bei individuellem Arbeitsstil herausgebildet. Es wurde mehrfach empirisch erprobt und den Gegebenheiten entsprechend angepaßt. Die Autorin wendete dies nicht nur bei ihrem technischen Studium an der Technischen Hochschule Darmstadt, sondern auch während ihrer Industrietätigkeit an.

1.3
Situation des (Lehr-)Lern-Prozesses

In der Diskussion um die „Qualität der Lehre" zeigt sich, daß vielfach noch immer die Vorstellung vorherrscht, daß Lernende (mehr oder minder) leere Gefäße seien, die von den Lehrenden mit Wissen gefüllt werden. Wie allerdings die Praxis zeigt, nimmt beim Wissenserwerb das Lernen als aktiver Teilprozeß eine entscheidende Rolle ein - und noch viel mehr beim Erwerb von Methoden- und Sozialkompetenz (s. Abschn. 3.3.2 und 3.3.3).

Die Fähigkeit, selbstgemanagt zu lernen, fördert das Selbststudium - allein oder in der Gruppe. Dies erschließt einen selbstbestimmten Zugang zum Wissen und schafft Freiräume, die beispielsweise für eine kritische Reflexion des Wissens oder für ein Vertiefen nach Neigung genutzt werden können. Die Ausführungen in diesem Buch werden Ihnen eine Hilfestellung sein. Dies nicht nur zum Verbessern Ihres Lernens mit dem und im persönlichen Lernsystem, sondern vielleicht auch zum kritischen Auseinandersetzen mit der Situation an der Hochschule bzw. Universität.

1.4
Didaktik der Technik

Der Begriff „Didaktik" ist im Sinne einer Wissenschaft vom Lehren und dem ihm korrespondierenden Lernen zu verstehen. Definitionen zum Begriff Didaktik beziehen sich im Sinne dieses Buches nur auf das Bearbeiten und Entscheiden geplanter (Lehr-)Lern-Prozesse.

Das in Abb. 1.3 dargestellte „Didaktische Achteck" umfaßt die acht wichtigsten pädagogischen Dimensionen, die für das didaktische und methodische Vorbereiten (Planen und Entwickeln), Durchführen, Beur-

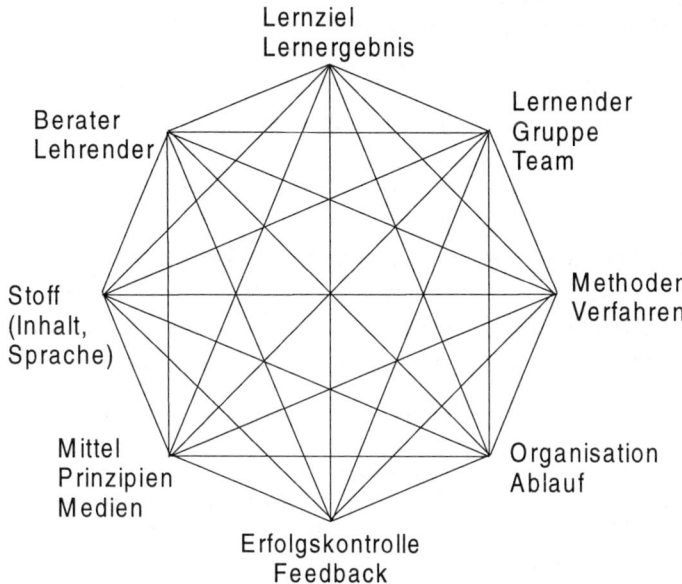

Abb. 1.3. Didaktisches Achteck (s. auch Portner, Kissel 1987)

teilen und Auswerten von (Lehr-)Lern-Prozessen unerläßlich sind (Portner, Kissel 1987).

Didaktik ist nicht allein für die (Lehr-)Lern-Prozesse wichtig, sondern sie ist das wichtigste Instrument für alle, die ein Wissen oder Können zu vermitteln haben. Sei es als Autor wissenschaftlicher und technischer Schriften oder als Dozent (Referent, Vortragender, Lehrender). Didaktik ist außerdem auch für alle von Bedeutung, die als Forscher oder Entwicklungsingenieure, als Patentbearbeiter oder Beschreibungsingenieure technische Berichte zu verfassen haben. Gebrauchsanweisungen, Maschinen- oder Gerätebeschreibungen und Forschungsberichte unterliegen ebenso den Regeln der Didaktik wie wissenschaftliche Manuskripte und Fachvorträge. Im erweiterten Sinn ist Didaktik die Kunst des Verarbeitens (s. Abschn. 5.1.2) und Weitergebens (s. Abschn. 5.1.3) von Wissen in Wissenschaft, Technik und Wirtschaft, gleichgültig, ob es sich um Vortrag oder Gespräch, um Fachbuch oder schriftliche Anweisung handelt. Wer sich der Didaktik bedient, ist verständlicher beim Schreiben

(s. Abschn. 7.1) und Reden bzw. Vortragen (s. Abschn. 7.2). Aber diese Didaktik kann kein Eigenleben führen: sie ist immer verbunden mit dem Wissen (s. Abschn. 2.4.1), das vermittelt werden soll.

Im folgenden wird der Titel dieses Buches „Techniken verstehen, anwenden und behalten" behandelt, um Sie allgemein auf dieses Thema vorzubereiten.

1.5
Techniken verstehen, anwenden und behalten

Aus der Vielzahl von Definitionen werden in diesem Buch diejenigen aus dem Duden (1989) wiedergegeben. Was ist Technik, was sind Techniken?

(1) Technik sind alle Maßnahmen, Einrichtungen und Verfahren, die dazu dienen, die Erkenntnisse der Naturwissenschaften für den Menschen praktisch nutzbar zu machen.

(2) Technik ist eine besondere, in bestimmter Weise festgelegte Art, Methode des Vorgehens, der Ausführung von etwas.

Nach Müller (1990, S. 63) bezeichnet

ein Verfahren die geordnete Menge zweckentsprechender Operationen technischer, manueller oder gedanklicher Natur und ein Prozeß die geordnete Menge von Zuständen, die in Vorgängen durchlaufen werden.

Die damit angesprochenen Wechselwirkungen werden in Anlehnung an Koch (1986, S. 25) durch den grundlegenden Zusammenhang zwischen Operand (Zustand, Verhalten), Operation (zur Zustands- und/oder Verhaltensänderung) und Operator erläutert, Abb. 1.4.

Um den Startzustand SZ eines Operanden (Gegenstand: Lernstoff) in den Zielzustand ZZ (Produkt: Lernziel: strukturierter Lernstoff) oder eine Eingangsgröße in eine Ausgangsgröße zu überführen, ist eine Operation (Handlung: Strukturieren) zu vollziehen. Diese Operation kann elementar (Teilprozeß), aber auch als Folge von Operationen (Prozeßkette) komplex sein. Zum Ändern der Operanden müssen Operatoren zum Ausführen der Operation(en) auf den Operanden einwirken. Die Operatoren werden vom Menschen unmittelbar (Muskelkraft, Bewegung, Wissen, Erfahrung) und/oder von einem Mittel mittelbar (Motor, Generator, Datenbank) verursacht bzw. erzeugt. Mit dieser Definition werden sowohl die Prozesse als auch die Produkte angesprochen. In unserem Verständnis sind Produkte stets Ergebnisse von Prozessen, in denen sie

sowohl Träger der Prozesse (Prozeßraum bildend) als auch Träger der
Mittel (Funktionsträger zum mittelbaren Erzeugen der Operatoren) sind.
Mittel sind u.a. die von Pahl, Beitz (1997, S. 36) genannten technischen
Gebilde also Anlagen, Maschinen, Geräte, Apparate, Baugruppen oder
Einzelteile.

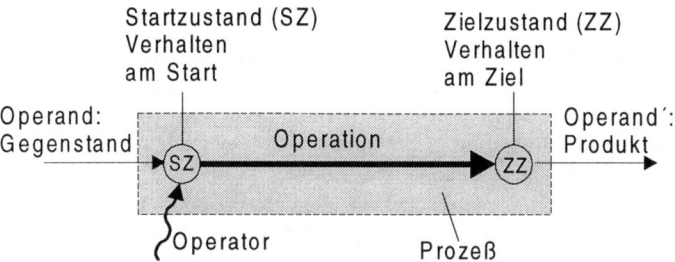

Abb. 1.4. Elemente, Faktoren und Größen im Prozeßmodell

Weitere Aspekte der Definitionen sind:
- „in bestimmter Weise festgelegte Art des Vorgehens" behandelt die
  Wortfamilie „Vorgehen". Das Vorgehen umfaßt einen Arbeitsfluß in
  seiner unterschiedlichen zweckgerichteten Ablaufstruktur. Arbeitsprozesse lassen sich als Vorgehenspläne in Phasen und Schritte unterteilen. Sie tragen als strategische und taktische Handlungsanweisungen zum Arbeitsfortschritt bei (Pahl, Beitz 1997, S. 87).
- „Art der Ausführung von etwas" umfaßt die Art des Verwirklichens
  und Herstellens, beschreibt aber auch die Eigenschaften hinsichtlich
  der Qualität, der Ausstattung, des Gebrauchs usw. von etwas.
  In unserer Betrachtung handelt es sich bei „etwas" z.B. um Objekte
  im technischen Bereich also um technische Gebilde.

Was bedeuten nun die einzelnen Verben im Titel „Techniken verstehen,
anwenden und behalten"?.
- Das Verb „verstehen" beschreibt nach den Ausführungen im Duden
  (1989) auch
    „Sinn von etwas erfassen, etwas begreifen". Das Verb „begreifen" for-
    muliert „geistig erfassen, in seinen Zusammenhängen erkennen, verste-
    hen". Weiterhin wird ausgeführt: „in etwas besondere Kenntnisse haben,
    sich auf einem bestimmten Gebiet auskennen und daher ein Urteil ha-
    ben".

Diese Definition zum Verstehen zeigt bereits, wie wichtig es ist, nicht einfach Traditionelles wiederzugeben, denn:

> Unter Intelligenz verstehen wir eine gewisse Klugheit, die Fähigkeit des Begreifens, Verstehens und Urteilens. Bei ihr stehen Analysefähigkeit und ein mehr diskursives, also schrittweises Denken im Vordergrund (Pahl 1995, S. 32).

- Das Verb „anwenden" (Duden 1989) bedeutet „mit etwas arbeiten, um etwas zu erreichen", aber auch „auf etwas beziehen, übertragen".
- Das Verb „behalten" (Duden 1989) steht für „sich merken, im Gedächtnis bewahren".

Nach diesen Ausführungen ist erkennbar, wie vielschichtig das Thema „Techniken verstehen, anwenden und behalten" ist.

Wir übertragen die mit den Prozessen charakterisierten Vorgehens- und Arbeitsweisen auch auf die (Lehr-)Lern-Prozesse. Diese Prozesse umfassen eine Vielzahl unterschiedlicher Operationen wie z.B. „verstehen, anwenden, behalten", mit denen Zielvorstellungen (Lernziele) als Anforderungen an die Ergebnisse (Produkte) der Prozesse zu erreichen sind. Hierzu werden spezifische Methoden bzw. Verfahren unter Einsatz von zugehörigen Techniken (Arbeits- und Hilfsmittel, Medien) didaktisch vorbereitet und anwendungsgerecht dargestellt. Das Denkverhalten und die Informationsverarbeitungsvorgänge beim Menschen werden ebenfalls erläutert, um die angewendeten Lernmethoden zum „Behalten von Wissen" mit den eventuell erforderlichen zugehörigen Lerntechniken besser nachzuvollziehen.

1.6
Und noch eine Bemerkung

Wissenschaftliches Arbeiten wird nach unserem Verständnis als Prozeß mit einer mehr oder weniger großen Zahl an Operationen (Vorgängen) und Zuständen vollzogen. Wissenschaftliches Arbeiten besteht nicht nur aus Einflußfaktoren, Zustandsgrößen und Operationen (Tätigkeiten, Aktivitäten), sondern umfaßt im Lernsystem die zusammengehörenden Teilsysteme (Lehr-)Lern-Prozeß, Mittel und Lernende und ggf. Lehrende, Abb. 1.5. Mit dem Prozeß (Methodiken, Lernmethoden, Verfahren) wird der Lernstoff bzw. das Lernthema (Lerngegenstand) zum gewollten Lernergebnis (Lernziel) transformiert. Ungewollte Eingangsgrößen wie z.b. Fehlinformationen und Störungen und/oder falsche und ungeeignete Mittel bewirken Handlungs- oder Ausführungsfehler im Prozeß und darüber hinaus negative Lernergebnisse (falsches Wissen, Fehlverhalten).

Die behandelten Methoden und zugehörigen Techniken gelten zwar für alle Fachbereiche, beziehen sich aber vorwiegend, auch mit den Beispielen, auf den Bereich der technischen Fachgebiete, die von den Autoren studiert wurden und in denen sie praktisch tätig waren. Der vorgegebene Umfang des Buchs ermöglicht keine umfassende Darstellung der bestehenden Modelle, Strategien, Vorgehens- und Arbeitsweisen, Methoden und zugehörigen Techniken. Mit dem behandelten Stoff kann jedoch jeder sein Lernen bei individuellem Arbeitsstil selbstmanagen (s. Abschn. 3.1), d.h. gestalten (planen und entscheiden) und lenken (durchsetzen und kontrollieren). In den folgenden Kapiteln erfahren Sie mehr über die Einflußfaktoren, die den Startzustand (SZ) beschreiben und das Ergebnis geistiger Aktivitäten (den Zielzustand (ZZ)) also auch den Lernerfolg (Lernergebnis (+)) beeinflussen. Dies sind u.a.:

- die Eingangsvoraussetzungen des Lernenden wie z.B. Vorwissen, Erfahrung, Einstellung.
- der Lernstoff und das Lernthema.
- die Umstände, die Maßnahmen, aber auch Störungen.
- der Anstoß und die Motivation, d.h. das Interesse, das Engagement, das der eigenen Arbeit entgegengebracht wird.
- die Lernumgebung, Organisation, der Arbeitsplatz, der Hörsaalverband.

Sie erfahren über die Elemente und die Prozeßgrößen, die während des (Lehr-)Lern-Prozesses wirksam werden, und die Zustandsgrößen, die nach einzelnen Operationen erreicht werden. Elemente und Größen sind:

- die Methodiken, die Lernmethoden bzw. Verfahren und Prinzipien, mit denen die (Lehr-)Lern-Prozesse durchgeführt werden, um Probleme oder Aufgaben zu lösen.
- die von der Methodenwahl abhängigen Mittel, d.h. Techniken, Prinzipien und/oder Medien.
- die für die Mittel und/oder Medien erforderlichen Eingangsgrößen: Energie und Signal.

All diese Elemente, Faktoren und Größen können natürlich auch zu einem Mißerfolg (einem negativen Lernergebnis) führen. Um den Mißerfolg zu vermeiden, werden wir uns mit den kritischen Situationen befassen, die dieses Lernergebnis verursachen (s. Abschn. 4.4 und 6.4).

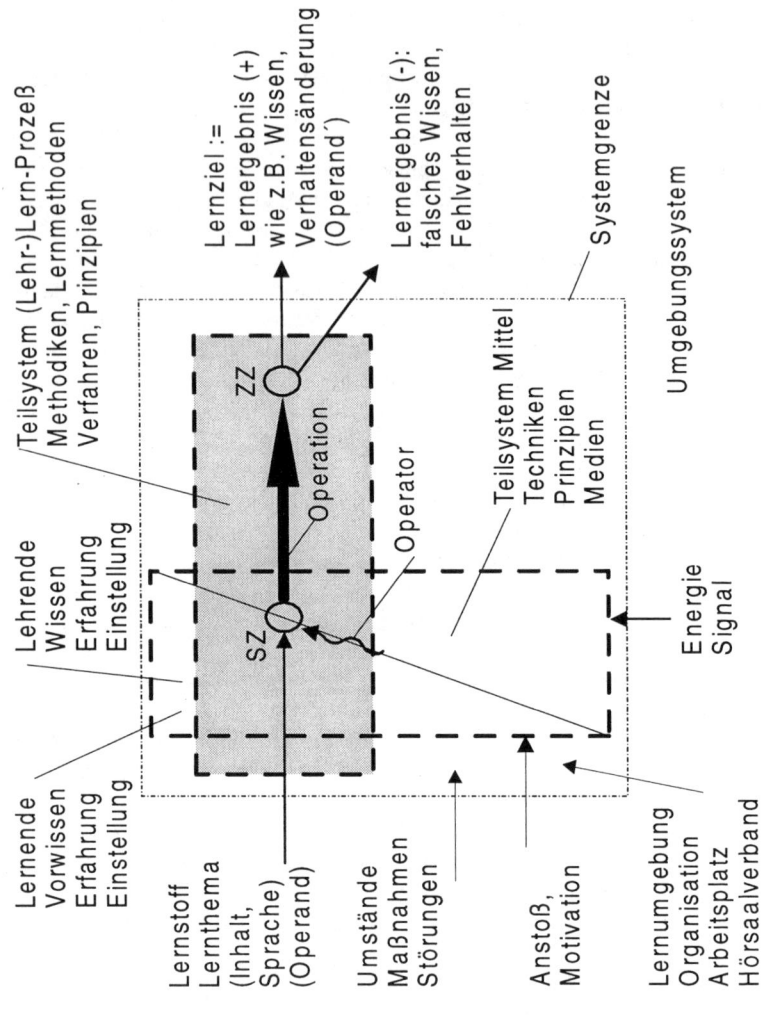

Abb. 1.5. Lernsystem mit seinen Elementen, Faktoren und Größen

1.7
Literatur

Beelich KH, Schwede HH (1983) Denken, Planen, Handeln. Grundtechniken für zweckmäßiges Lernen und Arbeiten. 3., überarb. Aufl. Vogel, Würzburg

Duden (1989) Deutsches Universal Wörterbuch A-Z. 2., völlig neu bearb. Und stark erw. Aufl. Duden, Mannheim Wien Zürich

Ehrlenspiel K, Rutz A (1987) Konstruieren als gedanklicher Prozeß. Konstruktion 39, 10, 409-414

Koch P (1986) Methodisch-systemwissenschaftliche Arbeitsweise bei der Problemlösung in FuE-Prozessen. Lehrbriefreihe „Grundlagen des wissenschaftlich-technischen Schöpfertums". H 5. BA/CZJ. Berlin Jena

Miller GA, Galanter E, Pribram KH (1975) Strategien des Handelns. Pläne und Strukturen des Verhaltens. Klett, Stuttgart

Müller J (1990) Arbeitsmethoden der Technikwissenschaften. Systematik, Heuristik, Kreativität. Springer, Berlin Heidelberg New York

Pahl G (1995) Ist Konstruieren erlernbar oder doch eine Kunst. VDI Berichte 1169, 27-44

Pahl G, Beitz W (1997) Konstruktionslehre. Methoden und Anwendung. 4., neubearb. Aufl. Springer, Berlin Heidelberg New York

Portner D, Kissel D (1987) Militärische Ausbildungspraxis. Lern- und Arbeitsbuch für den Ausbilder. Bearbeitet von Driftmann, HH. Walhalla und Praetoria, Regensburg

Reinhardt (1972) Psychologische Grundlagen des Lehrens und Lernens. Seminar an der Universität Mainz

Schulz W (1969) Umriß einer didaktischen Theorie der Schule. In: Furck CL (Hrsg.) Zur Theorie der Schule. Beltz, Weinheim Basel

Simons RJ (1992). Lernen selbständig zu lernen. Ein Rahmenmodell. In Mandl H, Friedrich HF (Hrsg.) Lern- und Denkstrategien. Analyse und Erwerb. Hogrefe, Göttingen, S. 251-264

Skowronek H (1969) Lernen und Lernfähigkeit. Juventa ‚München

VDI 2221 (1993) Methodik zum Entwickeln und Konstruieren technischer Systeme und Produkte. Beuth, Berlin Köln

2 Grundlagen des Lernens

Lernen ist vom Wahrnehmen abhängig, denn was nicht wahrgenommen wird, kann auch nicht in die Wissensbasis (das Gedächtnis) überführt werden. Aus psychologischer Sicht ist Lernen nicht unmittelbar beobachtbar, sondern es muß erschlossen werden. Lediglich das Verhalten von Lernenden vor und nach Lernprozessen kann festgestellt werden.

Auch Lernen ist Verhalten. Wer lernt, der sieht, hört, denkt nach, probiert aus, macht Fehler, überlegt, hat Erfolg, fragt - und noch vieles andere mehr (Schubert et al. 1973, S. 11).

Lernprozesse setzen notwendigerweise ein Gedächtnis voraus, das es den Lernenden erlaubt, wahrgenommene Informationen zu speichern, um auf künftige Anforderungen das erworbene Wissen zu reproduzieren.

Eine Vielzahl von Wissenschaftsdisziplinen beschäftigen sich mit dem menschlichen Lernen, um so Einblicke in den menschlichen Lern- und Arbeitsprozeß zu gewinnen. Dazu sind lerntheoretische Grundsätze zu berücksichtigen, insbesondere die der Lernbiologie (Neurophysiologie, Neurobiologie, Hirnforschung), die sich mit den biologischen Vorgängen im menschlichen Gehirn befaßt, sowie die der Lernpsychologie (s. Abschn. 2.2), die das Verhalten der Lernenden mit einbezieht.

2.1
Biologische Vorgänge beim Lernen

2.1.1
Wahrnehmen

Das Wahrnehmen neuer Informationen führt durch Assoziationen zu neuen Neuronenverknüpfungen (s. Fischbach 1992, S. 38), Abb. 2.1.

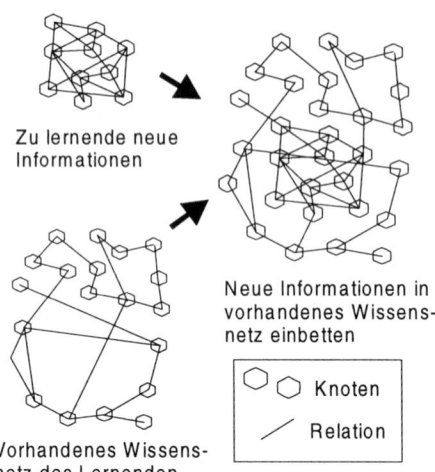

Zu lernende neue
Informationen

Neue Informationen in
vorhandenes Wissens-
netz einbetten

Vorhandenes Wissens-
netz des Lernenden

⬡ ⬡ Knoten

╱ Relation

Abb. 2.1. Wissensnetz im menschlichen Gehirn beim Lernen

Wahrnehmungen bilden die Gesamtheit aller Eingangsgrößen beim Menschen in einem umfassenden Lern- oder Arbeitssystem.

Das Wahrnehmen von Umweltreizen geschieht durch die Sinnesorgane, die diese Reize in elektrische Impulse wandeln. Diese Impulse werden über die Nervenfasern an das zentrale Nervensystem (Gehirn) geleitet, wo sie ihrem Bestimmungsort zugeordnet werden. Operational ist das Nervensystem ein geschlossenes Netzwerk interagierender Neuronen. Ein Verändern eines Neurons führt stets zu einem Verändern eines anderen Neurons.

Nach Goldman-Rakic (1992, S. 94) besteht das Gehirn aus vielen Gehirnbereichen, in denen „Wissenselemente" gespeichert sind. Die einzelnen Bereiche des menschlichen Gehirns sind durch ein Netz von Neuronen (Nervenzellen) verbunden, welche in ihrer Komplexität die Gedächtnisstrukturen des Individuums bilden. Das Gehirn ist bei jedem individuell ausgebildet. Daher ist auch kein hundertprozentiges Übereinstimmen von verschiedenen Menschen möglich. Jeder hat seine eigene Auffassung von der Wirklichkeit. Viele Mißverständnisse entstehen durch das selbstverständliche Voraussetzen oder Unterstellen der eigenen Auffassung.

Wir selektieren Meinungen und setzen beim Sprechen diverse Informationen als bereits bekannt voraus bzw. halten unausgesprochene eigene Meinungen und Auffassungen für allgemeingültig. Sie müssen sich in diesem Zusammenhang fragen: Wie oft erzeugen wir kritische Situationen?

2.1.2
Lernen

Ein lernfähiger Organismus kann sich in mehreren gleichartigen Lebenssituationen unterschiedlich verhalten. Handelt es sich um unbeständige Verhaltensänderungen, so sind sie auf emotionale Prozesse (Gefühle, Stimmungen, Affekte) zurückzuführen.

Beständige Verhaltensänderungen hingegen werden durch Lernen (kognitive Prozesse: Wahrnehmen, Denken, Gedächtnis) erreicht. Kandel, Hawkins (1992, S. 68) unterscheiden hierbei zwischen implizitem und explizitem Lernen. Beim impliziten Lernen - einem Lernen, das allen Lebewesen gemein ist - werden Reize (Stimuli) unbewußt mit Reaktionen verbunden.

Beim expliziten Lernen geschieht Lernen neben Sinnesleistungen (emotionaler Prozeß) durch Denkleistungen (kognitiver Prozeß), indem ein Reiz (Stimulus) mit einem anderen Reiz assoziiert wird. Durch explizites Lernen wird das Gedächtnis aufgebaut, aus dem Informationen bewußt abgerufen werden können. Lernen kann demnach als ein im Gehirn des Menschen ablaufender geschlossener Prozeß betrachtet werden, der auf Reize reagiert und vom Weiterleiten von Umweltsignalen abhängig ist.

2.1.3
Selektion

Die Summe der Umweltsignale, die sich im „Umweltrauschen" kumulieren, kann als Gesamtheit im Gehirn unmöglich verarbeitet und gespeichert werden. Dem Lernprozeß muß daher ein Selektionsprozeß vorausgehen, der aus der Fülle von Reizen die Informationen „herausfiltert", die für sein Handeln wichtig sind (s. Schmidtke 1981, S. 137). Vor einem Lernprozeß muß neben dem Selektieren auch immer ein Prozeß des

Verlernens (Auslöschens) stattfinden, nach welchem unwichtige Informationen aus dem Gedächtnis gelöscht werden.

2.1.4
Lernmotivation

Aus der Summe der Reize selektiert der Mensch unbewußt Informationen, die ihn interessieren oder die bei ihm Assoziationen auslösen. Das Interesse an neuen Informationen bzw. an veränderten eigenen Erwartungshaltungen führt die Lernmotivation an. Diese Lernmotivation
- bezeichnet die Beweggründe (Motive), aus denen gehandelt wird.
- weckt die Aufmerksamkeit und begünstigt bzw. beschleunigt das Aufnehmen und Speichern der neuen Informationen. Aufmerksamkeit ist selektiv.
- unterscheidet, läßt etwas in den Vordergrund treten und anderes in den Hintergrund.
- ist in gewissen Grenzen intern steuerbar und von außen verführbar. Dies kann kritische Situationen bewirken (s. Abschn. 4.4).
- folgt Gesetzen, deren Dynamik und Richtung nur schwer voraussagbar sind.

Bei den durch Informationen hervorgerufenen Assoziationen wird zwischen positiven und negativen Assoziationen unterschieden. Positive Assoziationen - durch Motivation verbunden - ermöglichen ein besseres Aufnehmen und Verarbeiten der Informationen.

Negative Assoziationen bewirken Lernhemmung oder Denkblockaden (s. Schmidtke 1981, S. 137). Denkblockaden sind Hemmungen im Denken, die durch Angst, Hetze, Schreck, Streß oder ähnliches ausgelöst werden. Die dabei im Körper frei werdenden Hormone Adrenalin und Noradrenalin unterbrechen im Gehirn das Weiterleiten von Informationen und somit das Denken. Erst wenn der Streß abklingt, kann das Gehirn zu normaler Tätigkeit zurückkehren. Denselben Effekt haben fremde, unbekannte Informationen, die weder auf Interesse stoßen noch Assoziationen verursachen. Sie werden relativ schwer aufgenommen.

2.1.5
Das Modell „Informationsumsatz"

Die kognitive Psychologie und die Künstliche Intelligenz-Forschung fassen das Lösen von Problemen, ebenso wie andere Formen des Denkens, als Informationsumsatz auf. Harmon, King (1986, S. 26-39) betrachten das „Menschliche Problemlöseverhalten" in Analogie zur Informationsverarbeitung im Computer. Die wesentlichen Aussagen werden im folgenden wiedergeben. Sie vermitteln Ihnen evtl. weitere neue Einsichten in Ihr Denken und Problemlöseverhalten.

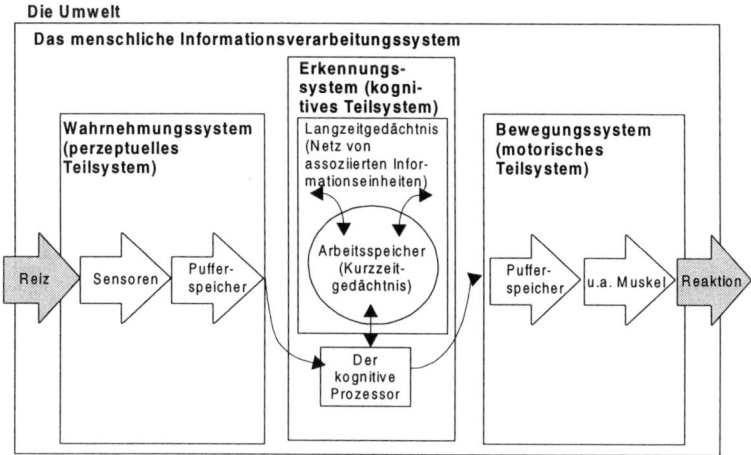

Abb. 2.2. Modell „Informationsumsatz" (s. Harmon, King 1986, S 27)

Das Modell „Informationsumsatz" mit den Teilprozessen Aufnehmen, Verarbeiten, Wiedergeben der menschlichen Geistestätigkeit umfaßt drei große Teilsysteme (Abb. 2.2):
- das Wahrnehmungssystem: ein perzeptuelles System (Aufnehmen),
- das Erkennungssystem: ein kognitives System (Verarbeiten) und
- das Bewegungs- bzw. Handlungssystem: ein motorisches bzw. sensumotorisches System (Wiedergeben).

Der Eingang (Input) für den menschlichen Informationsumsatz sind äußere Reize (Stimuli), die durch Sensoren (Wahrnehmungsorgane bzw. Sinnesorgane) wie z.B. unsere Augen und Ohren aufgenommen werden.

Das Wahrnehmungssystem (perzeptuelles Teilsystem) besteht aus diesen Sensoren und aus Pufferspeichern, welche die hereinkommenden Informationen kurzfristig speichern, während sie auf das Weiterverarbeiten durch das Erkennungssystem (kognitives Teilsystem) warten. Gleich nach dem Aufnehmen wählt der kognitive Prozessor aus der Informationsmenge aus und führt den Kodierungsvorgang durch. Diese selektierten und aufbereiteten Informationen werden durch den kognitiven Prozessor an einen Arbeitsspeicher (Kurzzeitgedächtnis, das operative Gedächtnis) weitergeleitet.

> Das Kurzzeitgedächtnis dient dazu, dem gegenwärtigen Verhalten Konsistenz zu geben. Das was ich gerade erlebe, ist Inhalt des Kurzzeitgedächtnisses. Daß ich weiß, was sich gerade eben abspielt, dient mir z.b. dazu, Wiederholungen zu vermeiden und den Faden nicht zu verlieren (Dörner 1994b, S. 150).

Diese Erkennen-Handeln-Zyklen, die das grundlegende Quant des kognitiven Verarbeitens bilden, sind analog zu den Holen-Ausführen-Zyklen des Computers.

Wie gelangt nun eine Information von außen in unser Gedächtnis? Die moderne Biologie arbeitet hier mit dem Modell eines stufenweisen Abspeicherns über Verschlüsseln und Kodieren:

1. Eine Information in Form eines sinnlich wahrnehmbaren Reizes erreicht uns. Der Reiz kann ein visueller (sichtbarer), auditiver (hörbarer), haptischer (den Tastsinn ansprechender), olfaktorischer (geruchlicher) oder gustatorischer (geschmacklicher) Reiz sein. Die eintreffende Informationsmenge ist von der Art des Reizes abhängig: Olfaktorische Reize können etwa 20 Bit pro Sekunde enthalten, visuelle hingegen ca. 10 Millionen Bit.

2. Der wahrnehmbare Reiz trifft auf eine Sinneszelle, die ihn in Form eines elektrischen Erregungsimpulses („Spike") an eine Nervenzelle und ihre Nervenfaserendung, die Synapse, weitergibt (Ultrakurzzeitgedächtnis).

3. Der elektrische Erregungsimpuls beginnt nun zwischen den Synapsen verschiedener Nervenzellen zu kreisen (Kurzzeitgedächtnis, Arbeitsspeicher). Er kreist in bestimmten, sich wiederholenden Bahnen im Netzwerk der Nervenzellen und hinterläßt dabei charakteristische molekulare Spuren, die sich chemisch im Gehirn einprägen. Die zunächst noch nicht fest zusammengeschalteten Nervenbahnen festigen sich dabei. Es entstehen solide Verbindungen, die Erinnerungsbilder (Engramme). Sie bilden unser Langzeitgedächtnis. Mit diesem Lang-

zeitgedächtnis hängen Situationsbild, Protokollgedächtnis und Erwartungshorizont zusammen.

Unter Bezug auf Abb. 2.2 „Informationsumsatz" werden die Prozesse Wahrnehmen, Erkennen und Bewegen bzw. Handeln im folgenden näher beschrieben.

2.1.6
Der Wahrnehmungsprozeß

Über die Sinne erhalten wir Informationen über die Außenwelt und des eigenen Körpers. Beim Wahrnehmen handelt es sich um die komplexe Operation „Abbilden", welche die realen Objekte (Gegenstände, Zeichen) in ihren Erscheinungsbildern widerspiegelt. Das Wahrnehmen räumlicher Eigenschaften der Objekte bezieht sich auf deren Merkmale Form, Größe, Oberfläche, Material, Anzahl bzw. Menge, Struktur, d.h. Anordnung, Lage bzw. Entfernung. Dieses Wahrnehmen umfaßt auch die Merkmale Farbe, Bewegung, Zeit und Personen (soziales Wahrnehmen).

Den Wahrnehmungsprozeß beeinflussen Kenntnisse, Gefühle und Persönlichkeitseigenschaften. Der Wahrnehmungsprozeß liefert für das Denken und Handeln (zwei von diesem Prozeß belieferte Abnehmerinstanzen) relevante Informationen in effizienter und gesicherter Weise.

2.1.7
Der Erkennungs- und der Bewegungsprozeß

Die vom Wahrnehmungsprozeß (Abb. 2.2) bereitgestellten Informationen durchlaufen im Erkennungsprozeß die Operationen: Auswählen, Verarbeiten (u.a. Verschlüsseln, Kodieren) und Speichern. Das Speichern von Informationen übernimmt als gehirnabhängige psychische Grundoperation das Gedächtnis. Diese Grundoperation ist eng mit dem Lernen verbunden, d.h. mit dem Aneignen und Integrieren von Informationen sowie dem Modifizieren des Verhaltens. Beeinflußt wird diese Grundoperation von personenbezogenen Faktoren wie z.B. Emotion, Absicht, Erfolgserwartung. Das Gedächtnis wird wirksam beim Behalten als Bewahren und beim Vergessen als Restringieren von Information.

Behaltensleistungen sind also dadurch gekennzeichnet, daß Gesehenes bzw. Gehörtes, Erkanntes und Erlerntes über eine gewisse Zeit behalten, wiedererkannt und reproduziert werden kann. Die so aufbereiteten Informationen werden Eingangsgrößen für das Bewegungs- bzw. Handlungssystem. Sie können reproduziert bzw. abgerufen werden, um sie für Bewegungs- bzw. Handlungsprozesse zu nutzen.

Bei Routineaufgaben wie z.b. beim Schreiben oder bei anderen Bewegungsstereotypen dienen der kognitive Prozessor und der Arbeitsspeicher im Erkennungssystem zum kurzzeitigen Übertragen von Informationen zwischen den sensorischen Eingängen und den motorischen Ausgängen. Wesentlich hierbei ist die Gleichzeitigkeit von Reiz und Reaktion. Bei diesem Handeln wird eine Klasse von Bewegungen aktiviert, die nach ihrem Wirken definiert sind wie z.b. Niederdrücken eines Hebels, Öffnen einer Tür.

Komplexe Aufgaben wie z.b. das fundierte Bewerten einer Maschine, die ein umfangreicheres Verarbeiten verlangen, erfordern größere Informationsmengen. Zum Bewältigen dieser Informationen nutzt der kognitive Prozessor ein zweites Speichersystem, das Langzeitgedächtnis. Es enthält abgespeicherte Informationen, die gerade nicht verarbeitet werden. Die benötigten Informationen werden zum unmittelbaren Zugreifen und Nachdenken ins Kurzzeitgedächtnis gerufen.

Nach erfolgter Reaktion werden ebenfalls von den Sinnesorganen Informationen über den Erfolg oder den Mißerfolg erstellt. Eine weitere Aufgabe ist die Kommunikation zwischen Wahrnehmungs- und Bewegungssystem im Sinne von „Optimieren", so daß Mißerfolge unterbleiben.

2.1.8
Gedächtnisstrukturen

Erbanlagen, Erziehung und Umwelt prägen ebenfalls die Denkstrukturen von Menschen. Durch das Benutzen der verschiedenen Sinneskanäle (Informationskanäle) des Menschen werden unterschiedliche Bereiche des menschlichen Gehirns angesprochen (s. Fischbach 1992, S. 40).

Sensorik und Motorik

Um das Geschehen und die Dinge dieser Welt zu identifizieren, zu klassifizieren und zu kategorisieren, dienen sensorische Gedächtnisschemata wie z.B. Scanner, Felgen, Schraubenverbindungen, der Postbote, der Geruch einer frisch gemähten Wiese. Zum Erkennen existiert innerhalb des Gedächtnisses ein Abbild des entsprechenden Sachverhalts (Dörner 1994b, S. 153), das Erinnerungsvermögen. Das motorische Gedächtnis besteht aus Bewegungsprogrammen. Dies sind Programme zum Ergreifen eines Füllhalters, zum Rasieren, zum Waschen, zum Autofahren usw. Da das motorische Gedächtnis sensorisch kontrolliert wird, sprechen wir vom sensumotorischen Gedächtnis. Die meisten motorischen Schemata sind sensorisch kontrolliert und im Grunde besteht das motorische Gedächtnis aus einem komplizierten System sensumotorischer Koordinationen.

> Ich höre auf, den Startknopf meines Autos zu drücken, wenn ich das Motorgeräusch höre. Das ist das Signal, um die Betätigung des Anlassers abzubrechen. Sensorische Kontrollen stoppen motorische Programme oder geben ihnen eine andere Richtung (Dörner 1994b, S. 153).

Sprache und Bild

Das Unterscheiden von sprachlichen und nichtsprachlichen Gedächtnisinhalten ist für die menschlichen geistigen Aktivitäten wichtig. Der Mensch hat mit der Sprache einen zweiten Eingang zu seinem Gedächtnis, dem Erkennungs- und Speichersystem gefunden.

> Durch das Symbolsystem der Sprache haben wir die Möglichkeit, aktiv auf Schemata in unserem Gedächtnis zuzugreifen, die unmittelbar gar keine Entsprechung in der Realität haben (Dörner 1994b, S. 154).

Räumliche oder zeitliche Relationen bestehen zwischen den Teilen eines Ganzen. Konkret-Abstrakt-Konkret-Übergänge ermöglichen, neue Varianten von Objekten oder Sachverhalten zu finden. Neben diesen elementaren Beziehungsarten gibt es noch kompliziertere. So ist mit dem Begriff „Verkaufen" eine komplizierte räumlich-zeitliche Abfolge verschiedener Geschäftsprozesse verbunden.

Die Sprache ist das Symbolsystem und Instrument, mit deren Hilfe die Bewußtseinstätigkeit realisiert wird. Innere Sprache und nach außen gerichtete Sprache befinden sich im ständigen Austausch. Die Grundlage des Verständigens insbesondere über komplizierte Verhältnisse ist die Bildsprache. Einige Menschen benutzen die Fenster eines gedachten Hauses für einen bestimmten Aspekt, den sie dort abgelegt haben. Diese Sachverhalte werden, Fenster für Fenster, auf lange Zeit im Gedächtnis gespeichert und jederzeit wieder hervorgeholt. Das Haus ist eines von vielen möglichen Bildern als Gedächtnisstütze. Andere z.B. sind: der

Baum für Strukturen, das Fahrzeug für Veränderungen, der Regenbogen für eine Farbenfolge „roggbiv".
Wir beschäftigen uns ständig mit Gedankenbildern. Häufig verwendete Denk- und Sprachmuster sind:
- Denken in Gegensätzen wie z.b. Schwarz - Weiß, Sommer - Winter, Ying - Yang
- Denken in Opposition durch Gegenüberstellen von Kontrasten wie z.b. „auf Regen folgt Sonne"
- Denken in Symbolen, Sinnbilder wie z.b. Schaltpläne in der Elektronik, Taube als Sinnbild für Frieden

Fragen Sie sich selbst: Mit wie vielen grundlegenden Bildern und Kontrasten ist Ihre eigene Sprache durchsetzt?

Wissensaufruf

Wissen wird im Gedächtnis nach dem Assoziationsprinzip aufgerufen.

> Irgendein Schema wird angestoßen und stößt seinerseits andere Schemata an, die im Netzwerk der Gedächtnisrelationen benachbart sind (Dörner 1994b, S. 156)

Formen zum Aufrufen von Gedächtnisinhalten sind:
- Ähnlichkeitsvergleich: Das Schema, das die maximale Ähnlichkeit zum Input hat, wird aktiviert. Beispiel: Fenster als Fenster, Garagen als Garagen, Parfüm als Parfüm usw.
- Komplexergänzung: Ein Subschema eines größeren Schemas wird aktiviert. Ein Teil eines Fahrzeugs wird erkannt, der Rest wird dazu gedacht. Diese Komplexergänzung ist wichtig für Wahrnehmungsprozesse. Sie sind aber auch Anlaß für Wahrnehmungstäuschungen.

> In der Wahrnehmung ergänzen wir ständig das, was wir sehen, was nach unserer Erfahrung sonst noch vorhanden sein müßte, und wissen später u.U. nicht, daß wir ein Teil dessen, was wir „gesehen" haben, nicht gesehen sondern nur ergänzt haben.

- Analogien als Strukturgleichheiten bzw. Strukturähnlichkeiten: Analogieschlüsse werden z.b. beim Vorgehen der Synektik angewendet.

> Sie dienen dazu, gewohnte Betrachtungsweisen und Lösungswege aufzubrechen und eine Sache ganz anders zu sehen (Dörner 1994b, S. 157).

2.2
Psychologische Aspekte beim Lernen

Nach Dörner (1994a, S. 31) wird die Allgemeine Psychologie in die vier Teilfächer: „Wahrnehmen", „Motivation und Emotion", „Denken", „Lernen" aufgeteilt. Dies suggeriert, daß der Mensch jeweils in ein wahrnehmendes, fühlendes, denkendes und lernendes Wesen zerlegt werden kann. Tatsächlich sind diese Prozesse eng miteinander verbunden.

Ein Lernen ohne Motivation oder ein Denken ohne Motive ist undenkbar.

Wie wirken nun psychische Prozesse beim Managen menschlichen Verhaltens zusammen? Kernfrage beim Lösen von Problemen ist: Wie gehen Menschen mit Unbestimmtheit und Komplexität um?

Fragen Sie sich: Wie handhaben Sie dies selbst? Beobachten Sie das Folgende auch?

Unter dem Zeitdruck in der Praxis wird häufig nur die erste naheliegende Lösung weiterentwickelt und ausgearbeitet. Der Drang des Menschen nach Vermeidung von Unbestimmtheit (möglichst nicht lange im Unklaren verbleiben) sowie die Ökonomie des menschlichen Denkens (warum soll man sich mit mehreren Lösungen beschäftigen, wenn man schon eine Lösung hat) unterstützen dieses Verhalten. (Ehrlenspiel 1995, S. 115)

Die Bamberger Psychologen um Professor Dörner (z.B. 1983 und 1994) untersuchen, wie Menschen in sehr komplexen Umgebungen Probleme bewältigen. Dabei fragen sie: Wie lösen Menschen zum Beispiel administrative, ökologische, ökonomische und politische Probleme? Sie untersuchen dies im Labor und verwenden die Computersimulation. Auf diese Weise werden Einsichten in die Gründe von Fehlern und Unzulänglichkeiten menschlichen Denkens und Handelns beim Umgang mit Unbestimmtheit und Komplexität gewonnen. Sie konstruieren eine allgemeine Theorie des menschlichen Handelns. Diese Theorie beschreibt die Interaktion von Motivation, Emotion, Denken und Lernen beim Handeln in komplexen Systemen.

2.3
Lernkompetenz, Lerntraining

Wir lernen im Laufe der Zeit auf bestimmte Reize mit den richtigen Reaktionen zu reagieren. Wir können aber nur dann richtig reagieren, wenn wir gelernt haben, Reiz und Reaktion richtig zu verknüpfen, d.h. zu konditionieren. Dieses Aneignen von neuen Verhaltensformen ist somit die Fähigkeit, auf bestimmte Reize neue, bisher noch nicht beherrschte Reaktionen hervorzubringen. Lernkompetenz und Lernleistung sind nicht nur Voraussetzung für das Lernen, sondern auch deren Ergebnis (Beelich, Schwede 1983, S. 19 und 64). Frühere Lernerfahrungen, bestimmte Abläufe in Lern- und Arbeitsprozessen und Bedingungen der Lernumgebung sind entscheidende Einflußfaktoren für die Lernkompetenz.

Führen geplante Handlungen zu unerwarteten Ergebnissen, erweitern die damit verbundenen Abweichungen unser Wissen und unsere Erfahrung über die Handlung selbst und über das Lern- bzw. Arbeitssystem, in dem sie praktiziert werden. Damit wird unsere Lernkompetenz beeinflußt. Um die Lernkompetenz zu steigern, können verschiedene Verfahren und Techniken eingesetzt werden. Metzig, Schuster (1993, S. 2) nennen z.B. drei Möglichkeiten:

- Lernen durch Wiederholen der zu trainierenden Leistung: Lerndrill, Muskelwachstum beim Krafttraining
- Lernen durch Automatisieren der bewußt durchgeführten Leistung: Lesetraining, Trainieren von Routinetätigkeiten
- Lernen durch Entdecken von Regeln zum Vereinfachen von Abläufen: Mnemotechniken, Assoziationstechniken

2.4
Leistungsvoraussetzung

Bei der menschlichen Leistungsvoraussetzung ist zwischen der Leistungsbereitschaft (affektives Ziel) und der Leistungsfähigkeit (kognitives Ziel) zu unterscheiden. Die Leistungsbereitschaft wird u.a. durch die Kondition (Übung, Training), die Disposition (Tagesrhythmus, Gesundheitszustand) und die Motivation geprägt.

Die Leistungsfähigkeit wird im wesentlichen beschrieben durch:

1. Verfügbares, aktuelles Wissen auf anwendungstechnischem, technologischem und methodischem Gebiet.
2. Erworbene breite Erfahrung im Umgang mit diesem Wissen.
3. Fähigkeit zum Umsetzen und Anwenden von 1. und 2. beim Lösen der Aufgaben und/oder Probleme (s. Kap. 5).
4. Leistungsfördernde oder leistungshemmende Lernumgebung.

Diese Aspekte zum Beschreiben der Leistungsvoraussetzung werden im folgenden behandelt. Dies geschieht nur soweit, wie es für das vorliegende Buch aus der Sicht der Autoren erforderlich ist.

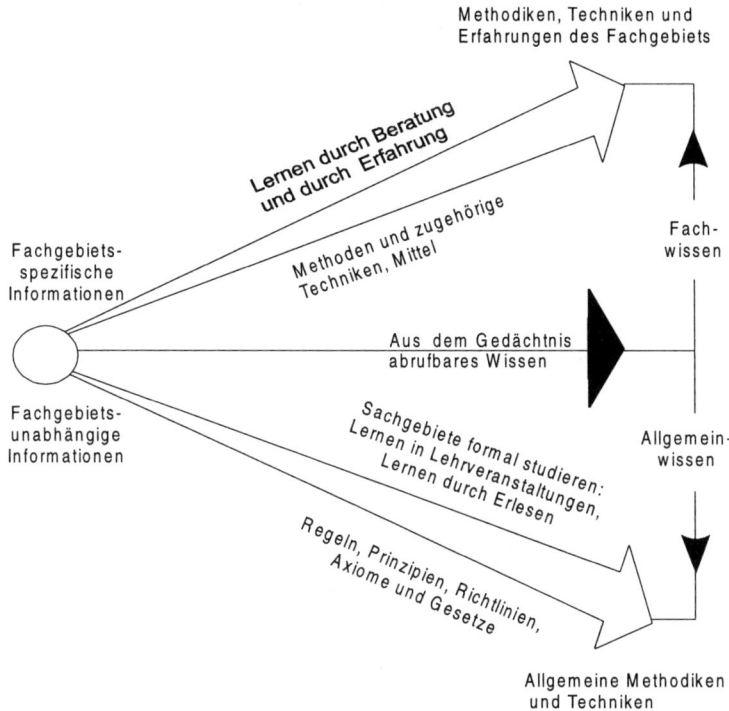

Abb. 2.3. Wissensquellen und Wissensarten (s. auch Harmon. King 1986, S. 35)

2.4.1
Verfügbares, aktuelles Wissen

Wissen ist nach Harmon, King (1986, S. 294)

> eine integrierte Anhäufung von Fakten und Relationen, deren Anwen-
> dung eine kompetente Leistung ermöglicht. Die Quantität und Qualität
> des Wissens, das einer Person ... zur Verfügung steht, kann durch die
> Vielfalt der Situation beurteilt werden, in denen die Person ... zu richtigen
> Ergebnissen gelangt.

Wissen kann in verschiedener Weise klassifiziert werden, Abb. 2.3.

Der waagerechte Pfeil zeigt an, wieviel Wissen der Lernende bereits
erworben hat. Das Erwerben von Wissen geschieht bei dieser Darstellung
auf zwei Arten, die einander ergänzen. Beim formalen Lernen eines
Sachgebiets liegt Wissen meist in Form von Regeln, Prinzipien, Richtlinien, Axiomen und Gesetzen vor. Dieses Wissen erfordert das Transfor-
mieren in die Anwendungspraxis, so daß es stets verbunden sein sollte
mit dem Lernen durch Beratung und durch Erfahrung. Hierbei werden
die fachgebietsspezifischen Methoden bzw. Methodiken und zugehörige
Techniken bzw. Mittel angewendet.

Durch Erfahrung gelangen Lernende in einem Fachgebiet zu Hand-
lungskompetenzen (s. Abschn. 3.3), in dem sie lernen, sich schnell auf
die wesentlichen Aspekte eines Problems zu konzentrieren. Sie lernen
dabei, durch die Beratung alle wichtigen Zusammenhänge zu kennen.
Die Flexibilität des Wissens soll auch durch sein Verknüpfen mit unterschiedlichen Sichten erreicht werden.

Wenn Wissen unabhängig von konkreten Anwendungs- und Problem-
situationen erworben wird, bleibt es meist isoliert. Wenn Wissen aber nur
innerhalb einer bestimmten Anwendungssituation erworben wird, kann
ein Beschränken des Wissens auf diese Situation eintreten, was die Flexibilität und Übertragbarkeit des Wissens auf andere Anwendungssitua-
tionen gefährden kann.

Indem Lernende ihr Wissen aus unterschiedlichen Kontexten gewinnen, erfahren sie schon beim Wissenserwerb, was an ihrem Anwendungswissen übertragbar und was situationsspezifisch ist. So wird
gleichzeitig Wissen über die Übertragbarkeit auf andere, neue Situationen erworben und damit die Flexibilität von Anwendungswissen unterstützt.

2.4.2
Erfahrung im Umgang mit Wissen

Nachdenken

Lernende nutzen die beiden Hälften ihres Gehirns zu unterschiedlichen Typen geistiger Aktivität: Während bei Rechtshändern (bei Linkshändern ist dies gerade umgekehrt) die linke Seite eher für die „akademischen" Tätigkeiten, das „Denken" eingesetzt wird, setzen wir die rechte Hälfte eher für die „gefühlsbetonten" Vorgänge des grafischen Erfassens und des Erfahrens ein (s. Ádám 1980, S. 177).

Wenn beide Bereiche des Gehirns gezielt trainiert werden, wird Lernstoff um so stärker eingeprägt, da er nun sowohl vom Verstand als auch vom Gefühl her verankert ist.

An allen Lernvorgängen sollten möglichst viele Sinnesorgane und damit Eingangskanäle beteiligt sein. Wir behalten oder nehmen auf:

22 % von dem, was wir hören
30 % von dem, was wir sehen
50 % von dem, was wir hören und sehen
90 % von dem, was wir selbst tun

Jeder Lernstoff sollte einen gefühlsmäßig positiven Inhalt, zumindest aber eine positive Verpackung oder ein positives Assoziationsfeld haben.

Jedes Lernen braucht Zeit, während der Erregungsimpuls zwischen den Synapsen kreist und dabei chemisch fixiert wird. Diese Schlußfolgerung begründet, warum Wiederholungen von Lernstoff, z.B. in Form von Hausaufgaben, sinnvoll, ja notwendig sein können.

Denken heißt vor allen Dingen: Verknüpfen von Informationen zu höherwertigen intelligenteren Informationen. Gewonnen werden diese höherwertigen Informationen durch geistige Anstrengung, nämlich durch

Selektieren	=	Auswählen
Komparation	=	Vergleichen
Koordinieren	=	Verbinden, Abstimmen
Integrieren	=	Miteinbeziehen
Reduzieren	=	Zurückführen, Abbauen
Bilden von Hierarchien	=	Aufbau eines Ordnungs- und Beziehungssystems
Abstrahieren	=	Gedankliches Verallgemeinern

Hierzu muß der Lernstoff in ein schon vorhandenes Netz von Informationen „hineinfallen", mit dem er zu einer neuen, kompakteren Information verbunden werden kann (s. Abb. 2.1).

Gut strukturierter Lernstoff wird viel leichter behalten als unstrukturierter. Die dazu benötigten Techniken z.b. der Blockbildung müssen bewußt eingeübt werden.

Tabelle 2.1. Blockbildung

Viele einzelne Informationen	eine neue Information
Stamm + Äste + Blätter	Baum
Lager + Welle + Scheibe + Feder + ...	Kupplung
Mauer + Dach + Fenster + Türen + ...	Haus

Informationstechnisch gesehen ist daher die entstehende Summe kleiner als die Addition ihrer Elemente (s. Tabelle 2.1), denn die Elemente werden denkökonomisch abgelegt.

Denken heißt: Sich erinnern

Vom Vorhandensein der Erinnerungsbilder (Engramme s. Abschn. 2.1.5) hängt alles ab, denn beim Vorgang des Sich-Erinnerns wird unser Bewußtsein später auf diese Erinnerungsbilder zugreifen. Wenn es dort, wo es entsprechende Informationen vermutet, nichts oder etwas anderes vorfindet, kommt es zu Störungen durch Kodierfehler:

1. Der neue Lernstoff läßt sich nicht mit bereits Bekanntem verbinden; er liegt außerhalb des bisherigen Erfahrungshorizonts. Oft sind es dabei gar nicht so sehr die Sachverhalte, die uns „nichts sagen", sondern vielmehr die Begriffe, mit denen sie uns doch gerade „nahegebracht" werden sollen. Beispiele: abstrakte Begriffe aus dem Bereich der Mathematik, Physik und/oder Technik; grammatische Begriffe in den Fremdsprachen; die Vorstellung, daß sich Parallelen im Unendlichen treffen usw.

2. Der neue Lernstoff wird zwar wissenschaftlich korrekt, für den Lernenden aber zu unübersichtlich, verwirrend oder sprachlich zu kompliziert dargeboten. Daß so etwas geschieht, kann an einem gutge-

meinten, aber lernpsychologisch schlecht gemachten Lehrwerk liegen, aber auch am Lehrenden, der Lernende mit einem Allzuviel an Wissen „erschlägt".

Die am schwierigsten zu korrigierenden Kodierfehler gehen auf sogenannte Interferenzen zurück. Interferenzen sind wechselseitige Störungen beim Speichern von Erscheinungen, die ähnlich sind, ähnlich klingen oder ähnlich funktionieren. Genau wie beim Radio- oder Fernsehempfang überlagern sie sich und richten Unheil an.

Kurzzeitgedächtnis-Interferenzen: Neue Daten stehen mit gerade im Kurzzeitgedächtnis (KZG) gespeicherten Daten im Widerspruch. Lernende können nicht entscheiden, wo der Widerspruch liegt: Beide Informationen blockieren einander und gehen verloren.

> Beispiel: Der Lehrende führt den Lernenden in der Vorlesung hintereinander mehrere Lösungsansätze an der Tafel vor, bei denen Assoziationen bei den Lernenden noch nicht aufgebaut wurden.

Langzeitgedächtnis-Interferenz: Bestimmte Informationen waren unterschiedlich definiert und schon im Langzeitgedächtnis (LZG) gespeichert. Sie enthalten aber gemeinsame Elemente. Deswegen verschmelzen sie jetzt zu einer mißverständlichen Information.

Strategisch denken

Strategisches Denken lernen heißt u.a.: Unplanbares planen (Strohschneider, von der Weth 1993) . Wie ist dies zu gestalten?
- Eigene Stärken und Schwächen beim strategischen Planen und Handeln bewußt und gezielt einbeziehen.
- Eigenes Vorgehen immer wieder am Profil der kritischen Situationen abchecken und entsprechend der neuen Situation anpassen.

Dazu im Training:
- Rüstzeug (Instrumente, Methoden, ...) erwerben
- Selbsteinschätzung schärfen

Schlüsse müssen immer wieder neu gezogen werden, denn den letzten Schluß wird es niemals geben.

2.4.3
Die Leistungsbereitschaft

Der Tagesrhythmus

Der biologische Rhythmus zwischen Aktivität und Ruhe, zwischen Tag und Nacht, verändert die Leistungsbereitschaft während des Tagesablaufs (Beelich, Schwede 1983, S. 34). Dieser Tagesrhythmus
- ist selbst nur wenig beeinflußbar, beeinflußt aber physiologische und psychische Funktionen (z.b. Konzentrations- und Reaktionsleistungen).
- entwickelt sich in der Kindheit und ist später für die Einteilung günstiger Arbeitszeiten wichtig.
- ist von den Lebensgewohnheiten der Lernenden abhängig.

Erkunden Sie Ihren Biorhythmus! Sie haben am Tag bestimmte Leistungsspitzen, die von Leistungstälern abgelöst werden. Schade ist es, wenn Sie Ihre Leistungsspitzen mit unsinnigen Tätigkeiten vertrödeln und dann versuchen, in den Leistungstälern ihr Lernpensum zu erledigen.

Streß

Eine weitere Gruppe von Störfaktoren beim Lernen und Behalten läßt sich unter dem Oberbegriff „Streß" zusammenfassen. Streß wird von vielen als eine Art von Angst wahrgenommen und führt dann zu einer Hormonblockade des Gehirns. Die Biologie kennt zwei Arten von Streß, nämlich den negativ erlebten (Disstreß) und den positiv erlebten (Eustreß).

Eustreß: Wenn ein Mensch über ein „Aha-Erlebnis" der Faszination des Forschens verfällt, dann setzt ein hormonaler Prozeß im Körper mehr Kräfte frei als verbraucht werden. Diese Euphorie des Lernens ist bei Wissenschaftlern verbreitet, aber auch bei Politikern in Extremsituationen bekannt (Napoleon, Churchill). In der Antike wurde von einem „geistigen Eros" gesprochen: Lernen, sich bilden, kann lustvoll sein und zu einer wichtigen Triebfeder im Leben werden. Die Werbung nutzt dies, wie die Aussagen „Fahrspaß" und „Freude am Fahren" zeigen.

Disstreß: Negativ erlebter Streß kann die Lernsituation so unerträglich gestalten, daß alle Kräfte des Körpers und des Geistes nur noch damit beschäftigt sind, den Streß zu bekämpfen. Das eigentliche Lernen bleibt dabei fast ganz auf der Strecke. Negativ erlebter Streß kann verschiedene Ursachen haben, die dann auf die Lernsituation ausstrahlen. Ursachen, die nicht unbedingt mit der Lernsituation direkt zusammenhängen müssen, sind z.b.

- Konfliktstreß (Familienkonflikte, Konflikte mit Lernpartnern)
- Prestigedruck, zu hoch gesteckte Berufsziele
- unerfüllbare Erwartungen der Umwelt

Faktoren, die am Lernort selbst Angst auslösen, sind z.b.

- Klima des Mißtrauens, der Mißgunst in der Lerngruppe
- knallhartes Leistungsklima ohne soziale „Wärme”
- Lernstoff, der nicht in geeigneter Weise nahegebracht wird

Und einige weitere Hinweise:

- Das Schlimme hieran ist, daß der Streß nicht dann aufhört, wenn die Lernsituation im engeren Sinne beendet ist.
- Die Denkblockaden halten auch an, wenn Lernende später an den Lernstoff oder den Lernort denken (z.b. beim Bearbeiten einer Studienarbeit oder beim Vorbereiten auf Prüfungen).
- Das leib-seelische Gleichgewicht stimmt insgesamt nicht mehr und beeinflußt den gesamten Lernalltag. Nur weil ich für ein vorgegebenes weniger geliebtes Fach lernen muß, habe ich auch keine rechte Lust mehr zu meinem Lieblingsfach.
- Als Folge weichen Lernende nicht selten auf Freizeitaktivitäten aus, durch die sie ihren Disstreß zu kompensieren versuchen. Ironie des Schicksals: Durch den Erfolgsdruck auch im Freizeitbereich, z.b. im Sportverein, entsteht so noch ein Streß-Nebenschauplatz in Form von „Freizeitstreß”.

Lernen gelingt am ehesten in einer streßarmen Atmosphäre, die gesunden Leistungsstreß nicht ausschließt. Beim Lernen sollte das Moment des Entdeckens („Aha-Erlebnis”) und der Freude im Mittelpunkt stehen. Angst ist ein schlechter Lehrmeister.

Beim fremdbestimmten Lernen werden Störungen sehr viel empfindlicher wahrgenommen. „Lernen, wozu ich gezwungen werde, ist ein Unrecht, das mir geschieht.” Wenn es einmal so weit gekommen ist, überwiegen die Disstreß-Faktoren, und Lernen wird zur Qual.

Lerntypen

Mit dem Lerntyp wird die Art des Aufnehmens, Verarbeitens und Speicherns von Informationen beim Lernenden bezeichnet. Lerntypen werden durch das Grundmuster im Gehirn sowie durch die grundlegende Form des Denkens festgelegt. Zu unterscheiden sind folgende Lerntypen:
- visuelle: durch Sehen Lernende
- auditive: durch Hören Lernende
- audio-visuelle: durch Hören und Sehen Lernende
- haptische: tastsinnorientiert
- olfaktorische: geruchsorientiert
- abstrakt-verbale: durch den Begriff und seine Begriffserhebungen Lernende
- kontakt- bzw. personenorientierte
- mediumorientierte
- einsicht- bzw. sinnanstrebende

Keiner dieser Typen besteht für sich allein. Vielmehr gibt es nur Mischtypen, die sich flexibel den jeweiligen Gegebenheiten anpassen können.

Beispiel: Verstanden und gelernt werden soll das Raumvolumen der Kugel. Wie gelingt dies bei einigen der Lerntypen?
- Auditive Typen können sich die Formel durch bloßes Hören merken, nämlich daß der Radius hoch drei zu nehmen und mit 4/3 Π zu multiplizieren ist.
- Einsichtanstrebende Typen benötigen unbedingt den Beweis. Vor allem stört sie die Zahl 4/3 oder Π. Bekommen sie den Beweis nicht, haben diese Typen immer Schwierigkeiten, sich die Formel zu merken.
- Visuelle Typen müssen ein Bild vor sich haben, also in diesem Fall eine Schemazeichnung der Kugel mit den entsprechenden Bemaßungen.
- Kontakt- bzw. personenorientierte Typen erarbeiten sich den Sachverhalt mit „ihrem Lehrer". Vom unsympathischen Lehrer nehmen sie keine Erklärungen an.
- Abstrakt-verbal denkende Typen genügt die Formel: $4/3 \cdot \Pi \cdot R^3$.
- Mediumorientierte Typen entwickeln die Formel lieber selbständig am Computer.

Bei Vester (1978, S. 98) lesen wir,

daß es in einer Vorlesung mit 100 Studenten oder in einer Klasse mit 30 Schülern - auch zur Überraschung der Lehrer - beinahe ebenso viele Lerntypen gibt. Zwar waren die einzelnen Eingangskanäle tatsächlich, wie vermutet unterschiedlich ausgebildet und somit auch zum Lernen unterschiedlich geeignet. Doch diese mehr an der Oberfläche liegenden Unterschiede stehen mit so vielen Faktoren in Wechselwirkung, die sowohl vom Lernstoff, der Umgebung, von den individuellen Assoziationen, Gefühlen und Gewohnheiten ... ausgehen, ...

2.5
Literatur

Ádám G (1980) Empfindung, Bewußtsein, Gedächtnis. Mit den Augen des Biologen. Deutsch, Thun Frankfurt am Main

Dörner D, Kreuzig HW, Reither F, Stäudel T (1983) Lohhausen: vom Umgang mit Unbestimmtheit und Komplexität. Huber, Bern Stuttgart Wien

Dörner D (1987) Problemlösen als Informationsverarbeitung. Kohlhammer, Stuttgart Berlin Köln Mainz

Dörner D (1994a) Unbestimmtheit und Kontrolle. In: Laux L, Reinecker H (Hrsg.) Mit Leib und Seele. Psychologie in Bamberg. Forschungsforum Bamberg/FFB, Heft 6, S 31

Dörner D (1994b) Gedächtnis und Konstruieren. In: Pahl G (Hrsg.) Psychologische und pädagogische Fragen zum methodischen Konstruieren. TÜV Rheinland, Köln, S 150-160

Ehrlenspiel K (1995) Integrierte Produktentwicklung. Methoden für Prozeßorganisation, Produkterstellung und Konstruktion. Hanser, München Wien

Fischbach GD (1992) Gehirn und Geist. Spektrum der Wissenschaft, deutsche Ausgabe von Scientific American 11, Heidelberg, S 30 ff

Goldman-Rakic PS (1992) Das Arbeitsgedächtnis. Spektrum der Wissenschaft, deutsche Ausgabe von Scientific American 11, Heidelberg, S 94 ff

Harmon P, King D (1986) Expertensysteme in der Praxis. Perspektiven, Werkzeuge, Erfahrungen. R. Oldenbourg, München Wien

Kandel ER, Hawkins RD (1992) Molekulare Grundlagen des Lernens. Spektrum der Wissenschaft, deutsche Ausgabe von Scientific American 11, Heidelberg, S 66 ff

Metzig W, Schuster M (1993) Lernen zu lernen. 2. Aufl. Springer, Berlin Heidelberg New York

Schmidtke H (1981) Lehrbuch der Ergonomie. 2., bearbeitete und ergänzte Auflage. Hanser, München Wien

Schubert U, Schubert G, Riesenkönig H, Froitzheim J (1973) Lernpsychologie für betriebliche Ausbilder. Deutsche Verlagsanstalt, Stuttgart

Strohschneider S, von der Weth R (1993) Ja, mach nur einen Plan. Pannen und Fehlschläge - Ursachen, Beispiele, Lösungen. Huber, Bern Göttingen Toronto Seattle

Vester F (1978) Denken, Lernen, Vergessen - Was geht in unserem Kopf vor, wie lernt das Gehirn, und wann läßt es uns im Stich. Deutscher Taschenbuch, München

3 Das Lernsystem

Wer ein Studium oder eine Weiterbildung beginnt, möchte seine Anstrengungen von Erfolg gekrönt sehen. Dieser Erfolg hängt von vielen Faktoren ab wie z.B. von der Motivation, d.h. von der Stärke des Engagement und des Interesses, das Lernende in die Lernsituation investieren. Aber auch von der Handlungsfähigkeit sowie den individuellen Lernmethoden und zugehörigen Lerntechniken, die Lernende anwenden und sich aneignen können.

Obwohl das Selbstmanagement bereits in Abschnitt 1.1.1 angesprochen wird, soll nunmehr der Bezug zum Management, dem Gestalten und Lenken des Lernsystems (s. Abb. 1.5), vertieft werden.

3.1
Selbstmanagement

Bestimmt haben Sie schon folgenden Sachverhalt erlebt. Sie arbeiten in einer Gruppe mit. Bevor diese Gruppe arbeitsteilig handelt, werden gemeinsam einige Vereinbarungen und Regelungen abgesprochen und festgelegt. Dies sind:

- die Ziele der gemeinsamen Arbeit festlegen. Was soll erreicht werden?
- erforderliche Arbeitspakete der Mitwirkenden definieren. Welcher Umfang soll mit welcher Qualität bei welchen Kosten bearbeitet werden?
- das arbeitsteilige Handeln, den Arbeitsprozeß zum Erreichen der Ziele zeitlich und räumlich abstimmen. Bis wann und wo sollen die definierten Arbeitspakete erledigt werden?
- einen Anreiz zum Erbringen des benötigten Leistungsbeitrags festlegen. Was haben die Mitwirkenden davon, wie werden sie motiviert?

- Für den Fall „Das Ziel erreichen ist gefährdet": die kritischen Situationen erkennen und nachteilige Auswirkungen ermitteln. Damit das Gestalten und Lenken überdenken. Handlungsmöglichkeiten prüfen und vereinbaren. Was könnte schiefgehen? Welche Varianten sind mit welchem Risiko möglich?
- usw.

Dies sind alles Punkte, die auch bei Ihrer Ein-Personen-Handlungseinheit zutreffen. Jung, Kleine (1993, S. 24) führen dazu aus:

> Wenngleich das hier referierte Zusammenwirken mehrerer Personen der Regelfall der Betrachtung von Management ist, so kann auch am Extremfall der Ein-Personen-Handlungseinheit die Unterscheidung von Ausführungshandeln und darauf bezogenem Gestaltungs- und Lenkungshandeln festgemacht werden. Die einzelne Person, die ihre Handlungsziele und die zur Zielerreichung erforderlichen Handlungen analysiert und bestimmt, vielleicht einen Zeitplan für die Durchführung von einzelnen Aktivitäten festlegt, möglicherweise auch Selbst-Belohnungen (z.B. Ausgehen) für das Erreichen von Teilzielen oder Bestrafungen im Fall der Zielverfehlung (z.B. nicht Ausgehen, sondern Weiterarbeiten) definiert, betreibt Selbstmanagement.

Beim Selbstmanagement handelt es sich um ein zielorientiertes Gestalten und Lenken des Verhaltens beim Lernen bzw. Arbeiten als Einzelner und in selbstorganisierten zweckgerichteten Lerngruppen.

Der Lernprozeß ((5), Abb. 3.1.) bewirkt das Verändern von Zuständen bzw. des Verhaltens der Lernenden. Um das gesetzte Lernziel ((1), Soll) zu erreichen, müssen Lernende ((9), Regler) im Sinne des Selbstmanagements aktiv den Lernprozeß ((5), Regelstrecke) über die Stellgröße (6) lenken (s. Abb. 3.1 in Analogie zur Regelungstechnik). Dazu benötigen sie ständig Informationen über die Zwischenzustände (aktueller Ist-Zustand, aktuelles Ist-Verhalten), um sie als Regelgröße mit der Führungsgröße (10) zu vergleichen. Abweichungen sind aus dem Soll-Ist-Vergleich zu identifizieren und zu beurteilen. Die Lernenden müssen Maßnahmen entwickeln oder Maßnahmen aus einer bereits durch Erfahrung entstandenen individuellen Mittel- und Methodenbank ((7), (5), Pool) entnehmen. Über die Stellgröße (6) korrigieren bzw. passen sie ihren eigenen Lernprozeß (5) an die veränderte Situation an. Mit der Korrektur sind außerdem auftretende Störungen (3), veränderte Einflüsse der Lernumgebung (12) und des Umgebungssystems (13) sowie ein Verändern der Zielsetzung (10) zu berücksichtigen. Dieses Lenken durch Kontrollieren und Durchsetzen ergibt für Lernende:

- eine ständige Information über den Lernfortschritt,
- einen verringerten Lernaufwand, da stets richtige Methoden und zugehörige Techniken zum richtigen Zeitpunkt eingesetzt werden und
- ein Ergänzen, Erweitern und Modifizieren des individuellen Mittel- und Methodenpools.

Lernende werden so zunehmend selbständiger.

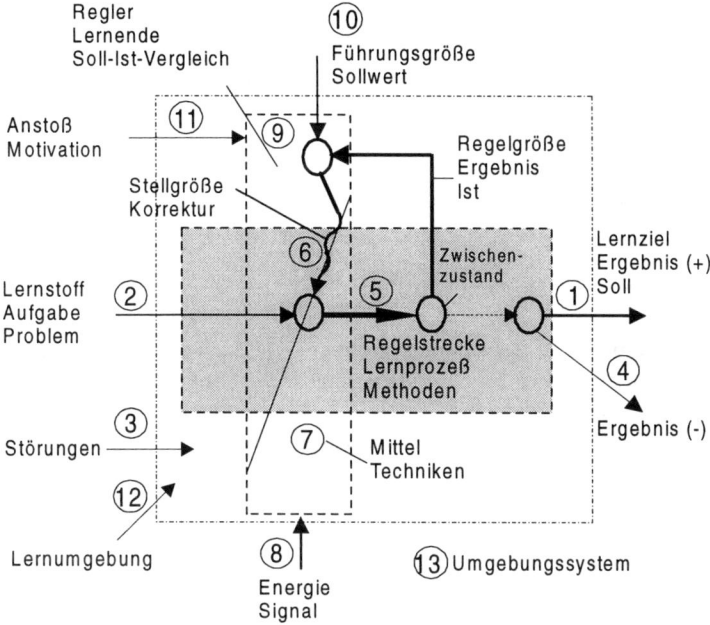

Abb. 3.1. Das Gestalten und Lenken im Lern- bzw. Arbeitssystem

Jung, Kleine (1993, S. 36) beschreiben vier wesentliche Aspekte des Management:
- Die funktionelle Betrachtung umfaßt die Aufgaben des Managements, die zum Zweck des Gestaltens und Lenkens des Lern- bzw. Arbeitssystems wahrgenommen werden. Die Teilaufgaben, die zweckmäßige Vorgehensweise, mögliche Handlungsvarianten sowie deren Vor- und Nachteile sind mit einzubeziehen.

- Die institutionelle Betrachtung des Management wird im Sinne eines hierarchischen Gefüges von Managementpositionen verstanden. Für das zu beschreibende Lernsystem wird dieser Aspekt nicht weiterverfolgt.
- Unter der instrumentellen Betrachtung werden die Arbeitstechniken des Managements zusammengefaßt. Instrumente sind hierbei Methoden und zugehörige Techniken. Das Verstehen und Anwenden dieser Methoden und zugehörigen Techniken wird im Kapitel 5 behandelt.
- Die personelle Betrachtung befaßt sich mit der Persönlichkeit (Bedürfnisse, Werthaltungen, Einstellungen, Erwartungen, Individualziele, Qualifikation) und dem Verhalten abhängig vom erreichten Zustand im Lernprozeß.

Funktionelle und personelle Betrachtung werden im folgenden mit dem Studieren bzw. dem Lernen verknüpft.

3.1.1
Die funktionelle Betrachtung

In der funktionellen Betrachtung lassen sich die sachbezogenen Funktionen: Gestalten als Planen und Entscheiden sowie Lenken als Durchsetzen und Kontrollieren gemeinsam mit den übergeordneten Bedingungen: Universitätskultur, Umwelt, Studierphilosophie, und -politik entsprechend Abb. 3.2 darstellen.

Die Hauptphasen: Willensbildung und Willensdurchsetzung im Selbstmanagement-Prozeß umfassen folgende Teilprozesse:
- Planen: Situation (bzw. Problem) analysieren, Lernziele formulieren, Lernstoff strukturieren, Varianten suchen und beurteilen, Strategien bezüglich der Vorgehensweise und Lernstrategien zum Aufnehmen des Lernstoffs auswählen bzw. evtl. entwickeln, Lernzeit einteilen, Lernergebnisse vorhersagen (s. Abschn. 5.1 und 5.2)
- Entscheiden: Entscheidung vorbereiten d.h. Auswählen und Bewerten, Lernziel und Maßnahmen festlegen (s. Abschn. 5.5)
- Durchsetzen: Maßnahmen in Verhaltensänderungen umsetzen (operationalisieren), Verhaltensregeln und Anweisungen geben und Motivieren, d.h. den Lernprozeß anstoßen (s. Abschn. 5.3)
- Kontrollieren: Kontrolle vorbereiten und Soll-Ist-Vergleich durchführen, Feedback herbeiführen (s. Abschn. 5.4 und 5.5)

Diese Teilprozesse werden sequentiell und iterativ durchlaufen.

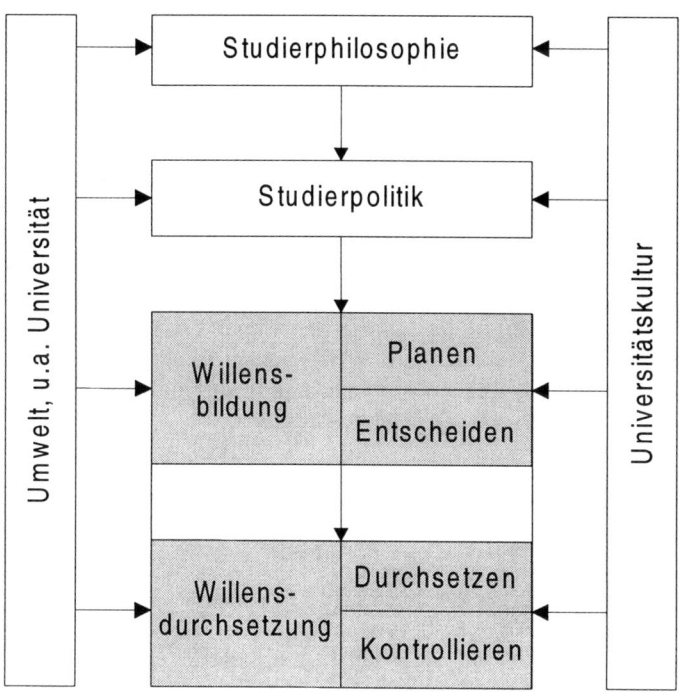

Abb. 3.2. Der Selbstmanagement-Prozeß

Lernziele bestimmen die inhaltliche Dimension des Lernprozesses. Das „Ziel bilden" im Teilprozeß „Planen" (Abb. 3.2) geht von der Studierphilosophie und der Studierpolitik der Studierenden aus. Sie werden durch ihre Umwelt und die Universitätskultur beeinflußt bzw. geprägt. In der Studierphilosophie werden vorrangig die Wertvorstellungen der Studierenden wie Auffassungen über das Fachgebiet an ihrer Universität, über die Umwelt formuliert. Diese Wertvorstellungen ergeben Bedingungen für die folgenden Teilprozesse. Aus diesen Bedingungen werden in der Studierpolitik die Individualziele (individuelle Interessen, Motivation), Ziele der Fachgebiete und Ziele der Studentenschaft abgeleitet. Studierphilosophie und Studierpolitik bilden somit übergeordnete Bedingungen für den Lernprozeß, der in den Hauptphasen der Willensbildung und Willensdurchsetzung gestaltet und gelenkt wird.

3.1.2
Die personelle Betrachtung

Jedes Handeln bzw. Verhalten der Studierenden bzw. Lernenden aber auch der Lehrenden wird durch ihre Persönlichkeit, d.h. durch die Gesamtheit ihrer charakteristischen, individuellen Eigenschaften (Duden 1989) geprägt. Ihre Erfahrungen, Kenntnisse, Einstellungen und ihre Fähigkeiten, also ihre Handlungskompetenz (s. Abschn. 3.3), einen Lernstoff oder ein Lernthema zu bearbeiten, werden zum methodischen Lösen einer Aufgabe bzw. eines Problems eingesetzt (s. Kap. 5).

Anstoß für das Aktivwerden ist die Motivation. Da Motivation und Handlungskompetenz den Lernprozeß besonders beeinflussen, werden diese Aspekte in den folgenden Abschnitten in Bezug auf das Lern- bzw. Arbeitssystem (s. Abb. 3.1) erweitert beschrieben.

3.2
Motivation

Echtes Interesse am Lerngegenstand haben, bedeutet: Zum Lernen motiviert sein. Die Motivation ist bestimmend für die Dauer, die Stärke der Lernbereitschaft (s. Abschn. 2.4.3) und das Erfolgserlebnis beim Lernen. Was sind die Quellen für die Motivation?

Derartige Quellen können aus dem Lerninhalt selbst entstehen. Oder: Studierende bzw. Lernende sind selbst motiviert, denn Studieren bzw. Lernen macht Spaß. Studierende bzw. Lernende lernen von sich aus, weil sie es gerne tun, sie sich für die Lerninhalte und die Lernsituation begeistern. Studieren bzw. Lernen soll ohne äußere Anreize Freude machen und erfolgreich sein. Wir sprechen von intrinsischer Motivation.

Intrinsische Motivation liegt vor, wenn eine Person eine Handlung um ihrer selbst Willen, wegen der ihr innewohnenden Anreize ausführt (Csikszentmihalyi, Schiefele 1993, S. 207).

Kommt der Antrieb für das Studieren bzw. Lernen von außen, liegt extrinsische Motivation vor, d.h.:

> wenn eine Handlung hauptsächlich wegen bestimmter mit ihr verbundener Konsequenzen, die zu der Handlung selbst in keinem direkten Verhältnis stehen, erfolgt (Csikszentmihalyi, Schiefele 1993, S. 207).

Am intensivsten und dauerhaftesten lernen wir intrinsisch.

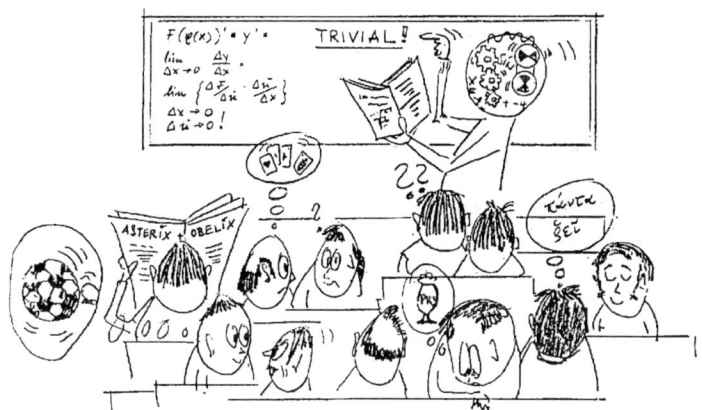

Abb. 3.3. Frustration durch Negativ-Motivation

Was ist zu tun, wenn das Interesse am Studieren bzw. Lernen nicht vorhanden ist?

In diesem Fall müssen sich Studierende bzw. Lernende selbst helfen. Sie müssen sich selbstbeobachten (s. Abschn. 5.1.1) und durch Hinterfragen „intrinsische Motivatoren" finden und auf die eigene Situation reflektieren. Sie fragen sich u.a. dabei: Wann bin ich motiviert? und Weshalb lohnt es sich gerade jetzt für mich zu lernen? Sie finden bestimmt die Motive. Weitere Fragen zum Selbstmotivieren sind:

- Warum nützt mir der Lerninhalt beim Ausüben meiner jetzigen und späteren beruflichen Tätigkeit?
- Weshalb erhöht gerade dieser Lerninhalt meine Kenntnisse, Fertigkeiten und Fähigkeiten?
- Weshalb bringt dies Ansehen und Anerkenung?
- Wie läßt sich der Lernstoff in Teileinheiten gliedern, damit ich erforderliche und auch mich interessierende Teilgebiete erhalte?
- Welche bisher gelernten Lerninhalte lassen sich mit dem neuen Lernstoff verknüpfen?

Die Antworten auf solche oder ähnliche Fragen entwickeln eine Beziehung, sich mit den Lernaufgaben und deren Zielsetzung zu identifizieren.

Wer mit dem Prinzip des Sich-Selbstmotivierens nicht weiter kommt, sollte unbedingt das Gespräch suchen. Über diesen Weg lassen sich manche Studierende bzw. Lernende positiv beeinflussen. Der damit verbundene Lernerfolg wirkt verstärkend und nimmt einen erfolgreichen Einfluß auf die Lernmotivation.

Im Zusammenhang mit der Motivation sei auch die sogenannte „Flow-Theorie" von Csikszentmihalyi erwähnt. Csikszentmihalyi, Schiefele (1993) sehen die Entdeckung des „Flow-Erlebens" als Erlebnisweise, die typisch für intrinsisch motivierte Tätigkeiten zu sein scheint. Der Zustand des Flow-Erlebens läßt sich folgendermaßen beschreiben: Alle Gedanken und Empfindungen sind im Einklang und auf eine Handlung gerichtet. Störende Einflüsse werden hierbei ausgeblendet. Dadurch erreicht der Einzelne ein höchstes Leistungsniveau. Bedingung hierfür ist, daß sich die Handlungsmöglichkeiten bzw. die Fähigkeiten und die Anforderungen in einem Gleichgewicht befinden.

Jeder Mensch braucht ein gewisses Stimulieren von Körper und Geist. Fehlt ihm dies, so empfindet er Langeweile und wird des Lebens müde. Mit wachsendem Stimulieren steigt sein Wohlbefinden bis zu einem optimalen Punkt an und sinkt bei weiterem Anwachsen wieder ab bis zum Angstempfinden. Das individuelle optimale Erregungsniveau hängt von der biologischen Beschaffenheit (zum Beispiel dem Hormonhaushalt) ab und bestimmt damit den unterschiedlichen Bedarf an Stimulierung.

Menschen mit einem sehr hohen optimalen Erregungsniveau werden „Sensation Seeker" genannt. Sie haben ein starkes Verlangen nach Stimulierung aller Sinne. Sie suchen ungewöhnliche Empfindungen wie den freien Fall beim Bungeejumping, das Entdecken neuer Länder oder Musikstile, tendieren zu enthemmten Aktivitäten, zu exzessiven Parties und haben eine Abneigung gegen Repetition und Monotonie.

Der Mensch toleriert ein höheres Risiko, wenn er darauf einen gewissen Einfluß nehmen oder über das Sich-darauf-Einlassen entscheiden kann. So nimmt er Risiken wie Atomkraftwerke oder Kriminalität, welche die gesamte Gesellschaft betreffen, als unkontrollierbarer und schrecklicher wahr als individuelle Risiken, die meist nur den verursachenden Menschen in Gefahr bringen. Durch entsprechendes Verhalten kann der Mensch diese individuellen Risiken beeinflussen, steht aber im Gegensatz dazu vielen Gefahren machtlos gegenüber, welche die Gesellschaft bedrohen. Eine weitere Erklärung für das Ausüben von Risiko-

sportarten könnte somit sein, daß gerade Risikoaktivitäten einen Ausgleich zum unbefriedigten Bedürfnis nach Beherrschen der Bedrohungen
im Alltag schaffen.

Was bedeuten diese Ausführungen für Studierende? Wie können sie
erreichen, daß ein Flow-Zustand beim Studieren hilfreich ist? Wann
haben Sie Freude am Tun? Und wie gelangen Sie in einen Flow-Zustand?
Wenn

- Sie ein sofortiges eindeutiges Feedback über ihre Handlungen erhalten. Wenn Sie es selbst nicht wahrnehmen, lassen Sie sich konstruktiv
  beurteilen.
- Sie sich kompetent fühlen und Kontrolle haben. Diese Kontrolle erleben Sie bestimmt in manchen Situationen beim Autofahren. Sie wollen Macht über die Ursachen von Ereignissen haben, die Sie selbst
  verursachen.
- Ihre Fähigkeiten mit den Anforderungen aus einer Problemstellung
  zusammenpassen. Sie haben bestimmt schon Situationen des Unter-
  forderns (Langeweile) oder Überforderns (Angstgefühle) erlebt.
- Ihre Aufmerksamkeit voll auf die Handlungssituation gerichtet ist. Sie
  befinden sich kurz vor dem Lösen eines schon seit Tagen bearbeiteten
  Problems. Andere Umweltreize bleiben außen vor.

3.3
Handlungskompetenz

Handlungskompetenz liegt nach Lanfer (1992) vor, wenn

> ein Mensch in gesellschaftlichen, beruflichen und privaten Situationen
> sach- und fachgerecht, persönlich durchdacht und zugleich in gesell-
> schaftlicher Verantwortung anstehende Probleme bzw. Situationen selb-
> ständig anzugehen vermag, Lösungen herbeiführt, bewertet, sie umsetzt
> und so in einem lebenslangen Prozeß Lebensbewältigung und Lebenser-
> füllung erfährt bzw. erfahren kann.

Sie erkennen beim Reflektieren der bisherigen Ausführungen, daß Lernprozesse und auch Arbeitsprozesse von der Handlungsfähigkeit beeinflußt werden.

Handlungsfähigkeit besitzen, heißt Handlungskompetenz haben. Wie
wichtig ist ein frühzeitiges Erwerben von Handlungskompetenz?

Wie wichtig die Handlungskompetenz ist, können Studierende beim
Lesen von Stellenanzeigen erfahren. In Tabelle 3.1 sind Aufgaben und

Anforderungen an Projektingenieure aus Stellenanzeigen zusammengestellt, die den VDI nachrichten 1997 über zehn Wochen entnommen wurden.

Tabelle 3.1. Aufgaben und Anforderungen an Projektingenieure, über 10 Wochen entnommen aus Anzeigen der VDI nachrichten, Düsseldorf 1997

Aufgaben	Anforderungen
• Aufgaben mit analytischem Verstand anpacken und Lösungen systematisch umsetzen	• Gute bis sehr gute Englischkenntnisse in Wort und Schrift
• Umfassende Bearbeitung von Anfragen bis hin zur Ausarbeitung detaillierter Angebote, selbständiges Erstellen von Angeboten	• PC-Kenntnisse
	• CAD/EDV-Erfahrung
	• Anforderungen, aufgabenspezifisch
• Anlagen-Layouts projektieren	• Berufserfahrung bei der Projektierung z.b. von Anlagen
• Projekte kalkulieren	
• Mit Kunden und Unterlieferanten verhandeln	• Technisches Verständnis
	• Fähigkeiten zur Systemintegration
• Internationale „Anlagenprojekte" abwickeln	• Überdurchschnittliches Engagement
• Auftrag abwickeln sowie koordinieren bis zur Inbetriebnahme der Anlagen durch den Kunden	• Flexibilität
	• Belastbarkeit
	• Sicheres Auftreten
• Projekte innerhalb des Hauses und mit Kunden koordinieren	• Gesunde Portion Ehrgeiz
	• Durchsetzungsvermögen
	• Kreativität, Ideenreichtum
	• Teamfähigkeit
	• Kommunikationsfähigkeit

Kompetent sein, sich als kompetent zu erleben, tut gut und führt zu positiven Gefühlen (emotionaler Prozeß). Sich als kompetent erleben, stärkt das positive Selbstbild. Kompetenz ist nicht angeboren, sie muß erworben, d.h. erlernt und trainiert werden. Wer sich Kompetenzen aneignen will, muß neugierig sein und lernen können:

• Beobachten Sie sich selbst. Treibt Sie die Neugierde nicht auch dazu, sich in neue Situationen zu wagen und neues Verhalten, neue Handlungen auszuprobieren.

- Wie reagieren Sie auf erfolgreiche Handlungen? Sie werden diese Handlungen mit höherer Wahrscheinlichkeit wiederholen und damit erlernen.

- Auch dies können Sie bewußt wahrnehmen: Je besser eine Kompetenz erlernt ist, desto „automatisierter" sind im Sinne eines konvergenten Verhaltens die einzelnen, grundlegenden Fertigkeiten zu nutzen. Wie müssen wir in Notsituationen reagieren? Bestimmt nicht kopflos oder kreativ. In solchen Situationen müssen Sie kompetent handeln.

Da die Handlungskompetenz verschiedene Aspekte umfaßt, sind die vier Dimensionen näher zu betrachten. Diese Dimensionen sind neben der Fachkompetenz noch die Schlüsselqualifikation Methoden-, Sozial- und Lernkompetenz (s. Abschn. 2.3).

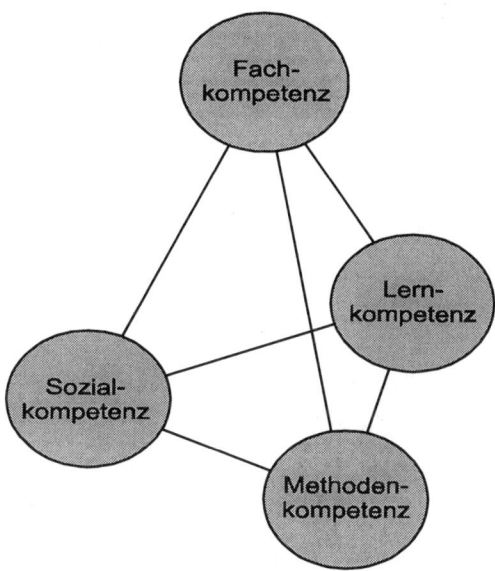

Abb. 3.4. Tetraeder-Modell „Handlungskompetenz"

In Abb. 3.4 ist dieser Zusammenhang in einem Tetraeder-Modell dargestellt. Sie sollen daraus entnehmen, daß zunächst alle Dimensionen gleich wichtig sind. Je nach Problemsituation werden sich die Ausprägungen dieser Dimensionen verändern, so daß unterschiedliche Gewichtungen und Persönlichkeitsprofile entstehen und vorliegen.

3.3.1
Fachkompetenz

Fachkompetenz (angemessene Kenntnisse) veraltet am schnellsten und zwar so schnell, daß ein einzelner, der auf sich selbst gestellt ist, trotz großer Anstrengungen es heute allein nicht mehr schaffen dürfte, über ein Literaturstudium sein Fachwissen aktuell zu halten.

Die Fachkompetenz verändern besagt: Sie müssen zielorientiert an das Erwerben von Fachwissen, an das Beeinflussen von Fähigkeiten und Fertigkeiten herangehen. Deshalb erarbeiten Sie sich angepaßt formulierte Lernziele (s. Abschn. 5.2) wie z.b.:

- Qualität, Kosten, Termine als wesentliche Faktoren beim Produktentwickeln erkennen und in der Hauptprüfung erklären.
- die Komplexität der Beurteilungskriterien mit Hilfe der Struktur eines Zielsystems erklären.
- Entscheidungen begründen.
- Klima in der Arbeitsgruppe positiv gestalten und lenken.
- Arbeitsgruppenergebnisse fachlich beurteilen.

3.3.2
Methodenkompetenz

Methodenkompetenz umfaßt nicht nur die Kenntnis von den umfangreichen Methodensammlungen, wie z.b. vom Methodenkatalog der 3000 Problemlösemethoden von Hürlimann (1981), sondern auch die Fähigkeit, sie effizient einzusetzen. Führen Sie nicht einfach ein „Brainstorming" nach Zuruf durch. Befassen Sie sich mit der jeweiligen Methode und den zugehörigen Techniken. Bei diesem Einsatz ist auch die Sozialkompetenz äußerst wichtig, wie es die Arbeiten der Bamberger Psychologen um Professor Dörner (1983, 1994) zeigen. Mehr über das Verstehen und Anwenden von Methoden und zugehörigen Techniken lesen Sie in Kapitel 5.

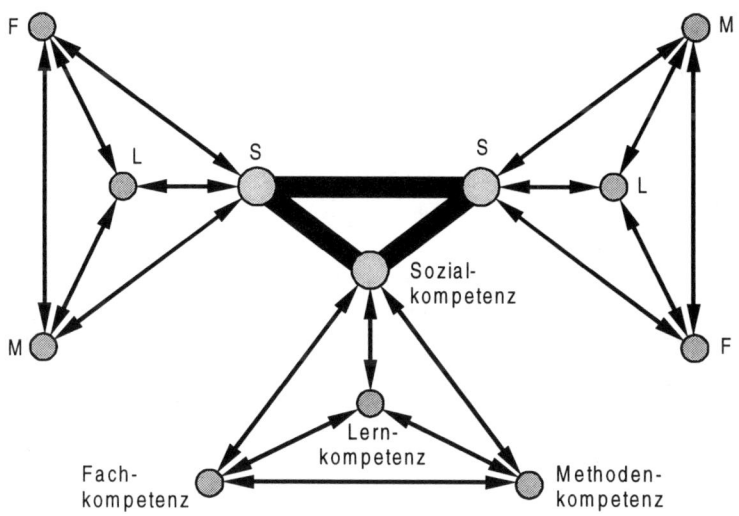

Abb. 3.5. Kommunikation

3.3.3
Sozialkompetenz

Sozialkompetenz umfaßt neben der begründeten und selbstbestimmten Willensbildung und Willensdurchsetzung sowie der Fähigkeit zur Selbstreflexion das kooperative und integrative Sozialverhalten auf der Basis der Achtung aller Mitmenschen und der Bereitschaft zur Partnerschaft.

Sozialkompetenz in Verbindung mit Lernkompetenz ermöglicht dem einzelnen, am Wissen anderer teilzunehmen, es im Dialog direkt aufzunehmen und abzufragen. Sozialkompetenz ist daher der wichtigste Weg für Wissenstransfer und dazugehörige Kommunikation, Abb. 3.5.

Sozialkompetenz ist entweder die Autobahn, über die der Know-how-Transfer stattfindet, oder der Flaschenhals, an dem eine Projektarbeit verkümmert. Hinsichtlich der Methoden- und Sozialkompetenz lassen sich als Ziele nennen:

• zum Lösen eines Problems zweckgerichtet Informationen beschaffen

- die gewonnenen Informationen methodisch zum Lösen eines Problems einsetzen
- in einer Gruppe aktiv mitarbeiten
- zur Kritik an der eigenen Arbeit fähig sein, eigene Kritik und die Kritik anderer Gruppen zu neuem Handeln und neuen Erkenntnissen nutzen.

3.3.4
Individualkompetenz

Individualkompetenz ist die Fähigkeit des Individuums, aufgrund seiner bisherigen Entwicklung zu entscheiden, welche Lebensziele Bedeutung besitzen und wie zum Erreichen dieser Ziele in den Handlungssituationen agiert werden muß. Unter Bezug auf die Tabelle 2.1 umfassen neben der Fachkompetenz wie z.b. Kenntnisse und deren Zusammenhänge persönliche Kompetenzen noch:

- Zuverlässigkeit als Grundbedingung für erfolgreiches Zusammenarbeiten, d.h. die übertragenen Aufgaben wahrnehmen, auch unter widrigen Umständen und/oder unter dauernder Überwachung und Kontrolle.
- Ausdauer, Durchhaltevermögen, Belastbarkeit, d.h. nicht bei jedem Mißerfolgserlebnis oder vorläufigem Ausbleiben des Erfolges aufgeben.
- Konzentrationsfähigkeit, d.h. sich auf bestimmte Aufgaben konzentrieren und diese Konzentration über längere Zeit aufrechterhalten.
- Verantwortungsbereitschaft, Selbständigkeit, d.h. etwas einzustehen, auch wenn es einmal mißlingt. Unangenehmes, Lästiges und Verantwortung nicht auf andere abschieben.
- Fähigkeit zur Kritik und Selbstkritik, d.h. Wichtiges von Unwichtigem unterscheiden; Dinge aus der Natur der Sache heraus ablehnen oder befürworten; Fehler einsehen und zu Korrekturen bereit sein.
- Kreativität und Flexibilität, d.h. eigene Ideen entwickeln und in den Aufgabenbereich einarbeiten; sachgerecht handeln.
- Kooperationsbereitschaft und Teamfähigkeit, d.h. nicht Eigenbrötler, auch nicht einsame Tüftler sind in der Regel gefragt, sondern Mitarbeiter, die Informationen, Erfahrungen und Verbesserungsvorschläge austauschen.

- Konfliktfähigkeit, d.h. Differenzen bei Meinungen und Haltungen friedlich und konstruktiv verarbeiten, dies ohne offene und versteckte Aggressionen.
- Toleranz, d.h. nur intolerant sein gegen Aggressivität, Verletzung humaner Grundwerte und Störungen des Friedens in der Gesellschaft.

3.4
Der (Lehr-)Lern-Prozeß

> Lernen ist wie Rudern gegen den Strom. Sobald man aufhört, treibt man zurück! Benjamin Britten

Wie Abb. 3.6 zeigt, wird der Lernprozeß ((5) = eingekreiste Zahl in Abb. 3.6) aus systemtechnischer Sicht betrachtet und als Modell „Lernsystem" bezeichnet. Dieser Lernprozeß ist Teilsystem des von den Autoren gestalteten und erprobten Lernsystems, das neben den Eingangsgrößen: Lernstoff, Lernthema (2) und den Ausgangsgrößen: Lernziel, d.h. positives Lernergebnis (1) das Teilsystem Mittel (7) und die Eingangsgrößen: Lernende (9) und ggf. Lehrende (10) umfaßt. Dieses Lernsystem wird von der Systemgrenze umschlossen. Über Eingangsgrößen (als gewollte und/ oder ungewollte Einflußfaktoren) und Ausgangsgrößen (als gewollte und/ oder ungewollte Zustandsgrößen) tritt es mit der Umgebung, dem Umgebungssystem (13), in Wechselbeziehung.

Zu unterscheiden sind:

- externale Bedingungen sind das Lernsystem und damit den Lernprozeß beeinflussende Umgebungsbedingungen wie z.B. Baulärm, Hitze, die vom Lernen ablenken können. Zu diesen Umgebungsbedingungen gehören aber auch die Art des Lernstoffs, die fremdbestimmten Aufgabenstellungen, die Sozialformen wie Klima in der Gemeinschaft, d.h. alle Elemente, die nicht immer unmittelbar von den Lernenden selbstbestimmt werden. Wie bereits unter 3.2 ausgeführt, sind diese Elemente für einen produktiven Lernprozeß durch Motivation bis „Flow" positiv zu gestalten und zu lenken.
- internale Bedingungen: jeweils individuell ausgebildete Persönlichkeitsdimensionen wie Einstellungen, Verhalten, Fähigkeiten, Fertigkeiten, Wissen sowie der zu den Lernmethoden erforderliche richtige Einsatz von Mitteln (Arbeits- und Hilfsmitteln) zum Erhöhen der Handlungskompetenz.

Lernen hat direkt und/oder indirekt etwas mit einem Auseinandersetzen der Lernenden mit ihrer Lernumgebung (12) (Organisation, Arbeitsplatz, Klassenverband) zu tun.

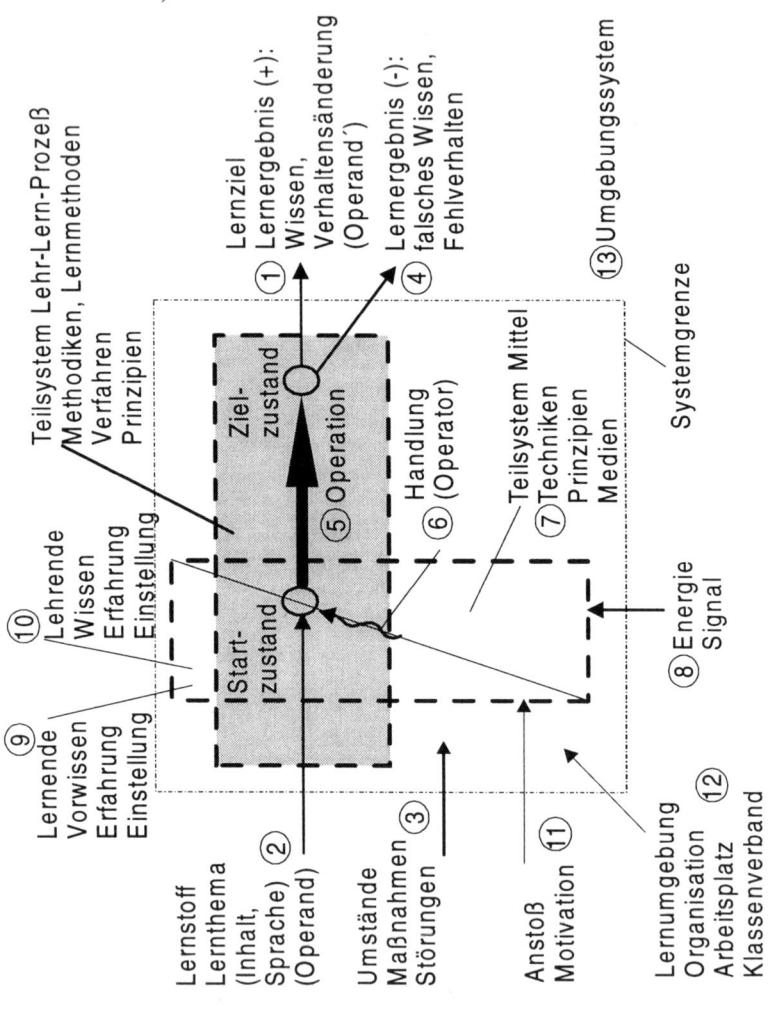

Abb. 3.6. Zusammenspiel Lern- und Umgebungssystem

Nicht jedes Element der Lernumgebung muß Auswirkungen auf die Elemente des Lernsystems und damit u.a. auf den Lernprozeß (5) haben. Wichtig hierbei ist folgender Hinweis: dieselben Umgebungsbedingungen (12) bzw. (13) können individuell unterschiedlich wahrgenommen werden. Wie stellen Sie z.b. fest, ob Ihr Arbeitsplatz ausreichend ist?

> Wenn Sie richtige Sehnsucht nach Ihrem Arbeitsplatz haben. Wenn Sie sich freuen, auf Ihrem Stuhl Platz zu nehmen, um eine neue Arbeit zu beginnen. Ihre Bedürfnisse und Ihr Wohlbefinden sind entscheidend für die Arbeitsplatzgestaltung ..., d.h. der Arbeitsplatz ist richtig, den Sie als solchen überhaupt nicht bemerken. (Beelich, Schwede 1983, S. 39)

Für Studierende ist wesentlich, wie sie positive Lernergebnisse ((1) Lernziele) herbeiführen und Fehlverhalten (4) bzw. Fehlhandlungen vermeiden. Die Ursachen für derartige Fehlhandlungen können in allen Elementen ((2) bis (13)) des Lernsystems enthalten sein

Um auch Ansichten der Studierenden zur Frage „Was kann ich im (Lehr-)Lern-Prozeß alles verkehrt (-) und/ oder richtig (+) machen?" zu erhalten, führten wir mit verschiedenen Studentengruppen Kreativitätssitzungen mit Hilfe der Galeriemethodik (s. Abschn. 10.3.1) durch. Angeregt durch das Buch von Vester (1978) wurden die Antworten zu dieser Frage nach den folgenden sieben Hauptmerkmalen sortiert (Zusammenstellung als Checkliste: Lernhilfen, s. Abschn. 10.4.1):

- Nach verschiedenen Eingangskanälen ordnen und erklären
- Neugier, Motivation schaffen
- Bezugspunkte, Assoziationen herstellen
- Vertrauensvolle Atmosphäre erzeugen
- Erfolgserlebnisse herbeiführen
- Negative Hormonlage, Frustration vermeiden
- Richtige physiologische Bedingungen einsetzen

An dieser Stelle wird nochmals auf die in der Denkpsychologie erkannten Denk- und Handlungseinheiten (s. Abb. 1.1, TOTE-Einheit): Verändern des gegebenen Zustands (Operation) und Prüfen des Ergebnisses (Zielzustand erreicht?, Test bzw. Beurteilen) hingewiesen.

Da das Ableiten der Einflüsse und Zusammenhänge beim Lehren und Lernen viel zu kompliziert und nicht immer nachvollziehbar ist, werden im folgenden Abschnitt Lernmodelle und Lernstrategien grundlegend behandelt. Aus dem Vergleich der verschiedenen Modelle werden Möglichkeiten gezeigt, wie die eigenen Vorgehensmodelle gestaltet und gelenkt werden können.

3.5
Lernmodelle, Lernstrategien

3.5.1
Was sind Lernmodelle?

Modelle sind Abbilder der erkannten Wirklichkeit, aber auch Abbilder von geistigen Vorstellungen und von Objekten. Sie können mit unterschiedlichen Absichten entwickelt und realisiert werden, z.b.:

- durch die Vorgehensweise insgesamt als Projekt-Modell bzw. Ablaufmodell,
- durch das wissenschaftstheoretische Ausrichten der Forschung als Forschungs-Modell,
- durch die zu erfassenden Elemente, Faktoren und Größen mit ihrem Wirkungszusammenhang als Struktur-Modell,
- durch das zeitliche Strukturieren des Geschehens im Studium als Verlaufs-Modell,
- durch das strukturierte Aufbereiten von Lernstoff zum assoziativen Behalten als Lernmodell,
- durch ...: Ihr Vorgehensmodell nach individuellem Handlungsstil.

Ein Lernmodell stellt für Studierende bzw. Lernende als Mittel eine Visualisierungshilfe dar. Eine derartige schematische Übersicht ist z.B. das zusammenhängende und überschaubare Wiedergeben des komplexeren Sachverhalts „(Lehr-)Lern-Prozeß" (s. Abb. 3.6). Das Modell „Lernsystem" verknüpft die Teilsysteme (Lehr-)Lern-Prozeß, Mittel und Mensch (Lernende, Lehrende) mit den zugehörigen Einflußfaktoren, Prozeß- und Zustandsgrößen. Sie dienen als Basis für das Gestalten eines individuellen Vorgehens. Je nach Lernfortschritt läßt sich dann dieses Vorgehensmodell situationsgerecht modifizieren.

Einige Fachgebiete wie z.B. die Mechanik müssen die Realität durch Modellvorstellungen ersetzen. Solche Modellannahmen sind wichtig, wenn es keinen allgemeingültigen Algorithmus gibt. Ehrlenspiel (1995, S. 84) schlägt vor, in einem Vorgehenszyklus den Begriff Lösung oder wie im Fall der Abb. 1.2 den Begriff Maßnahme durch Modell zu ersetzen, um eine Handlungsanweisung für das Finden einer zutreffenden Modellvorstellung zu erhalten.

3.5.2
Drei-Stufen-Modell nach Lewin

Das (Phasen-)Drei-Stufen-Modell (Abb. 3.7) von Lewin (1938) basiert auf den drei Stufen: das Auftauen (unfreezing), das Verändern (changing) und das Festlegen bzw. Stabilisieren (refreezing).

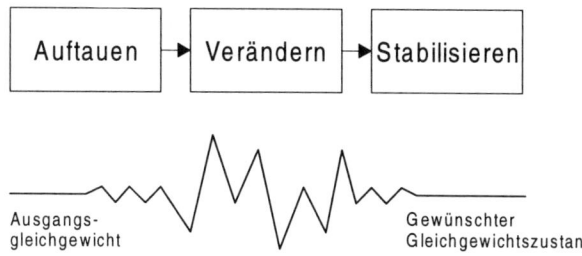

Abb. 3.7. Das Änderungsgesetz von Lewin (Phasenmodell)

Jeder Veränderungsprozeß nach diesem Modell erfordert ein Auflösen des Gleichgewichtszustands. Dies geschieht in einer Auftauphase (Unfreezing). In ihr muß das System seinen Gleichgewichtszustand aufgeben. Es ist zum Verändern bereit. Der Anstoß für diese Auftauphase kann sowohl von innen (z.b. durch Unzufriedenheit mit dem Lernprozeß) als auch von außen (z.b. durch kritische Äußerungen von Seiten der Umwelt) kommen. Werden Veränderungen durchgeführt, muß der neue Zustand stabilisiert, d.h. eingefroren (Freezing) werden. Lewin geht bei dieser Betrachtung stets von einer Analyse von zwei Zuständen aus. Er vergleicht sie. Jedes Verändern in diesem zeitlich abgrenzbaren und dynamischen Prozeß sieht er als Störung des Systems, einem Ausnahmefall, an. Das Phasenmodell zielt darauf ab, diesen Ausnahmefall schnell zu beherrschen, um das System so rasch wie möglich wieder in den gewünschten Gleichgewichtszustand zu bringen.

3.5.3
Was sind Lernstrategien?

Strategien bezeichnen

> Vorgehensweisen in komplexen Problemsituationen, welche die einzel-
> nen Aktionen übergeordnet koordinieren und neue Informationen inte-
> grieren (Fricke 1993, S. 25).

Die Strategie ist „die Fortbildung des ursprünglich leitenden Gedankens
entsprechend den stets sich ändernden Verhältnissen" (von Moltke 1912)
Bezogen auf den Lernprozeß schildern Strategien also, wie Lernende ihr
Vorgehen und Verhalten gestalten und dies beim Lernen anwenden. Sie
beschreiben demnach das individuelle, problemspezifische Vorgehen
beim Lernen innerhalb eines rahmenhaften Plans (Ablauf- oder Projekt-
modell), denn nach dem Duden (1989) ist eine Strategie

> ein genauer Plan des eigenen Vorgehens, der dazu dient, ein Ziel zu errei-
> chen, und in dem man diejenigen Faktoren, die in die eigene Aktion hin-
> einspielen könnten, von vornherein einzukalkulieren versucht.

In der Praxis haben sich Denk- und Handlungsstrategien herausgebildet,
die durch Strategiemerkmale wie z.b. „Aufgliedern in Teilprobleme"
oder „ Zuerst das Wesentliche, dann das weniger Wesentliche" oder
„Informationen in Notizen, Skizzen (ein externes Gedächtnis) auslagern"
sowie „iterativ im Wechsel zwischen Analyse und Synthese bearbeiten"
und „Pendeln zwischen dem Ganzen und dem Teil" genauer beschrieben
werden (s. Fricke 1993, S. 25 und Ehrlenspiel 1995, S. 67). Strategiemerkmale lassen sich aus übergeordneten Bedingungen ableiten. Alle
Bedingungen, die nicht unmittelbar den Elementen, Faktoren und Größen
des Lernsystems (s. Abb. 3.6) zugeordnet werden können, gelten für
dieses Lernsystem als übergeordnet (s. Abschn. 10.4.5). Solche aus übergeordneten Bedingungen abgeleiteten Strategiemerkmale lassen sich
auch unmittelbar auf das Lernen bezogen formulieren wie z.B.

- Die kleinen Schritte mit Erfolgserlebnissen sind es, die Ihnen weiter-
  helfen.
- Verhalten erfolgreich wahrnehmen, erhöht die Neigung zum Wieder-
  holen und Beibehalten.
- Zum Erfolg gibt es keinen Lift, Sie müssen die Treppe benutzen,
  Abb. 3.8.

Denn: Das Lösen von Teilproblemen bedeutet das Erreichen von Teilzielen. Durch Erfolgserlebnisse ersteigen Sie das Lernziel durch Freude am Lernen bzw. Motivation (Beelich, Schwede 1983, S. 30).

Abb. 3.8. Die Stufen zum Erfolg

3.5.4
Auswendiglernen

Diese Lernstrategie wird zu Unrecht als völlig überholt angesehen; sie muß nur in der richtigen Situation angewendet werden. Bei ihr kommt es auf das Strategiemerkmal „Lerngegenstand exakt reproduktiv wiedergeben" an, denn Veränderungen stören.

Typische Anwendungen sind das Lernen eines Textes durch einen Schauspieler oder das Lernen eines Musikstücks durch einen Solisten. In diesen Anwendungen ist das genaue Kennen der Details die Grundlage, um darauf eine eigene Interpretation aufbauen zu können.

Studierende sollten aber auch nicht vergessen, daß diese Lernstrategie in der vorschriftlichen Urgeschichte entscheidend und wichtig war. So wurde z.B. Homers Odyssee erst nach langer Zeit mündlicher Weitergabe aufgeschrieben. Auch die heiligen Texte der meisten Religionen, z.b. die Evangelien, wurden jahrzehntelang mündlich weitergegeben. Aufgeschrieben wurden sie evtl. an mehreren Stellen. Fehler beim mündlichen Weitergeben sind aus solchen Uraufzeichnungen gut erkennbar. Aber auch heute spielt in der Ausbildung das Auswendiglernen eine Rolle, z.b. beim Lernen der Schriftzeichen, grundlegender Rechenregeln (1-mal-1) und Formeln.

Nicht zu empfehlen ist das Auswendiglernen eines Skripts anhand einer Liste von Prüfungsfragen. Dies war bei den Prüfungen zu verschiedenen Vorlesungen zu beobachten, obwohl die Prüfer das Verständnis beim Umgang mit dem Wissen abfragten.

Wenngleich diese Lernstrategie zunächst eine positive Note sichert, wird dadurch der Hauptzweck, Anwendungswissen zu erwerben, verfehlt. In der Praxis wird kaum wörtlich das in der Vorlesung oder im Skript vermittelte Wissen abgefragt, sondern es muß in einer konkreten Situation flexibel angewendet werden. Hier ist das Lernen aus der Praxis durch direktes Anwenden (s. Abschn. 3.5.6) vorzuziehen.

3.5.5
Überwachtes Lernen

Das überwachte Lernen ist eine der wichtigsten Lernstrategien. Dieses Lernen geht individuell auf die Lernenden ein.

Da beim Lernen immer wieder Fehler auftreten können, ist ein Feedback von jemand, auf dessen Fachwissen Sie sich verlassen können, für den Lernerfolg sehr wichtig. Dies kann auch ein interaktives Lernprogramm sein, das nach Anbieten von Informationen mittels Testbeispielen das Gelernte überprüft. Dieses Prüfen kann als Selbsttest oder als Qualifikationstest geschehen. Schwerpunkt sollte aber nicht das Prüfen sein, sondern die Information an die Lernenden. Was beherrschen sie schon und was ist noch zu lernen. Daher ist die Sachinformation und nicht die Person des Lernenden anzusprechen. Für das Feedback ist nicht nur die Aussage „Richtig/Falsch" wichtig, sondern auch, was falsch war, mit einem Hinweis, wie es zu verbessern ist.

3.5.6
Lernen aus der Praxis

Bei dieser Lernstrategie wird das Lernen nicht vom (späteren) Anwenden getrennt, sondern mit ihr verzahnt. Die zum Lösen einer konkreten Aufgabe erforderlichen Methoden und zugehörigen Techniken werden gelernt und sofort angewendet.

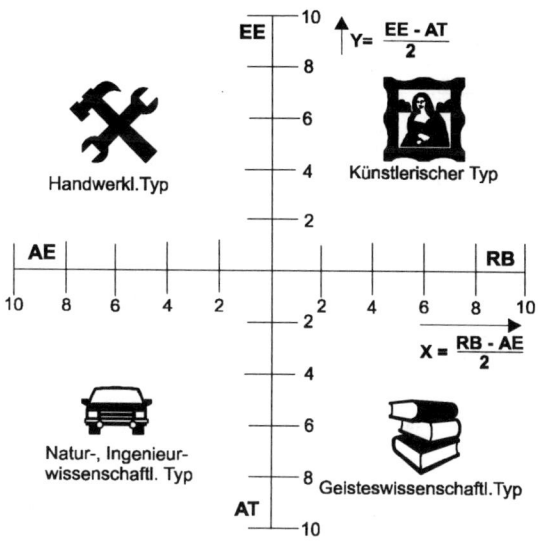

AE: Aktives Erproben   RB: Reflektiertes Beobachten
EE: Erlebte Erfahrung   AT: Abstrakte Theorienbildung

Abb 3.9. Lernen aus Erfahrung: Modell von Kolb (1976)

Diese Lernstrategie ist in der Praxis sehr häufig. Sie wird auch mit „learning by doing" bezeichnet. Vorteilhaft ist, daß jeweils das gelernt wird, was konkret gebraucht wird. Dadurch ist die Motivation („Einsehen, ich brauche das wirklich") hoch. Auch wird durch das sofortige Anwenden des Gelernten das Vergessen vermieden. Unter dem oft bestehenden Zeitdruck wird jedoch nur das unbedingt Notwendige gelernt. Möglicherweise werden so viel wirkungsvollere Methoden übersehen.

3.5.7
Lernen aus Erfahrung

Nach der Lernstrategie von Kolb (1976) umfaßt Lernen aus Erfahrung die vier Dimensionen bzw. Komponenten „aktives Erfahren (AE)", „reflektierendes Beobachten (RB)", „abstrahierendes Theorienbilden (AT)" und „erlebtes Experimentieren (EE)", Abb. 3.9.

Tabelle 3.2. Lernverhalten erfassen (in Anlehnung an Kolb 1976)

1	engagiert		zögernd		informativ		aktiv	
2	aufnahmebe-reit		unvoreinge-nommen		zergliedernd		erprobend	
3	gefühlsmäßig		beobachtend		nachdenkend		handelnd	
4	akzeptierend		bewußt		abwägend		wagend	
5	ideenreich		leicht reizbar		logisch, diskursiv		produktiv	
6	sachbezogen		wahrnehmend		verallgemei-nernd		fragend	
7	gegenwarts-orientiert		reflektierend		zukunftsori-entiert		ausführend	
8	experiment. orientiert		einsichtsvoll		theoretisch		anwendungs-orientiert	
9	offen		verstehend		intelligent		praktizierend (sachlich)	
10	intensiv		zurückhaltend		vernünftig		verantwort.-bewußt	
	EE		RB		AT		AE	

Um das potentielle Lernverhalten zu erfassen, werden in einem Zeilen-Spalten-Schema zehn Zeilen und vier Spalten mit Eigenschaftswörtern vorgegeben, Tabelle 3.2.

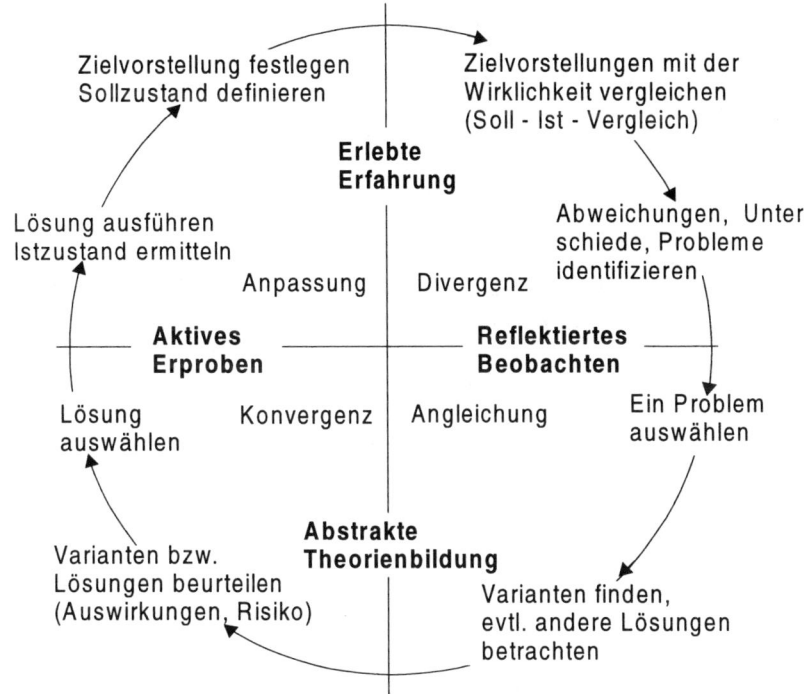

Abb. 3.10. Kolb-Modell und Problemlösezyklus

Lernende beurteilen ihr Lernverhalten durch eine Punktvergabe. Pro Zeile sind jeweils zehn Punkte zu vergeben. Diese Punkte sind zeilenweise wie folgt zu verteilen:

- Vier Punkte demjenigen Eigenschaftswort, das die Art und Weise zu lernen am besten beschreibt.
- Einen Punkt demjenigen Eigenschaftswort, das am wenigsten zutrifft.
- Drei bzw. zwei Punkte demjenigen Eigenschaftswort, das mehr zu vier Punkten bzw. zu einem Punkte tendiert.

Um das unterschiedliche Lernverhalten zu nutzen, schlägt Kolb (1976) vor, diese vier Dimensionen mit einem Problemlösezyklus zu verknüpfen, Abb. 3.10.

Mit diesem Problemlösezyklus werden folgende Schritte durchlaufen:

- Eine Lösung ausführen und den Istzustand ermitteln

- Zielvorstellungen festlegen oder ein Modell vom zu untersuchenden Sachverhalt entwickeln und den Sollzustand definieren
- Zielvorstellungen mit der Wirklichkeit vergleichen, d.h. Soll- und Istzustand miteinander vergleichen
- Abweichungen, Unterschiede, Probleme identifizieren (Analyse)
- ein Problem auswählen
- Varianten zum Lösen dieses Problems oder andere Lösungen finden
- Varianten bzw. Lösungen beurteilen (Auswirkungen, Risiko)
- Lösung auswählen und wenn erforderlich den Problemlösezyklus iterativ erneut durchlaufen

Der Lernprozeß kann grundsätzlich an jedem dieser Schritte beginnen. Dies ist davon abhängig, welche Situation vorliegt bzw. wie weit die Informationen zum Bearbeiten ausreichen.

- Einstieg bei „Lösung ausführen": Lernende werden ihre Fertigkeiten in dem Wechselspiel zwischen „Aktivem Erproben" und „Erlebter Erfahrung" anpassen.
- Einstieg bei „Lösungen finden, evtl. andere Lösungen betrachten": Lernende werden mit divergentem Denken das ausgewählte Problem an die Zielvorstellungen angleichen.

Kolb (1976) ordnet den vier Quadranten (Abb. 3.9) zwischen den Dimensionen unterschiedliche Funktionen bzw. Aktivitäten der Lernenden zu. Sie werden im folgenden unter Bezug auf die zwischen den Dimensionen aufgespannten Quadranten wiedergegeben.

Quadrant: Erlebte Erfahrung - Reflektierende Beobachtung

- Erfinderische, ideenreiche Tätigkeit
- Fähigkeit, konkrete Situationen aus verschiedener Sicht zu betrachten
- Kulturelles Interesse
- Spezialisieren in den Künsten
- Vorherrschende Lernfähigkeit: divergentes Denken
- Charakteristisch für Personalmanager, Psychologen, Soziologen, Volkswirtschaftler

Quadrant: Reflektierende Beobachtung - Abstrakte Theorienbildung

- Fähigkeit, theoretische Modelle zu entwickeln
- Vorherrschende Lernfähigkeit: induktives Denken
- Gebrauch von Theorien, die logisch und genau sind
- Angleichen von verschiedenartigen Beobachtungen in eine vollständig integrierte Erklärung
- Bevorzugter Umgang mit abstrakten Konzepten

- Wenig Interesse am Praxisbezug der Theorien
- Charakteristisch für: Basiswissenschaften, Forschung, planende Branchen

Quadrant: Abstrakte Theorienbildung - Aktives Erproben

- Praktisches Anwenden von Ideen und Theorien
- Vorherrschende Lernfähigkeit: konvergentes Denken
- Deduktives Denken, um Wissen auf spezifische Probleme einzustellen
- Bevorzugter Umgang mit konkreten Dingen, relativ nüchtern
- Spezialisieren in physikalisch betonten Wissenschaften
- Charakteristisch für: Naturwissenschaftler, Ingenieure

Quadrant: Aktives Erproben - Erlebte Erfahrung

- Dinge tun, Pläne und Experimente verwirklichen, sich selbst in neuen Erfahrungen erproben
- An spezifische Situationen anpassen
- Technische, praxisbezogene Gebiete bevorzugen
- Neigung, der Gefahr nicht auszuweichen bzw. sich der Gefahr auszusetzen
- Umgang mit Menschen ruhig, aber auch ungeduldig, antreibend
- Vorherrschende Lernfähigkeit: anpassendes Denken
- Charakteristisch für: handwerkliche Jobs wie Ingenieure in Versuch und Erprobung, handlungsorientierte Jobs wie Marketing, Verkauf; erzieherische Jobs in technischen, praxisbezogenen Fachgebieten

Diese Auflistung soll die Reflexion auf das eigene Lernverhalten und die Wahl der sinnvollsten Lernstrategie abhängig von der Aufgabe oder dem Problem ermöglichen.

Bei vielen Tests in den Praxisseminaren und bei den Lehrveranstaltungen waren relativ wenig Ergebnisse der X-Y-Werte (s. Abb. 3.9) ausgeprägt in die Quadranten anzuordnen. Vielmehr war zu erkennen, daß die Schwerpunkte sich an den Koordinatenachsen abbildeten.

Bei Konstruktionsübungen und einem Vorgehen nach dem Problemlösezyklus (s. Abb. 3.9) werden die Studierenden nach einem Kolb-Test ihrem Schwerpunkt nach Kleingruppen zugeordnet. Den Studierenden wird bewußt, wie sie ihr Lernverhalten mit der Lernstrategie „Stärken fördern und Schwächen abbauen" bewußt beeinflussen. Testen Sie Ihr Lernverhalten bei den einzelnen Aktivitäten nach dem Kolb-Modell, und passen Sie Ihre Lernstrategie selbststeuernd an.

3.5.8
Lernen mit Hilfe der Richtlinie VDI 2221

Basis für das Bearbeiten einer technischen Aufgabe bzw. einer Problemstellung ist die Richtlinie VDI 2221 (1993), die allgemeingültige, bran-
chenunabhängige Grundlagen methodischen Entwickelns technischer
Systeme behandelt. Das in der Richtlinie beschriebene technische Vorgehensmodell gliedert den zeitlichen Werdegang eines Systems vom Abstrakten zum Konkreten hin in die Lebensphasen von der Systement-
wicklung über die Systemherstellung und Systemeinführung zum Sy-
stembetrieb und Systemwechsel. Dieses Vorgehensmodell enthält eine
Problemlösungsstrategie, die prinzipiell auf jede Lebensphase anwendbar
ist. Wie bereits in Abb. 1.2 dargestellt, lassen sich die Phasen bzw.
Schritte dieser Problemlösungsstrategie: Problemanalyse, Problemformulierung, Systemsynthese, Systemanalyse, Beurteilung und Entscheidung zu einem iterativen Vorgehenszyklus miteinander verknüpfen.

3.5.9
Lernen durch Lehren

Lernende als Tutoren bzw. Übungsbetreuer, die gegenüber anderen Lernenden in gleicher Lage begrenzte Lehraufgaben übernehmen, eignen
sich so Wissen an, um es den Übungsteilnehmer zu vermitteln. Denn:
> Lehren heißt: die Dinge zweimal lernen. Joubert

Viele Fachbereiche bieten Übungen zu den Vorlesungen an. Sie benötigen zur Betreuung der Studierenden in den Übungen interessierte und
evtl. versierte Studierende. Diese Studierenden werden z.B. an der TU
Darmstadt zusätzlich für die Aufgaben eines Übungsbetreuers trainiert.

3.5.10
Schrittweises Lernen mit dem Computer

Natürlich gibt es bereits Computerprogramme, die Studierende bzw.
Lernende unterstützen, ihre Lernstrategie bei individuellem Arbeitsstil zu
erkennen. Damit erreichen sie das gesetzte Lernziel. Ein Beispiel ist der
„LernTrainer" von CogniCom (1998).

Dieser „LernTrainer" arbeitet in sieben Schritten, um ein effektives
Vorgehen zu ermöglichen. Je nach Wissensstand können Lernende frei

entscheiden, welche Schritte sie abarbeiten. Wer den bestmöglichen Lernerfolg erreichen will, geht in der vorgegebenen Reihenfolge vor.

• Schritt 1: Einführende Bemerkungen

Lernende werden in Aufbau und Bedienung des Programms eingeführt. Anhand zweier Shows mit Audio-Kommentar gewinnen sie zügig einen Überblick über das Thema. Außerdem erfahren Lernende, wie sie bei Zeitmangel (z.b. vor Prüfungen) vorgehen sollten.

• Schritt 2: Ist-Zustand feststellen. Was liegt vor?

Mit Hilfe eines Fragebogens und sechs Gedächtnistests aus verschiedenen Bereichen schätzen Lernende ihre Gedächtnisleistungen genau ein. Verbesserungsbedarf und individuelle Schwachstellen werden in kürzester Zeit ermittelt.

• Schritt 3: Ziel-Zustand angeben. Was will ich erreichen?

In diesem Schritt übernimmt der „LernTrainer" die Rolle eines Lernberaters. Aus einer Vielzahl vorgeschlagener Lernziele suchen sich Lernende die Ziele heraus, die sie erreichen wollen. Mögliche Ziele sind beispielsweise „Auf eine Prüfung vorbereiten", „Texte effektiv durcharbeiten" oder „Namen und Gesichter besser behalten". Das Programm führt Lernende dann direkt zu den relevanten Kapiteln.

• Schritt 4: Hindernisse überwinden. Unter welchen Umständen kann der Übergang vom Ist-(Start-)Zustand zum Ziel-Zustand geschehen? Wie kann dies angepaßt werden?

Hier analysieren und lösen Lernende ihre Probleme bei den Lernvoraussetzungen - von der Arbeitsplatzgestaltung bis hin zur Zeiteinteilung. Ein Test steht zur Verfügung, der gezielte Hinweise auf problematische Bereiche gibt. Praktische Lösungsvorschläge werden erarbeitet und umgesetzt.

• Schritt 5: Grundlagenwissen erwerben.

Aufbau und Funktion des Gedächtnisses sowie Grundlagen der Lern- und Gedächtnispsychologie werden vermittelt. Es stehen interaktive Trainings zur Verfügung, mit denen Lernende wichtige Prinzipien des Lernens anhand von kleinen Tests und Übungen direkt erfahren.

• Schritt 6: Lernstrategien aneignen

Zu verschiedenen Arten von Lernmaterial (z.B. Texte, Telefonnummern, Namen...) werden Lernmethoden und Lerntechniken sowie Tips und Tricks zum leichteren Behalten angeboten. In praktischen Übungen werden eine Vielzahl von Lernstrategien und Mnemotechniken (gedächtnisstützende Techniken) trainiert.

• Schritt 7: Lernstrategien anwenden
In zwei unterhaltsamen Lernspielen können Lernende die Anwendung
der neu erworbenen Methoden und Techniken anwenden und testen.

3.6
Literatur

Beelich KH, Schwede HH (1983) Denken. Planen. Handeln. Grundtechniken für
zweckmäßiges Lernen und Arbeiten mit vielen Erläuterungen und Anwen-
dungsbeispielen. 3. Auflage. Vogel, Würzburg

CogniCom (1998) Computer-Lernprogramm „LernTrainer", 81479 München,
Buchhierlstraße 12

Csikszentmihalyi M, Schiefele U (1993) Die Qualität des Erlebens und der Prozeß
des Lernens. In: Zeitschrift für Pädagogik 39, 2, 207-221

Dörner D, Kreuzig HW, Reither F, Stäudel T (1983) Lohhausen: vom Umgang
mit Unbestimmtheit und Komplexität. Huber, Bern Stuttgart Wien

Dörner D (1994) Die Logik des Mißlingens. Strategisches Denken in komplexen
Situationen. Rowohlt Taschenbuch, Reinbek bei Hamburg

Duden (1989) Deutsches Universal-Wörterbuch A-Z. Duden, Mannheim Wien
Zürich

Ehrlenspiel K (1995) Integrierte Produktentwicklung. Methoden für Prozeßorganisation, Produkterstellung und Konstruktion. Hanser, München Wien

Fricke G (1993) Konstruieren als flexibler Problemlöseprozeß - Empirische
Untersuchung über erfolgreiche Strategien und methodische Vorgehensweisen
beim Konstruieren. Reihe 1: Konstruktionstechnik/ Maschinenelemente. Nr.
227. VDI, Düsseldorf

Hürlimann W (1981) Methodenkatalog: ein systematisches Inventar von über
3000 Problemlösungsmethoden. Lang, Bern Frankfurt am Main Las Vegas

Jung RH, Kleine M (1993) Management. Personen - Strukturen. Funktionen -
Instrumente. Hanser, München Wien

Kolb DA (1976) Management and the Learning Process. California Management
Review 18, 3 , 21-31

Lanfer H (1992) Gleichstellung der Berufsausbildung mit dem Abitur gefordert.
Die berufsbildende Schule 44, 5, 296-305

Lewin K (1938) Conceptual Representation and Measurement of Psychological
Forces. Durham, NC: Duke University Press

Moltke H von (1912) Moltkes Militärische Werke IV. Kriegslehren. 3. Teil: Die
Schlacht. Königliche Hofbuchhandlung, Berlin

Vester F (1978) Denken, Lernen, Vergessen. Was geht in unserem Kopf vor, wie
lernt das Gehirn, und wann läßt es uns im Stich? Deutsches Taschenbuch,
München

4 Das Vorgehen beim Lernen

4.1
Allgemeine Arbeitsmethodik

Die Prozesse des methodischen Arbeitens lassen sich in Anlehnung an eine allgemeinen Arbeitsmethodik (Pahl, Beitz 1997, S. 68) beschreiben. Die so erstellten Vorgehens- bzw. Arbeitspläne (Abb. 4.1) basieren auf TOTE-Einheiten (s. Abschn. 1.1.1, Abb. 1.1) und bilden eine Folge

- von Denk- und Handlungsoperationen wie Informieren, Definieren, Kreieren bzw. Agieren und
- Prüfoperationen wie Beurteilen (Auswählen, Bewerten) und Entscheiden.

Jede Aufgabenstellung als Problem oder als Aufgabe bewirkt bei den Lernenden zunächst eine Konfrontation, ein Gegenüberstellen von möglichen Problemen und bekannten oder (noch) nicht bekannten Realisierungsmöglichkeiten. Die Stärke dieser Konfrontation hängt vom Wissen, der Erfahrung des Bearbeiters und seinem Tätigkeitsumfeld ab. Ein Informieren (s. Abschn. 5.1) über z.b. übergeordnete Bedingungen, Einflußfaktoren (Eingangsgrößen zum Lernsystem, s. Abb. 3.6), Größen der Prozesse und Zustände, Elemente und Relationen schwächt diese Konfrontation ab und macht das gestellte Problem klarer. Durch das Definieren (s. Abschn. 5.2) werden die Zielvorstellungen bzw. Anforderungen aufgelistet und die geklärte Gesamtaufgabe über ein Abstrahieren erhalten. Dies ermöglicht es, die Teil- und Kernaufgaben festzulegen, gleichzeitig denkbare Lösungswege zu wählen und den Einsatz der personellen und zeitlichen Ressourcen (Projektmanagement) vorzusehen. Im mehr schöpferischen Teilprozeß Kreieren bzw. Agieren, dem Handeln (s. Abschn. 5.3) werden Varianten entwickelt, variiert und kombiniert.

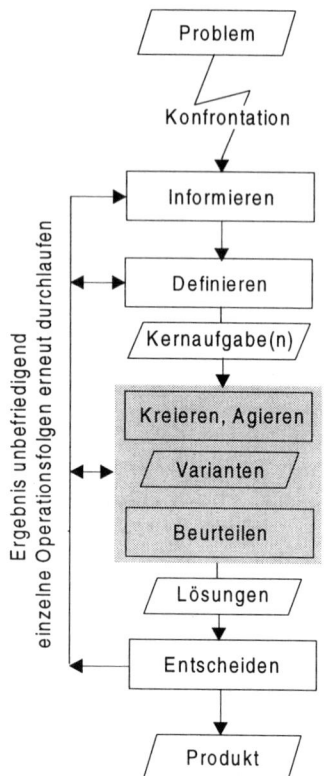

Abb. 4.1. Arbeitsplan in Anlehnung an Pahl, Beitz (1997, S. 83)

Ein damit verbundenes ganzheitliches Beurteilen als Ja-Nein-Auswählen scheidet ungeeignete Varianten aus oder stellt sie bei Informationsmangel zurück. Geeignete Varianten (= Lösungen) werden konkretisiert (= auf gleichen Informationsstand gebracht) und bewertet. Dieses Punktbewerten (s. Abschn. 5.4) bringt die Lösungen in eine Rangfolge und schafft die Unterlagen zum begründeten Entscheiden (s. Abschn. 5.5) für ein Produkt gemeinsam mit dem Auftraggeber. Bei unbefriedigendem Ergebnis werden erforderliche Teilprozesse erneut auf höherem Informationsstand iterativ durchlaufen.

4.2
Arbeiten individuell

4.2.1
Vorüberlegungen

Fragen wir uns zunächst: Nehmen Professoren die Studierenden als unterschiedliche Menschen mit einer jeweils eigenen Geschichte, unterschiedlichen Vorkenntnissen, Erfahrungen und Persönlichkeitseigenschaften wahr? Dieser Sachverhalt mag zwar für das Fach dieser Professoren keine Rolle spielen, ist aber für den individuellen Arbeitsstil sehr wichtig.

Was wollen Professoren mit dem Sachverhalt ihrer Vorlesung eigentlich vermitteln? Vorrangig bieten sie Fachwissen an. Sie zeigen ein Verständnis für ihre eigene Art und Weise, einen Sachverhalt zu verstehen und zu gliedern. Ihr Vortragsstil ist in vielen Fällen so überzeugend, daß Studierende nach der Vorlesung meinen, sie hätten alles verstanden. In der anschließenden Übung erkennen sie die Schwierigkeiten beim Anwenden des Gehörten bzw. Verstandenen.

Aber nochmals zur Vorlesung: Professoren der Technik-Fachbereiche vermitteln mit ihrem Fachgebiet u.a. auch Verständnis für:
- das methodische Vorgehen beim Planen, Entwickeln, Konstruieren und Herstellen von Produkten und Prozessen,
- Methoden und Techniken,
- allgemeine Regeln und Prinzipien sowie
- Begriffe und deren Zusammenwirken wie z.B. Funktionsweise, Leistung, Qualität, Kosten, Termine.

Und dieses Fach- und Methodenwissen fragen sie in den Prüfungen ab. Wie bereiten sich Studierende darauf vor? Trotz aller Mühe zum Verständnis werden in vielen Fällen die technischen Sachverhalte auswendig gelernt (s. Abschn. 3.5.4).

Hierzu ein Gedankenspiel: Achtjährige Schüler können das Wort „Produktdokumentation" fehlerfrei lesen und sich merken. Vorstellbar ist sogar, daß sie eine Richtlinie wie z.B. die Richtlinie VDI 2221 (Mai 1993) „Methodik zum Entwickeln und Konstruieren technischer Systeme und Produkte" auswendig lernen und bei Befragen wiedergeben können.

Sie haben zweifellos gelernt, aber sie sind offensichtlich noch keine guten Produkt- und Prozeßentwickler.

Auswendiglernen (s. Abschn. 3.5.4) ist somit nicht die Art, mit komplizierten Sachverhalten umzugehen. Ziel ist doch, daß ausgebildete Jungingenieure in der Praxis fähig sind, ihr Vorgehen beim Planen, Entwickeln, Konstruieren und Herstellen zu managen (d.h. zu gestalten und zu lenken), individuell und flexibel anzuwenden (Ausführungshandeln). Bereits beim Studieren ist dies zu lernen und umzusetzen.

4.2.2
Individuelles Arbeiten mit Selbstmanagement

Beim individuellen Arbeiten mit Selbstmanagement wählen Lernende selbst ihren Lernstoff, ihre Lernziele, d.h. Strategien und Taktiken.

Gestalten und Lenken sind Teilprozesse des Managementprozesses. Diese Teilprozesse sind während des Lernens kontinuierlich durchzuführen. Während des Lernens werden beim Kontrollieren die Abweichungen zwischen gewolltem und erreichtem Teilziel (Etappenziel) verglichen und ein zweckgerichtetes Lenken, ein Einwirken auf die folgenden Teilprozesse bewirkt (s. Abb. 3.1). Diese Abweichungsanalyse und Maßnahmensynthese ergibt Potentiale, um das persönliche Lernverhalten zu modifizieren, die individuelle Mittel- und Methodenbank zu ändern und zu erweitern. Lernende, die ihr eigenes Lernen selbst managen, reagieren flexibler auf unterschiedliche Lernsituationen.

Für das eigene Lernen sind alle Einflußfaktoren, Prozeß- und Zustandsgrößen des Lern- bzw. Arbeitssystems (s. Abb. 3.1 und Abb. 3.6) zu managen. In den folgenden Abschnitten werden nur einige dieser Faktoren und Größen im Zusammenhang mit dem Managen behandelt, denn eine Vollständigkeit ist im Rahmen dieses Buches nicht möglich.

Managen des Lernziels, des positiven Lernergebnisses (1)

Lernende, die es verstehen Ordnung in ihre Arbeit hineinzubringen, arbeiten systematisch. Wer systematischer arbeitet, setzt sich Ziele und entwickelt einen Plan (Strohschneider, von der Weth 1993). Ziele sagen, was erreicht werden soll. Der Plan bildet ab, wie vorzugehen ist. Er zeigt den Weg zum Ziel nach Teilabschnitten (Etappenzielen) geordnet. Mit

diesen Teilzielen lassen sich Zwischenentscheidungen fällen und Maßnahmen ableiten, durch die das Handeln auf das Ziel ausgerichtet wird.
Lernziele beschreiben ein beabsichtigtes (End-) Verhalten, einen bestimmten Inhalt, auf den sich das Verhalten bezieht, sowie eine spezifische Situation, welche die äußeren Gegebenheiten für das gewünschte
Verhalten konkretisiert. Das Ermitteln von Zielvorstellungen und das
Setzen von Zielen hinsichtlich der konkreten Ergebnisse des Studierens
bzw. Lernens geschieht in Anlehnung an die Problemlösungsstrategie
nach der Richtlinie VDI 2221 (1993, S. 3) als

- Problemanalyse durch Strukturieren der Gesamtaufgabe, Ermitteln der
  Bedingungen, Formulieren des Gesamtziels und der Zielvorstellungen
- Problemformulierung durch Präzisieren der Teilaufgaben und Ableiten von Teilzielen, Ordnen der Teilziele nach Wichtigkeit, Bestimmen
  der Kernaufgaben, Planen der Projekte und Festlegen des Projektpro-
  gramms

Wie werden Ziele formuliert? Benutzen Sie die Fragetechnik (s. Abschn.
10.1.1), und beantworten Sie folgende Fragen unmittelbar.

1. Wie läßt sich das Lernergebnis umschreiben? Was wird mit der Er-
   füllung der Gesamtaufgabe bzw. der Teilaufgaben angestrebt? Welche
   Eigenschaften (Wissen, Fähigkeiten, Fertigkeiten, Verhalten) und
   Kompetenzen müssen bzw. sollen erreicht werden?
2. Wie lassen sich Zielmerkmale konkret und überprüfbar formulieren?
   - Zielinhalt: Was soll erreicht werden?
   - Zielumfang, Quantität: Für welches Fach bzw. welchen Bereich?
     Wieviel?
   - Güte der Eigenschaften, Qualität: Wie gut?
   - Termin, Zeitspanne: Bis wann? In welcher Zeitspanne?
   - Mittel, Personen, Kosten: Mit welchen Mitteln? Mit welchen Per-
     sonen? Mit welchen Kosten?
3. Wenn eine quantitative Zielformulierung unmöglich ist: Welche aus-
   sagefähige qualitative Umschreibung ist zu geben?
4. Wodurch ist belegbar, daß die formulierten Ziele mit denjenigen anderer Stellen koordiniert und mit anderen Plänen, Verfahren usw. abge-
   stimmt sind?
5. Sind die formulierten Ziele:
   - realistisch und erreichbar?
   - motivierend und herausfordernd?

6. Sind die formulierten Ziele flexibel und anpassungsfähig? Welches wären die „Wenn-dann"-Varianten?

Beispiel für eine Zielformulierung: Innerhalb einer Woche den Kolloquiumsvortrag zur Studienarbeit „Entwicklung und Implementierung einer Wissenserwerbskomponente für ein wissensbasiertes System zur Erholungszeitermittlung" vorbereiten. Dauer des Vortrags: 20 Minuten. Overhead-Folien: Maximal fünf. Zuhörer: vertraut mit den Begriffen und Kenntnissen der Arbeitswissenschaft.

Ziel überprüfen: Feedback im Probekolloquium während der wöchentlichen Sprechstunde. Teilnehmer beurteilen nach Kriterien wie z.B.: Inhalt, Verständlichkeit, Zeitlimit, Sprechdynamik, Sicherheit, Überzeugungskraft, Selbstvertrauen, Mitteleinsatz. Solche Etappenziele müssen erreichbar, lohnend und erstrebenswert sein.

Allgemeine Schlüsselziele eines Zielsystems sind nach Specht, Beckmann (1996, S. 19): Effektivität („Die richtigen Dinge tun") und Effizienz („Die Dinge, die getan werden, richtig tun").

Neben dem Gestalten umfaßt das Lenkungshandeln

- das Einwirken auf die Geschwindigkeit (s. Managen der Lerngeschwindigkeit im Prozeß (5)) und
- das Einhalten der Richtung der Teilziele, der Teilziele selbst und somit des Gesamtziels.

Managen des Gegenstands (2) des Lernens

Das Managen des Gegenstands bezieht sich beim Studieren bzw. Lernen auf den Umgang mit dem Lernstoff. Hierbei geht es um

- ein Gliedern des Lernstoffs nach den Teilzielen und das Bilden von Lernpaketen,
- ein Unterscheiden der Lernpakete nach Wichtigkeit und Dringlichkeit sowie nach Routinearbeit und solchen Handlungen, die für die Teilziele und das Gesamtziel Bedingungen und Ergebnisse richtungsweisend festlegen,
- ein Einhalten der sinnvollen Reihenfolge der Lernpakete, in welcher der Lernstoff aufgenommen, verarbeitet und wiedergegeben wird.

Damit werden Handlungen vorbereitet, die nach Routine und richtungsweisenden Handlungen zu unterscheiden sind.

Managen von Störungen (3) und Fehlverhalten (4)

Von außen einwirkende Störgrößen (3) wie Hitze, Lärm, Staub usw. sind zu vermeiden oder einzugrenzen. Hinterfragen Sie: Unter welchen Störgrößen wird der Lernprozeß verlaufen? Welche Störgrößen sind zu erwarten bzw. vorhanden? Welche Forderungen sind zu stellen, um die Wirkung der Störgrößen zu minimieren?

Da Nebengrößen (4) der Teilprozesse zu Störgrößen der nachfolgenden Teilprozesse werden können, ist zu klären: Welche Nebengrößen werden auftreten? Welche Anforderungen (Forderungen, Wünsche) sind zum Minimieren bzw. Nutzen dieser Nebengrößen im Lernprozeß zu stellen? Gerade das Nutzen von Nebengrößen ist in technischen Prozessen ein Ziel. Ein Beispiel hierfür ist die Abgasrückgewinnung.

Managen der Handlungen, des Vorgehens und der Lerngeschwindigkeit im Prozeß (5)

Ein systematisches Vorgehen soll durch ein logisches Verknüpfen der Operationen bzw. Teilprozesse erreicht werden. Hierzu gehört auch das Entscheiden für die richtigen Methoden bzw. Verfahren zu den einzelnen Operationen (s. Abb. 3.1 und Abb. 3.6) und das Strukturieren der Vorgehensweise beim Lernen komplexer Sachverhalte.

Bei dieser Art des Managens handelt es sich u.a. auch um das lernstoffabhängige Regulieren der Lerngeschwindigkeit hinsichtlich des Umsetzens der Operationen beim Lernen (s. Abschn. 4.1 und Kapitel 5). Beeinflußt wird dies durch den richtigen Einsatz der Methoden bzw. der Verfahren und der Mittel. Dies betrifft sowohl die Wahl und das Anwenden der Methoden und der Mittel als auch den Wechsel von Methoden und Mittel zum richtigen Zeitpunkt.

Managen der Intensität des Operators, der Wirkgröße (6)

In dem Prozeßmodell (Abb. 1.4), das in Anlehnung an Koch (1986, S. 25) für den eigenen Bereich weiterentwickelt wurde, ist der Operator als Wirkgröße für den Prozeß wesentlich. Beim Managen der Intensität sind drei Möglichkeiten zu betrachten. Erstens besteht die Einflußnahme über die Häufigkeit /(9)→(6)/, mit der ein bestimmtes Lernpaket des Lernstoffs bearbeitet wird. Zweitens kann über die Dauer

/(2)→(1)/ des Lernprozesses das Lernergebnis beeinflußt werden. Drittens lassen sich während des Lernprozesses (5) Strategie (Gesamtziel) und Taktik (Teilziele) oder die Sicht auf den Inhalt (ursachenorientiert = diagnostisch, lösungsorientiert = therapeutisch) ändern, um somit die Intensität beim Lernen zu regulieren.

Welche Wirkgröße ist für das Zustandekommen des Prozesses noch notwendig?

Managen des Mitteleinsatzes (7) und der Eingangsgrößen (8)

Der Mitteleinsatz wird erforderlich, wenn der Operator bzw. die Wirkgröße (6) nicht unmittelbar aus dem Prozeß und/oder durch den Lernenden (9) verursacht bzw. erzeugt wird. Da die Prozesse aufgrund der Prozeßparameter bezogene Operatoren bzw. Wirkgrößen erfordern, ist die Wahl und Zuordnung der Mittel vom Einsatz der Methoden (5) bzw. Verfahren abhängig. Mittel erfordern bestimmte Eingangsgrößen (8).

Managen der Kapazität (9)

Zum Managen der Kapazität müssen Lernende zwei grundlegende Entscheidungen treffen. Zunächst entscheiden sie über das Ausmaß an Bemühungen und Aufmerksamkeit, das sie in einer bestimmten Lernsituation dem Lernstoff entgegenbringen möchten. In einem zweiten Entscheidungsschritt versuchen sie ihre Aufmerksamkeit auf die relevanten Informationen des Lernstoffs zu richten. Dies ist notwendig, da die menschliche Kapazität zum Aufnehmen, Verarbeiten, Weiter- bzw. Wiedergeben von Informationen begrenzt ist. Die Aufmerksamkeit ist somit auf bestimmte Informationen zu verteilen. Die Konzentration auf relevante Informationseinheiten wird auch als selektive Aufmerksamkeit bezeichnet. Offensichtlich liegt die Schwierigkeit in diesem Fall darin, Informationen als relevant zu erkennen. Ein Managen der Kapazität geschieht optimal, wenn Entscheidungsschritte in den Lernprozeß sinnvoll integriert werden.

Managen der Lehrenden (10)

Die Lehrenden nehmen im Modell (Lehr-)Lern-System eine Berater-, Betreuer-(Coach-)Rolle wahr (s. Abschn. 1.1.2 und Abb. 3.6). Bereits beim Betrachten des Selbstmanagement wird der Aspekt des Fremdsteuerns durch die Lehrenden, der Lernumgebung (12) und des Umgebungssystems (13) analysiert. Die Fähigkeit zum Selbstmanagement wird vom Fremdsteuern beeinflußt. Um das Selbstmanagement bei den Lernenden optimal zu fördern, muß das Fremdsteuern beim Lernen so ausgebildet sein, daß es in zunehmendem Maße abgeschwächt wird. Das geschieht am besten in einem interaktiven Prozeß, in dem abzuschätzen ist, inwiefern Lernende die Fähigkeit zum Selbstmanagement bereits besitzen und inwieweit das Fremdsteuern reduziert werden kann. Ziel dieses Prozesses ist es, den Anteil des Selbstmanagements des Lernens zu maximieren. Dazu ist es jedoch notwendig, daß dieses Ziel verfolgt bzw. unterstützt wird. Studierende bzw. Lernende müssen aber auch bereit sein, das Selbstmanagement zu übernehmen.

Managen der Motivation (11)

Motivation ist ein notwendiger Einflußfaktor im (Lehr-)Lern-Prozeß. Sie beeinflußt die Leistungsbereitschaft erheblich (s. Abschn. 2.4). Das Aneignen von Kompetenzen (s. Abschn. 2.3) ist ein individueller Vorgang, der durch die Leistungsvoraussetzungen gefördert wird.

Managen der Lernumgebung (12) und der Umgebung (13)

Wesentlich ist vor allem das Auffinden der für die Lernenden notwendigen Strukturen oder das Anpassen an vorgegebene Strukturen, so daß der (Lehr-)Lern-Prozeß erfolgreich verlaufen kann. Die Strukturen müssen nach objektiven und subjektiven Kriterien unterschieden werden. Die objektiven Strukturen werden allen Lernenden gleichermaßen vorgegeben. Dazu zählen etwa die Formen und das Durchführen des Lehr- und Lernangebots. Subjektive Strukturen sind die individuellen Voraussetzungen der Lernenden, die sie zu Beginn des Studiums mit einbringen. Hierzu zählen nicht nur das Vorwissen, sondern auch die Lerngeschwindigkeit und die sozialen Einflüsse.

Aber nicht alle Strukturen können nach subjektiven und objektiven Kriterien kategorisiert werden. So sind z. B. Lernorte objektive Strukturen, da die Lehrinstitute Räumlichkeiten und deren Ausstattungen vorgeben. Lernorte sind aber auch subjektive Strukturen, wenn die Lernenden das Angebot der Lehrinstitute, aus welchen Gründen auch immer, nicht wahrnehmen und etwa die häusliche Umgebung zum Lernen nutzen. Das Arbeiten am Computer verstärkt diese Arbeitsweise.

Absolut notwendig ist, daß Lernende sich ihre Ressourcen bewußt machen. Sie können nur managen, was Ihnen bewußt wird. Und nur was Sie managen, bleibt Ihnen erhalten. Was nicht gewartet oder gepflegt wird oder geübt wird, geht meistens verloren.

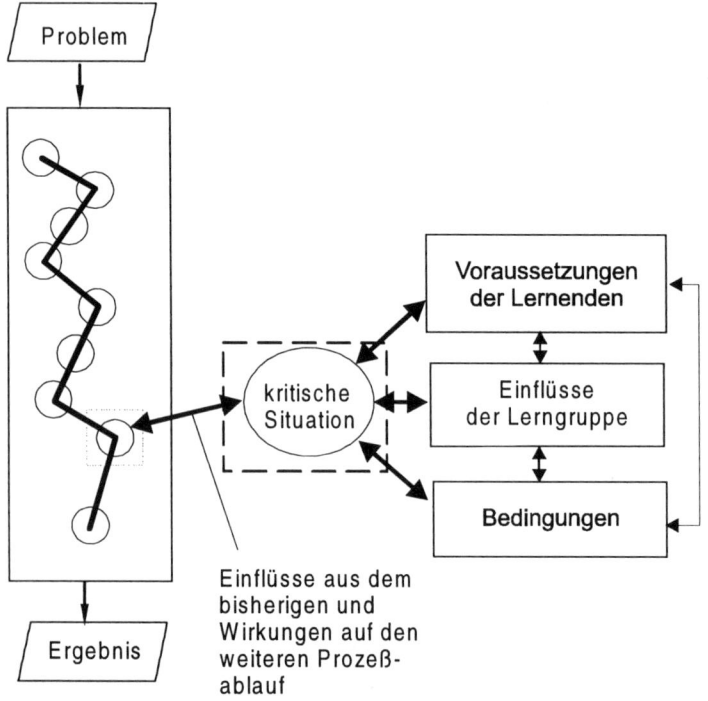

Abb. 4.2. Lernprozeß: Kritische Situationen (Frankenberger 1996)

4.3
Das ideale Lernverhalten

Lernende bzw. Studierende sind aktiv bezogen auf verschiedene Aspekte des Lernens (s. Candy 1991). Sie

- ergreifen die Initiative, um Lernbedürfnisse/ -defizite zu bewältigen
- setzen sich Lernziele und machen sich Pläne, die sie auch erreichen
- greifen situativ unterschiedlich auf verschiedene Formen der Unterstützung bzw. der Lehre zurück
- wählen geeignete Mittel fürs bzw. beim Lernen
- verfolgen und überprüfen den Lernprozeß
- sind fähig ein Lernziel zu verfolgen
- verfügen über realistische Einschätzungen über die eigenen Unzulänglichkeiten und Grenzen
- verfügen über ein positives Selbstbild, kennen ihre Stärken, Fähigkeiten und Motivationslagen

Lernen ist ein aktiver und konstruktiver Prozeß. Lernen ist somit kein passiver und rezeptiver Prozeß. Lernende weisen den Anleitungsmaterialien durch aktive Wissenskonstruktion eine Bedeutung zu.

4.4
Kritische Situationen beim Lernen

In jedem Prozeß

> gibt es Phasen, in denen reibungslose Routinearbeit vorherrscht, die wiederum von Situationen unterbrochen werden, in denen für das Ergebnis oder den weiteren Prozeßverlauf „richtungsweisende" Festlegungen getroffen werden, oder in denen die Möglichkeit dazu besteht (Frankenberger 1997, S. 83)

Je nach Problem bzw. Aufgabe umfaßt der (Lehr-)Lern-Prozeß (Abb. 1.5 und Abb. 3.6) Handlungen, die Routinearbeiten darstellen, und solche Handlungen, die für die Etappenziele (Zwischenzustände) und das Endziel (Zielzustand) richtungsweisend sind. Ausgehend von den empirischen Untersuchungen Frankenbergers (1996, S. 82f) werden somit die Prozesse in interessante Abschnitte (= kritische Situationen) und weniger interessante Abschnitte unterteilt, Abb. 4.2. Für die kritischen Situationen sind die Ursachen in den Einflußfaktoren, Prozeßparametern und Zustandsgrößen enthalten.

Folgenden Empfehlungen bzw. Maßnahmen sind aus eigener Erfahrung und dem Beobachten der Lernenden während der Betreuung von Übungen sowie Studien- und Diplomarbeiten zusammengestellt worden. Sie werden in der Reihenfolge der eingekreisten Nummern (s. Abb. 3.1 und Abb. 3.6) im folgenden wiedergegeben. Studierende bzw. Lernende erhalten hieraus Anregungen, um ihre eigenen kritischen Situationen zu erkennen und zu managen. Eine Vollständigkeit ist nicht möglich, da jeder Lern- oder Arbeitsprozeß situationsbezogen abläuft.

4.4.1
Unsicherheit und Ängstlichkeit in der Lernsituation (0)

Besteht eine geringe Vertrautheit mit Lernprozessen, nimmt die Unsicherheit deutlich zu. Gerade jene Menschen, die ein negatives leistungsbezogenes Selbstbild zeigen, reagieren in Lernprozessen unsicher und befürchten, den Anforderungen nicht zu genügen. Die höhere Fehlerquote in Lern- und Gedächtnistests ist nicht nur durch fehlerhafte Antworten, sondern auch durch fehlende Antworten bedingt. Dies weist auf die Unsicherheit und Ängstlichkeit in solchen Testsituationen hin.

4.4.2
Unklare Zielsetzung (1)

Die Problem- bzw. Aufgabenstellungen umfassen oft ein sehr umfangreichen Themengebiet und lassen in der ersten Fassung unterschiedliche Bearbeitungsrichtungen zu. Beim Klären der Aufgabe werden Betreuer nicht ausreichend mit einbezogen, so daß die Bearbeiter nur vage Kernaufgaben formulieren.

4.4.3
Grad der Überschaubarkeit und Strukturiertheit des Lernmaterials (2)

Fehlende Ordnung und Struktur des Lernmaterials führen zu schlechteren Ergebnissen. Das Lernmaterial ist übersichtlich zu gliedern, um ein schnelleres Verständnis und ein zeitsparendes Bearbeiten zu erreichen.

Fachzeitschriften und auch die Vorlesungsskripte sind Quellen für Gliederungen und Ordnungen.

4.4.4
Grad der Vertrautheit mit dem Lernmaterial (2)

In vielen Fachgebieten wird Lernmaterial angeboten, das unbekannt ist und von dem ein hohes Maß an Transferleistung gefordert wird. Aus diesem Grunde sollte Lernmaterial situationsgerecht strukturiert und gegliedert werden. So wird an das Vorwissen angeknüpft. Dosierte Abweichungen stellen optimale Anforderungen an das kognitive System dar. Zu starke Abweichungen der neuen Informationen von dem bisher Gelernten kann hingegen nicht mehr angemessen verarbeitet werden.

4.4.5
Lernen unter Zeitdruck (5)

Unter Zeitdruck wird in vielen Situationen schlechter gelernt. Können Lernende ihr Lerntempo selbst bestimmen, so nehmen sie meist mehr Zeit in Anspruch, lernen oder arbeiten dann aber auch genauer.

Bei kontinuierlichem Training werden die Aufmerksamkeitsleistungen sowie die Flexibilität der Lernstrategien erheblich gefördert. Schlechtere Lernleistungen sind oftmals auch auf ein Praxisdefizit zurückzuführen. Wird es ausgeglichen, so wirkt sich dies positiv auf die Lern- und Gedächtnisleistungen aus.

4.4.6
Störanfälligkeit des Lernprozesses (5)

Während der Übungsphasen eingeschaltete Pausen führen häufig zum Verbessern der Lernleistung. Ist das Lernmaterial zusätzlich so angeordnet, daß es den Lernenden möglich ist, sich auf eine Aufgabe zu konzentrieren, so nehmen die Leistungen erheblich zu.

Wie verhält sich dies beim Lösen von Problemen? Über den Umgang mit Komplexität lesen Sie Kapitel 5.

4.5
Wie suchen Sie die Lösung?

Polya (1980) stellt bereits auf dem Umschlag seines Buches die Frage:
„Wie sucht man die Lösung?" und nennt vier Schritte seines Vorgehens-
modells, das wir etwas verändert beispielhaft wiedergeben.
- Erstens: Sie müssen die Aufgabe verstehen?
- Zweitens: Suchen Sie den Zusammenhang zwischen den Daten und
  der Unbekannten. Sie müssen vielleicht Hilfsaufgaben betrachten,
  wenn ein unmittelbarer Zusammenhang nicht gefunden werden kann.
  Sie müssen schließlich einen Plan der Lösung erhalten.
- Drittens: Führen Sie Ihren Plan aus.
- Viertens: Prüfen Sie die erhaltene Lösung.
Diesen Vorgehensplan hat Polya noch verfeinert:

4.5.1
Verstehen der Aufgabe

- Was ist bekannt? Was ist gegeben? Wie lautet die Bedingung?
- Ist es möglich, die Bedingung zu erfüllen? Ist die Bedingung ausrei-
  chend, um die Unbekannte zu bestimmen? Oder ist sie unzureichend?
  Oder überbestimmt? Oder kontradiktorisch?
- Zeichnen Sie eine Figur! Führen Sie eine passende Bezeichnung ein!
- Trennen Sie die verschiedenen Teile der Bedingung! Können Sie
  diese Teile hinschreiben?

4.5.2
Ausdenken eines Plans

- Haben Sie die Aufgabe schon früher gesehen? Oder haben Sie dieselbe Aufgabe in einer ähnlichen Form gesehen?
- Kennen Sie eine verwandte Aufgabe ? Kennen Sie einen Lehrsatz, der
  förderlich sein könnte?
- Betrachten Sie die Unbekannte! Und versuchen Sie sich, auf eine
  bekannte Aufgabe zu besinnen, die dieselbe oder ähnliche Unbekannte
  hat.

- Hier ist eine Aufgabe, die der Ihren verwandt und schon gelöst ist. Können Sie sie gebrauchen? Können Sie ihr Resultat verwenden? Können Sie ihre Methode verwenden? Können Sie irgendein Hilfselement einführen, um sie zu verwenden?
- Können Sie die Aufgabe anders ausdrücken? Gehen Sie auf die Definition zurück.
- Wenn Sie die vorliegende Aufgabe nicht bearbeiten können, so versuchen Sie zuerst eine verwandte Aufgabe zu lösen. Können Sie sich eine zugänglichere verwandte Aufgabe denken? Eine allgemeinere Aufgabe? Eine speziellere Aufgabe? Eine analoge Aufgabe? Können Sie einen Teil der Aufgabe lösen? Behalten Sie nur einen Teil der Bedingung bei, und lassen Sie den anderen fort; wie weit ist die Unbekannte dann bestimmt, wie können Sie sie verändern? Können Sie etwas Förderliches aus den Daten ableiten? Können Sie sich andere Daten denken, die geeignet sind, die Unbekannte zu bestimmen? Können Sie die Unbekannte ändern oder die Daten oder, wenn nötig, beide, so daß die neue Unbekannte und die neuen Daten einander näher sind?
- Haben Sie alle Daten benutzt? Haben Sie alle Bedingungen berücksichtigt? Haben Sie alle wesentlichen Begriffe beachtet, die in der Aufgabe enthalten sind?

4.5.3
Ausführen des Plans

- Wenn Sie Ihren Plan der Lösung durchführen, so kontrollieren Sie jeden Schritt. Können Sie deutlich sehen, daß der Schritt richtig ist?
- Können Sie beweisen, daß er richtig ist?

4.5.4
Rückschau

- Können Sie das Ergebnis kontrollieren? Können Sie den Beweis kontrollieren?
- Können Sie das Ergebnis auf verschiedene Weise ableiten? Können Sie es auf den ersten Blick sehen?
- Können Sie das Ergebnis oder die Methode für irgend eine andere Aufgabe benutzen?

4.6
Literatur

Candy PC (1991) Self-direction for Lifelong Learning. Jossey-Bass, San Francisco

Dörner D (1987) Problemlösen als Informationsverarbeitung. Kohlhammer, Stuttgart Berlin Köln Mainz

Frankenberger E (1997) Arbeitsteilige Produktentwicklung. Empirische Untersuchung und Empfehlungen zur Gruppenarbeit in der Konstruktion. Reihe 1: Konstruktionstechnik/ Maschinenelemente. Nr. 291. VDI, Düsseldorf

Koch P (1986) Methodisch-systemwissenschaftliche Arbeitsweise bei der Problemlösung in FuE-Prozessen. Lehrbriefreihe „Grundlagen des wissenschaftlich-technischen Schöpfertums", H 5. BA/CZJ, Berlin Jena

Pahl G, Beitz W (1997) Konstruktionslehre. Methoden und Anwendung. 4. Auflage. Springer, Berlin Heidelberg New York

Polya G (1980) Schule des Denkens. Vom Lösen mathematischer Probleme. Sammlung Dalp Band 36. Francke, Bern München

Specht G, Beckmann C (1996) F&E-Management. Schöffer-Poeschel, Stuttgart

VDI 2221 (1993) Methodik zum Entwickeln und Konstruieren technischer Systeme und Produkte. Beuth, Berlin

Strohschneider S, von der Weth R (1993) Ja, mach nur einen Plan. Pannen und Fehlschläge - Ursachen, Beispiele, Lösungen. Huber, Bern Göttingen Toronto Seattle

5 Der Prozeß des Problemlösens

Unsere visuelle Welt besteht aus Objekten, die u.a. das grundlegende Merkmal: „die Form" (Tjalve 1978, S. 14; Seeger 1992, S. 29) kennzeichnet. Betrachten Sie am Frühstückstisch die Tasse und die Untertasse.

- Sie sind rotationssymmetrisch. So sind sie auf der Töpferscheibe herstellbar. Werden beide gegossen, bleiben sie aus Tradition rotationssymmetrisch.
- Die Tasse ist zylindrisch. Sie soll trinkgerecht sein, ein großes Volumen bei geringer Oberfläche haben. Aber auch das Aussehen soll ansprechen.
- Mit dem Fuß der Tasse hat der Designer an das Stapeln der Tassen gedacht, oder war es wieder das Aussehen.
- Die Form des Henkels erfüllt Anforderungen des Gebrauchs. Der Griff soll gut zu greifen sein und darf nicht zu heiß werden.

Wenn mit diesen Aussagen bisher wenig Problematisches gesagt wird, zeigt das Beispiel bereits das Objekte durch Eigenschaften (= Merkmale + Werte aus einer Wertemenge oder einem Wertebereich) beschrieben werden. Die meisten Objekte sind uns durch ihren Gebrauch bekannt und, wenn sie nicht mehr gebraucht werden, von dem Sachverhalt, daß sie weggeworfen oder recycelt werden.

Beim Gebrauch bewirken diese Objekte ein Überführen, Umsetzen oder Wandeln eines Zustands in einen anderen. Das Bedürfnis nach solchen Operationen, die der Mensch benötigt, ist die Ursache für das Entstehen solcher Objekte, unserer Produkte. Einige Gebrauchsprozesse mit den dazu einsetzbaren Mitteln enthält Tabelle 5.1.

Um Lösungen bzw. Produkte zum Erfüllen von Bedürfnissen zu erhalten, müssen u.a. folgende Operationen ausgeführt werden: erdenken, konzipieren, entwerfen, gestalten, fertigen, montieren und verkaufen.

mal wird eine Lösung zweckentfremdet verwendet. Ein typisches Beispiel: die Büroklammer. Beobachten Sie sich selbst. Haben Sie die Büroklammer immer für ihren Zweck eingesetzt. Nein?
So entstehen manchmal neue Ideen.

Tabelle 5.1. Gebrauchsprozesse und Mitteleinsatz (einige Beispiele)

Ändern des Zustands	Mittel
Fläche mit Unebenheiten zur glatten Oberfläche mit einer festgelegten Rauhtiefe umformen	Feile, Hobel, Schleifmaschine
Kunststoffgranulat in ein Kunststoffprofil mit vorgegebenem Querschnitt überführen	Extruder
Kaffeepulver in Trinkflüssigkeit wandeln	Kaffeemaschine
Elektrische Energie in Wärmeenergie wandeln	Heizspirale, Tauchsieder

Von Problemlösen spricht Dörner et al. (1983, S. 302),

> wenn ein unerwünschter Ausgangszustand („Startzustand") in einen erwünschten Endzustand („Zielzustand") transformiert werden soll, die Transformation jedoch durch eine Barriere behindert wird (Dörner 1987, S. 10).

Dörner (1987, S. 11) nennt Barrieren verschiedener Art, die das Überführen des Startzustands in den Zielzustand im Moment verhindern:

- Die Mittel zum Überführen sind nicht bekannt. Beispiel: Alchemistenproblem, „Wie wird aus Blei Gold gemacht?
- Die Mittel sind bekannt, ihre Zahl ist jedoch zu groß. Ein praktisches Durchprobieren ist nicht möglich. Beispiel: Wie setze ich meinen Gegner im Schachspiel matt?
- Der Zielzustand ist unbekannt oder nur vage bekannt. Beispiel: Unbehagen mit der Situation. Wie eine wünschenswerte Lösung aussehen könnte, wird nur vermutet.

Neben der Art der Barriere ist auch die Art des Realitätsbereichs, dem das Problem angehört, wichtig.

> Komplexität, Vorhandensein verborgener Eigenschaften, Eigendynamik und Sicherheit der Wirkung von Handlungen sind einige Merkmale, die in diesen Bereichen vorhanden sein können ... (Dörner 1987, S. 11).

Aber zunächst eine Problem- bzw. Aufgabenstellung, Abb. 5.1.

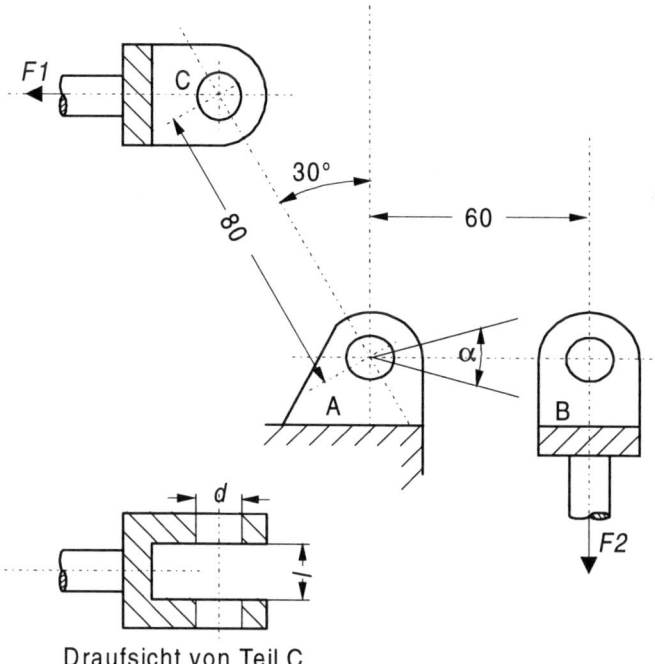

Draufsicht von Teil C

Abb. 5.1. Vorgaben zum „Ändern des Betrags und der Richtung einer Kraft"

In einer Produktionsanlage ist der vertikal fließende Streugutstrom in zwei unterschiedlich dosierte Teilströme zu teilen. Durch eine Klappenverstelleinheit wird die Verteilerklappe in unterschiedliche Positionen bewegt. Zwischen Klappenverstelleinheit und Verteilerklappe befindet sich ein Hebel, der die Teilfunktion „Betrag und Richtung der Verstellkraft ändern" zu erfüllen hat. In Abb. 5.1 ist Teil C die Koppelstelle zur Verteilerklappe, Teil B die Koppelstelle zur Klappenverstelleinheit. Teil A ist die Lagerstelle des noch zu gestaltenden Hebels. Dieser Hebel ist nicht eingezeichnet.

> Aufgabe: Entwickeln Sie einen Hebel, der möglichst leicht (kleines Gewicht) und möglichst kostenminimiert (geringe Kosten) ausgeführt ist.

Wie sieht ihre Lösung aus? Reagieren Sie spontan. Notieren oder skizzieren Sie Ihre Lösung. Vergleichen Sie diese Lösung mit denen, die Sie nach dem Durcharbeiten der folgenden Ausführungen erhalten werden.

Dieses Beispiel wird in den folgenden Phasen nur ausschnittsweise behandelt. Beim Beurteilen und Entscheiden wird es aufgrund der Vielfalt der Varianten und Lösungen nicht mehr angesprochen.

Das Lösen von Problemen läuft nach den in der Denkpsychologie erkannten Denk- und Handlungseinheiten ab: Verändern eines Zustands und Prüfen des Ergebnisses (s. Abb. 1.1). Dabei wird in der Regel mit dem Strategiemerkmal „Vom Qualitativen immer konkreter werdend zum Quantitativen" (s. Abschn. 3.5.3) vorgegangen. Nach VDI 2221 (1993) ist zum erfolgreichen Lösen von Problemen ein Vorgehensmodell nötig, das dem jeweiligen Problem anzupassen ist. Dies geschieht im Vorgehensplan, Abb. 5.2. In ihm sind die Schritte des Arbeitsplans, Abb. 4.1, eingetragen, die auch die Titel der Abschnitte dieses Kapitels bilden. Die in Abb. 5.2 dargestellte Vorgehenstrilogie (Beelich et al. 1997) umfaßt drei Abschnitte bzw. Phasen:

1. Produktdefinition: Ausgehend von der Problemstellung werden über die Problemanalyse (s. Abschn. 5.1) und die Problemformulierung (s. Abschn. 5.2) Arbeitslisten (s. Abschn. 5.1.1) erstellt und die Kernaufgabe oder die Kernaufgaben formuliert.
Wie auch Kramer (1994, S. 76) bemerkt, erfordert die

> ... Produktentwicklung eine weitgehend exakte Definition des Kundenproblems. Dies bewirkt die nahezu vollständige Vermeidung von Änderungen („redesign") mit evtl. hohen Mehrkosten.

Dieses umfangreiche Klären verkürzt die Entwicklungszeiten (Projektzeiten) in den folgenden Phasen (Geschka 1993).

2. Problemlösen: Ausgehend von der Kernaufgabe oder den Kernaufgaben sind über die Systemsynthese und die Systemanalyse alle möglichen Varianten zu entwickeln (s. Abschn. 5.3). Die Methodik der alternierenden Variation mit Lösungsauswahl (s. Abschn. 10.1.1) ist hierbei anzuwenden. Das Entscheiden für Lösungen (= geeignete Varianten) geschieht mittels Auswahlkriterien (s. Abschn. 5.4.2).

3. Benchmarking: Die Lösungen sind zu konkretisieren (s. Abschn. 5.3), d.h. für das Bewerten auf gleichen Informationsstand zu bringen. Das Bewerten (s. Abschn. 5.4) geschieht durch Punktvergabe und durch Ordnen der bewerteten Lösungen in einer Rangfolge. Kriterien für das Entscheiden sind im wesentlichen die übergeordneten Bedingungen (s. Abschn. 10.4.5). Das Entscheiden (s. Abschn. 5.5) geschieht gemeinsam mit den Auftraggebern. Auch Sie selbst können Ihr eigener Auftraggeber sein. Beurteilen und entscheiden Sie objektiv.

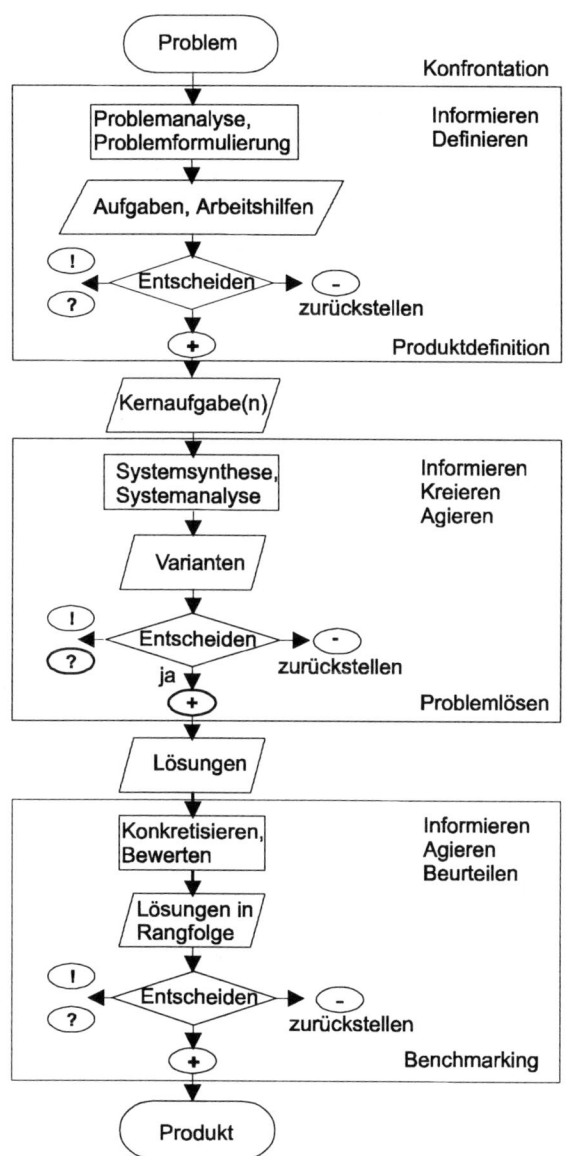

Abb. 5.2. Vorgehenstrilogie (?=Informationsmangel, !=Anforderungen prüfen)

5.1
Informationsmanagement (Informationsumsatz)

„Problemlösen als Informationsverarbeitung" ist der Titel des Buches von Dörner (1987). Die mehr oder weniger starke Konfrontation mit einem Problem bzw. einer Aufgabe wird durch einen Informationsumsatz als Operationsfolge: Beschaffen, Aufnehmen, Verarbeiten und Wiedergeben abgebaut.

5.1.1
Informationen beschaffen und aufnehmen

Zielgerichtetes Beschaffen und Aufnehmen von Informationen ist das Beschäftigen mit dem Klären der Problemsituation, der Analyse ihrer Bedingungen bzw. Eigenschaften und somit der Anforderungen an das zu entwickelnde Produkt. Anforderungen sind Solleigenschaften dieses Produkts, d.h. Zielvorstellungen bzw. Erwartungen des Auftraggebers.

Das Beschaffen und Aufnehmen von Informationen geschieht meist in der Operationsfolge: Suchen, Ordnen und Speichern.

Die Methode des gezielten Fragens (s. Abschn. 10.1.1) ist für das Suchen einzusetzen. Ein weiteres hilfreiches Mittel sind die „Heuristischen Suchprinzipien" nach Osborn (1957), die nach Gesetzmäßigkeiten und neun Basisfragen gegliedert sind (s. Abschn. 10.4.3). Ordnen ist ein Sortieren der Informationen nach bestimmten Kriterien. Hierbei sind bestimmte Ordnungskriterien festzulegen wie z.B. geordnet nach Hauptmerkmalen der Leitlinie (s. Abschn. 10.4.5) oder nach den Elementen einer Baustruktur. Speichern ist ein langfristiges Aufbewahren von geordneten Informationen. Ein Beispiel sind die Arbeitslisten.

Arbeitslisten enthalten

- die Anforderungen (Forderungen und Wünsche) an das zu entwickelnde Produkt (dokumentiert in der Anforderungsliste),
- die Auswahlkriterien für das Entscheiden über die Eignung der Varianten (Auswahlliste)
- die Bewertungskriterien zum Bewerten der konkretisierten Lösungen (Bewertungsliste) und
- die Entscheidungskriterien zum Entscheiden für das Produkt (Entscheidungsliste).

Scheibler (1976, S. 34) nennt weitere Erfassungsmethoden mit der Zielsetzung, etwas Ungenaues oder sogar (noch) Unbekanntes ins Bekannte und ins Bewußte zu übertragen. Das Erfassen von Informationen geschieht durch Beobachten, Befragen, Beschreiben und Lesen. Beobachten ist eine gezielte und bewußt visuell-geistige Methode des Erfassens von Informationen. Zuschauen, hinsehen, verfolgen und vergleichen lassen sich als Teilverfahren zuordnen (Atteslander 1975, S. 136). Dies hilft beim

- Beobachten von wirksam und unwirksam arbeitenden Lernenden z.b. in den Übungen und das Reflektieren dieser Beobachtung auf das eigene Studieren.
- Beobachten als inneres Nachahmen oder Nachmachen, um eigene Arbeitsabläufe zu verbessern.

Während des Betreuens von Studien- und Diplomarbeiten forderten wir Studierende zu einem Selbstbeobachten auf. Für das methodische Bearbeiten erhielten Studierende eine Problemstellung, die einige in etwa 6 Stunden lösten, andere jedoch dazu bis zu 27 Stunden benötigten. Die nach einem Kategoriensystem nach Fricke (1993) beurteilten Ergebnisse sind abhängig von der Arbeitsweise der an der Untersuchung Beteiligten.

- Lösungsneutrale Arbeitsweise: Die Bearbeiter sehen die übergebene Problemstellung als vermeintlich vollständig an. So werden während des Bearbeitungsprozesses kaum Fragen gestellt. Erste Lösungsideen werden verdrängt, strikt unterdrückt. Die endgültigen Lösungen sind mäßig.
- Lösungsverhaftete Arbeitsweise: Die bildhafte Lösungsvorstellung bleibt weitgehend erhalten. Die Bearbeiter erhalten eine unscharfe Problemstellung. Sie fragen viel und ermitteln aktiv die Anforderungen. Erste Lösungsideen bilden ein vermeintlich sicheres Gerüst. Die endgültigen Lösungen sind mäßig.
- Flexible lösungsbezogene Arbeitsweise: Die Bearbeiter wechseln zwischen den bildhaften Lösungsvorstellungen und der lösungsneutralen Problemformulierung. Die Arbeitsweise ist unabhängig von der Vollständigkeit der Problemstellung. Mit der ersten Lösungsidee werden weitere Anforderungen stets lösungsneutral formuliert, so daß sukzessiv die Lösungseigenschaften anwachsen. Die endgültigen Lösungen sind gut.

Die Voraussetzung für den Erfolg eines Selbstbeobachtens liegt, neben der Motivation, besonders in dem Vorbereiten der Lernenden auf das zielgerichtete Bearbeiten und Dokumentieren ihrer eigenen Teilergebnisse. Aus der Beobachtung lernen heißt: Aus dem Ergebnis beobachteter Handlungen lernen. Befragen ist eine subjektbezogene Methode zum Erfassen von Informationen (s. Abschn. 10.1.1). Beschreiben ist eine Methode, die sich des gesprochenen oder geschriebenen Wortes bedient. Lesen ist ein geistiges Durchdringen, Erfassen und Verständlichmachen geschriebener Texte und Bilder mit Hilfe von Lese- und Visualisierungstechniken wie z.B.:

- die Technik des Lesens nach alternierender Variation mit Lösungsauswahl (s. Abschn. 10.1.1)
- die Technik des Lesens mit vollständiger Variation (s. Abschn. 10.1.1).

Beispiel „Hebel": Klären der Aufgabe

Mit den Angaben in Abb. 5.1. und einem gezielten Befragen (s. Abschn. 10.1.1) des Auftraggebers werden Zielvorstellungen als Anforderungen mit den verschiedenen Prioritäten ermittelt, Tabelle 5.2. Anforderungen sind Solleigenschaften (= Merkmale + Werte aus einer Wertemenge bzw. einem Wertebereich), die das zu entwickelnde Produkt erfüllen soll.

Tabelle 5.2. Einteilung der Anforderungen

Art, Priorität	Erläuterung der Anforderung	Beispiel Kaffeetasse
Festforderung Priorität 1	Sie muß immer eingehalten werden, sonst Ausscheiden der Variante.	Nur Porzellan, kein Steingut
Bereichsforderung Priorität 2	Sie gibt geforderten Wertebereich an.	Preis zwischen 12 und 18 DM
Zielforderung Priorität 2	Sie kennzeichnet optimalen Wert. Abweichungen möglich.	Optimales Verhältnis: Volumen/ Oberfläche
Wunsch Priorität 3	Sie ist nicht dringend erforderlich, aber erstrebenswert.	Blumendekor

Anforderungen an den Hebel sind:
- Lagerstelle A und Kraftangriffspunkt Teil B sind durch Position, Lage und Entfernung räumlich fixiert (Priorität 1)

- Der Kraftangriffspunkt Teil C ist in Abb. 5.1 eingezeichnet. Er liegt auf der Wirklinie der Stellkraft F1 parallel zur Verbindungslinie von A nach B (Priorität 1). Seine Position auf der Kraft-Wirklinie ist zunächst beliebig (Priorität 2).
- Nach dem Hebelgesetz (Hebellängen 60 mm (Priorität 1) und 80 mm bei Winkel 30° (Priorität 2) sowie dem Betrag der periodisch wirkenden Zugkraft F1= 800 N (Priorität 1)) läßt sich der Betrag der Kraft F2 berechnen.
- Für den Stellwinkel $\alpha \leq 5°$ dieses Winkelhebels gilt: cos $\alpha \approx \alpha$, d.h. das Anschlußteil B wird annähernd auf der Geraden bewegt (Priorität 2).
- Die Anschlußteile sind gabelförmig ausgebildet (Priorität 1). In der sonstigen Gestaltung sind sie noch nicht vorgegeben (Priorität 2).
- Über die Fertigungsverfahren wird zunächst nichts ausgesagt (Priorität 3).
- Eine Werkstoffwahl (St 37 oder GG 30) ist erst möglich, wenn die fertigungsgerechte Gestaltung durchgeführt wird (Priorität 2).
- Der Hebel wird durchschnittlich 2 mal pro Stunde betätigt (Priorität 2).
- Einsatzbedingung: Temperatur -30°C bis +70°C, staubige Atmosphäre (Priorität 1)
- Die Stückzahl soll monatlich 400 Stück betragen (Priorität 2).
- Erwünscht ist, daß die Ausführung möglichst leicht (kleines Gewicht) und kostenminimiert (geringe Kosten) ist (Priorität 3).

5.1.2
Informationen verarbeiten

Verarbeitungsmethoden sind nach Scheibler (1976, S. 53) wissenschaftslogische Verfahren, durch deren Anwenden (neue) Erkenntnisse gewonnen und formuliert werden.
- Vorgang des Analysierens: Informationen durch Zerlegen und Aufgliedern sowie durch Untersuchen der Eigenschaften (= Merkmale und Werte aus einer Wertemenge oder einem Wertebereich) einzelner Elemente und der Zusammenhänge (Kopplungen) zwischen ihnen gewinnen.
- Vorgang des Synthetisierens: Information durch Bilden von Verbindungen, durch Verknüpfen von Elementen mit insgesamt neuen Wir-

kungen verarbeiten. Dies umfaßt die Operationen Zusammensetzen und Kombinieren.

- Vorgang des Kombinierens: Informationen, ihre Beziehungen zueinander und die Auswirkungen dieser Beziehungen zusammenstellen und in Ordnungsschemata (Dreibholz 1975) und Lösungskatalogen (Roth 1994) darstellen (s. Abschn. 10.1.1).

Die Techniken des Verarbeitens dienen als Mittel beim Anwenden dieser Verarbeitungsmethoden. So wird der Vorgang des Analysierens (eine Methode) je nach Zweck durch Techniken wie

- Aufbereiten: ein auswertungsbezogenes Ordnen des Materials mit eigenem Aussageinhalt,
- Reduzieren: eine Vielzahl von Aussagen und Mengen auf wenige bis auf eine typische Erscheinung komprimieren oder
- Umformen: Material auf einen gleichen Betrachtungsnenner anpassen

unterstützt.

Situations-, Problemanalyse

Die Situationsanalyse beginnt nach der Frage: „Ist ein Eingreifen erforderlich?". Ist dies der Fall, dann wird eine unübersichtliche Situation vereinfacht bzw. in Sachverhalte zergliedert. Mit welchem Sachverhalt anzufangen ist, entscheiden die Auswirkungen und die Dringlichkeit der erforderlichen Maßnahmen (s. Abschn. 6.4.6). Ziel der folgenden Problemanalyse ist, die Ursachen der bestehenden Abweichungen zu ermitteln. Abweichungen werden als Stärken und/oder Schwächen in einem Soll-Ist-Vergleich ermittelt. Dieser Vergleich erfordert, bereits beim Klären der Aufgabe ein Beurteilungssystem zu entwickeln.

Beispiel „Hebel": Problemanalyse

Die Situation und damit das Problem ist die nicht optimale Kraftleitungsstruktur (Ersoy 1974). Kräfte werden durch die Angriffspunkte, den Betrag und die Wirkrichtung beschrieben. Wenn ein Hebel in die vorgegebene Abb. 5.1 eingezeichnet wird, geschieht das Kraftleiten über die Verbindungslinien der vorgegebenen Wirkorte A, B und C durch Biegestäbe. Durch das zulässige Verschieben des Wirkortes C entlang der Kraftwirkungslinie lassen sich beliebige Hebelvarianten gestalten. So entsteht auch ein Hebel, bei dem das Kraftleiten nur durch Zug- und

Druckstäbe geschieht. Das überschlägige Berechnen ergibt, daß der Querschnitt der Zug- und Druckstäbe etwa 6 mal kleiner ist als derjenige der Biegestäbe.

Beurteilungssystem für den Hebel

Für das Beurteilungssystem sind die Anforderungen nach Anforderungsarten bzw. Prioritäten zu unterscheiden (s. Tabelle 5.2). Die Anforderungen der Priorität (1)=Festforderung werden in einer Auswahlliste zusammengestellt. Sie dienen als K.O.-Kriterien zur Eignungsauswahl der entwickelten Varianten. Beurteilt wird, ob eine Variante als Lösung geeignet ist.

- Ist in der Variante die Lagerstelle A und der Kraftangriffspunkt Teil B gemäß Abb. 5.1 nach Position, Lage und Entfernung realisiert?
- Liegt der Kraftangriffspunkt Teil C auf der vorgegebenen Wirklinie der Stellkraft F1?
- Ist die Hebellänge (Teil A zu Teil B) 60 mm?
- Sind die Hebelquerschnitte für die periodisch wirkende Zugkraft F1= 800 N ausgelegt?
- Sind die Anschlußteile gabelförmig ausgebildet?
- Sind die Einsatzbedingungen: Temperatur -30°C bis +70°C und staubige Atmosphäre bei der Werkstoffwahl und bei der Gestaltung (z.B. bei den Lagerstellen) berücksichtigt?

Anforderungen der Priorität (2)=Ziel- bzw. Bereichsforderungen und (3)=Wünsche werden in einer Bewertungsliste zusammengefaßt. Beurteilt wird, wie gut eine Lösung ist. Die jeweilige Anforderung ist eine Zielvorstellung, von der Bewertungskriterien und Merkmalsausprägungen abgeleitet werden. Diese Merkmalsausprägungen werden einer Werteskala nach VDI 2225 (4, 3, 2, 1, 0 Punkte) zugeordnet.

- Position von C auf Kraft-Wirklinie zunächst beliebig (Priorität 2) Bewertungskriterium: Position des Kraftangriffpunktes Teil C Merkmalsausprägung bzw. Wert:
  - 4 Punkte (sehr gut): Lage so gewählt, daß Hebel aus zug- bzw. druckbelasteten Elementen mit einem Gelenk realisiert
  - 3 Punkte (gut): Hebel aus zug- bzw. druckbelasteten Elementen mit zwei Gelenken
  - 2 Punkte (ausreichend): Hebel aus druck- und biegebelasteten Elementen

- 1 Punkt (gerade noch tragbar): Hebel aus biegebelasteten Elementen innerhalb der ±30° Vorgabe
- 0 Punkte (ungeeignet): Hebel aus biegebelasteten Elementen außerhalb der ±30° Vorgabe
- Ausführung möglichst kostenminimiert (geringe Kosten) (Priorität 3). Bewertungskriterium: Einstandskosten Merkmalsausprägung bzw. Wert:
  - 4 Punkte: < aller Wettbewerbsprodukte
  - 3 Punkte: < einiger Wettbewerbsprodukte, direkte Konkurrenz
  - 2 Punkte: = aller vergleichbarer Wettbewerbsprodukte
  - 1 Punkt: > der meisten Wettbewerbsprodukte
  - 0 Punkte: > der örtlichen Wettbewerbsprodukte

Das Erstellen derartiger Werteskalen erfordert Faktenwissen und Erfahrung. Danach werden der Istzustand und evtl. bereits vorhandene Lösungen bewertet und zugeordnet. Liegen die Ergebnisse unter drei Punkte, haben Sie bereits erste Schwachstellen erkannt.

5.1.3
Informationen wieder- bzw. weitergeben

Für die Wiedergabe von verarbeiteten Informationen ist das Spannungsfeld einer schriftlichen Ausarbeitung gegenübergestellt, Tabelle 5.3.

Tabelle 5.3. Grenzfälle der schriftlichen Ausarbeitung

Typ A	Typ B
Wiedergabe ohne eigenes Werturteil	Wiedergabe mit eigenem Urteil und eigener Wertung
Gelesenes wird verstanden wie es der Autor meint	Zum Gelesenen wird hinzugefügt. Gelesenes wird in die eigenen Modelle und Vorstellungen integriert und modifiziert
Wahrgenommene Informationen werden rational verarbeitet	Konstruktiv kritisch verarbeitete Informationen werden beurteilt und verfeinert
Die Ausarbeitung ist gut, aber langweilig zu lesen	Die Ausarbeitung ist spannend zu lesen. Sie regt zum Nachdenken an. Sie hilft eigene Vorhaben methodisch geführt anzugehen

Wie Informationen durch Schreiben und/oder Vortragen wieder- bzw. weitergegeben werden, wird in Abschn. 7.1 und 7.2 dargestellt.

5.2
Definitionsmanagement

Diese Phase befaßt sich mit der Problemformulierung, d.h. mit dem Festlegen von Kernaufgaben, dem Ableiten von Arbeitspaketen und dem Zuordnen der Ressourcen (Litke 1995; Beelich 1996). Kernaufgaben sind als Wesenskern der Problem- bzw. der Aufgabenstellung in der Sprache der Bearbeiter auszudrücken.

5.2.1
Abstraktion

Unter Abstraktion versteht Dörner (1987, S. 18)

> das Ausklammern bestimmter Merkmale eines Sachverhalts aus der Betrachtung. Abstraktion geschieht nie richtungslos, vielmehr werden gewöhnlich die „unwesentlichen" Variablen weggelassen bzw. diejenigen, die man für unwesentlich hält.

Grundlage für diese Abstraktion sind die aufgelisteten Anforderungen. Oft gelingt es, bei Durchsicht dieser Auflistung schnell eine griffige lösungsneutrale Formulierung zu finden. Wenn nicht, hilft Ihnen vielleicht eine Vorgehensweise, wie sie Pahl, Beitz (1997, S. 180) vorschlagen, Tabelle 5.4.

Tabelle 5.4. Schrittweises Abstrahieren nach Pahl, Beitz (1997, S. 180)

1. Schritt	Gedanklich Wünsche weglassen
2. Schritt	Forderungen weglassen, welche die Funktion und wesentliche Bedingungen nicht unmittelbar betreffen
3. Schritt	Quantitative (also Zahlen-)Angaben in qualitative umsetzen und dabei auf wesentliche Aussagen reduzieren
4. Schritt	Erkanntes sinnvoll erweitern
5. Schritt	Problem lösungsneutral formulieren

Die endgültige lösungsneutrale Problemformulierung kann dabei je nach Bearbeiter unterschiedlich ausfallen. Entscheidend ist, daß die Funktionen und wesentliche Bedingungen eindeutig beschrieben sind.

5.2.2
Kernaufgaben

Kernaufgaben sind die zentralen Aufgaben zum Lösen eines bestimmten Problems, der Gesamtaufgabe. Aus der Reihe dieser Kernaufgaben ist diejenige zu wählen, die den größten Einfluß auf die anderen besitzt und selbst kaum oder nicht von den anderen beeinflußt wird. Diese Kernaufgabe wird zuerst bearbeitet. Dies schließt jedoch nicht aus, daß teilweise die Kernaufgaben parallel bearbeitet werden müssen.

Wie Kernaufgaben nach einem Informationsumsatz erarbeitet werden, zeigt die von Pahl, Beitz (1997, S. 178) beschriebene Methodik „Abstrahieren zum Erkennen der lösungsbestimmenden Probleme" (s. Tabelle 5.4).

Beispiel „Hebel": Kernaufgabe formulieren

Durch die bisherigen Informationen läßt sich die Problemstellung als Kernaufgabe formulieren.

> Gestalte einen Winkelhebel, dessen Elemente (= Teile des Hebels) auf den Wirklinien der Kräfte angeordnet sind.

5.3
Handlungsmanagement (Kreieren, Agieren)

Mit der Systemsynthese werden Lösungsideen unter Anwenden von intuitiv- und diskursivbetonten Methoden (s. Abschn. 10.1.2 und 10.1.3) entwickelt, evtl. kombiniert und ins Gesamtsystem integriert. Wesentliches Merkmal ist, daß nicht nur eine Lösung sondern mehrere Lösungen erarbeitet werden. Die so erhaltenen Lösungsfelder werden mit Hilfe der Systemanalyse hinsichtlich der Eigenschaften strukturiert. Die alternierende Variation mit Lösungsauswahl wird hierbei bevorzugt zeitsparend verwendet (s. Abb. 10.2, Abschn. 10.1.1).

In Abb. 5.3 wird die unter 5.2.2 formulierte Kernaufgabe als Hebelvariante mit Zug- und Druckstäben wiedergegeben.

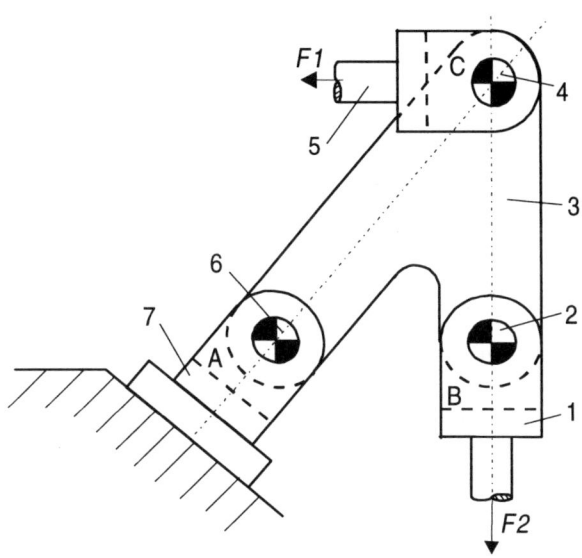

Abb. 5.3. Hebelvariante aus Zug- und Druckstäben

5.3.1
Der Prozeß des Handelns

Systematisches Vorgehen, Parallelisieren und interdisziplinäre Zusammenarbeit sind wichtige Aspekte beim Prozeß des Handelns. Beim Durchführen (Operationalisieren) des methodischen Arbeitens sind nach Pahl, Beitz (1997, S 68) nachstehende Denk- und Handlungsoperationen zu beachten:

- Wahl des zweckmäßigen Denkens
- Wahl des individuellen Arbeitsstils (s. Abschn. 4.2)
- Vorgang der Analyse (s. Abschn. 5.1.2)
- Vorgang der Abstraktion (s. Abschn. 5.2.1)
- Vorgang der Synthese (s. Abschn. 5.1.2)

- Einsatz der allgemein anwendbaren Methoden (s. Abschn. 5.3.2)
- Wahl von Arbeitsteilung und Zusammenarbeit

Die TOTE-Einheiten lassen sich für diesen Fall in einer Art Kaskadenschaltung (Dörner 1987, S. 41, 129, 140) miteinander zu einem Vorgehensplan verknüpfen.

5.3.2
Methoden-Mix: Problemlösen

Der klassische Methoden-Mix, im Ingenieurbereich Probleme zu lösen, heißt: Teilen und Beherrschen. Komplexe Probleme werden in weniger komplexe, d.h. überschaubare unterteilt. Mit Lösungen zu den Teilproblemen wird das komplexe Problem gelöst bzw. beherrscht.

Dieser Methoden-Mix ist sehr erfolgreich, birgt aber auch eigene Gefahren in sich. Zum Beispiel kann es beim Unterteilen zu Schnittstellenproblemen kommen, etwa durch unzureichende Kommunikation. So wird das Teilen selbst eine Ursache von Problemen.

Probleme fesseln uns und um Lösungen zu finden, helfen die Problemlösemethoden mit zugehörigen Kreativitätstechniken (s. Abschn. 10.1.2 und 10.1.3).

Hierbei wird durch Erzeugen (Generieren) von vielen Ideen auch die letztendlich gewünschte zündende Idee gefunden. Die Art des Durchführens muß trainiert werden. Jede Kritik wird während des intuitivbetonten „Ideenfindens" zurückgestellt. Brainstorming will eben auch geübt sein. Richtig durchgeführt heißt:

In einer kurzen Einführungsphase wird die Problemstellung vorgetragen (s. Abschn. 7.2). Dann wird in der Ideenfindungsphase 20-30 Minuten gebrainstormt und sogleich aufgeschrieben (Kartentechnik (s. Abschn. 10.2.2)), so daß alle das Ergebnis sehen können. In dieser Phase sollen und dürfen die unsinnigsten Vorschläge gemacht werden. In der folgenden Aufbereitungsphase wird die Machbarkeit und Nützlichkeit der Vorschläge beurteilt. Diese Arbeit kann zwar ein kleineres Team durchführen, aber ein Beurteilungssystem und auch die Vorschläge müssen noch gemeinsam durchgesprochen werden. Bei dieser Durchsprache können bereits Vorschläge mit Hilfe von Eignungskriterien bevorzugt, zurückgestellt oder ausgeschieden werden (s. Abschn. 5.4.1). Die bevorzugten Vorschläge sind Lösungen des Problems. Sie sind in Einzelarbeit oder im kleineren Team zu konkretisieren (s. Abschn. 5.4.2) und zu bewerten (s. Abschn. 5.4.3).

Wie jahrelanges Anwenden auch in der industriellen Praxis zeigten, entwickelte sich so das abgewandelte Brainstorming nach unserem Verständnis zu einem effektiven Methoden-Mix (Pahl, Beelich 1981).

Noch einige Bemerkungen zu diesen Methoden: Wenig Kreativität finden wir in homogenen, mit Angst beladenen, abgeschlossenen Systemen vor. Wer alles immer 100prozentig machen muß, wird kaum ein Risiko eingehen und immer die sicherste Lösung, das heißt die bestehende, wählen.

5.3.3
Handeln in komplexen Situationen

Ein Problem entsteht nach Duncker (1966, S. 1) immer dann,

> wenn Menschen ein Ziel haben und nicht wissen, wie sie dieses Ziel erreichen sollen. Wo immer der gegebene Zustand sich nicht durch bloßes Handeln (gemeint ist das Ausführen selbstverständlicher Operationen) in den erstrebten Zustand überführen läßt, wird das Denken auf den Plan gerufen. Ihm obliegt es, ein vermittelndes Handeln allererst zu konzipieren.

Im Gegensatz zum Bearbeiten einer Aufgabe, für die den Handelnden wohlvertraute Operationen (Handlungsschemata, Algorithmen) zur Verfügung stehen, muß beim Problemlösen ein gegebener Zustand in einen anderen, erwünschten Zustand überführt werden, wobei der Lösungsweg noch unklar ist oder Handlungsbarrieren auftauchen, die überwunden werden müssen.

Wird einem Erwachsenen die Aufgabe gestellt, „(3+7)/2" auszurechnen, so stellt das im allgemeinen kein Problem dar. Die Barriere fehlt und Operationen sind zum Lösen der Aufgabe bekannt. Natürlich kann die gleiche Situation für die eine Person eine Aufgabe, für eine andere Person jedoch ein Problem darstellen. Je nachdem, ob aufgrund erworbener Erfahrung die Barriere fehlt oder wegen fehlender Erfahrung das Überführen in den erwünschten Zustand nicht gelingt.

Komplexe Problemlösungen erfordern zudem, daß Situationen zu meistern sind, in denen eine große Anzahl von Faktoren zu beachten sind. Häufig sind diese Faktoren miteinander vernetzt, so daß sie sich wechselseitig mehr oder minder stark beeinflussen. Weiterhin sind diese Situationen - zumindest teilweise - intransparent. Es ist nicht alles sichtbar, was zu sehen gewollt wird. Und schließlich entwickeln sich diese

Probleme von selbst weiter, sie weisen Eigendynamik auf. Die derzeit anstehenden Probleme der Arbeitslosigkeit, der Steuer- und Rentenreform führen uns eindrucksvoll vor Augen, wie schwierig es selbst mit Unterstützung vieler Experten ist, Lösungen in solch komplexen Fragen zu entwickeln. Der Bamberger Psychologe Dietrich Dörner hat vielleicht auch deshalb für sein Buch (1994) über das strategische Denken in komplexen Situationen den Titel „Die Logik des Mißlingens" gewählt.

5.4
Beurteilungsmanagement

Wie Abb. 5.2 zeigt, ist das Vorgehen bei der Produktdefinition und beim Problemlösen durch Handlungs-, Beurteilungs- bzw. Entscheidungsphasen gekennzeichnet. Dieses Vorgehen wird von Pahl, Beitz (1997) als kreatives-korrektives Arbeiten bezeichnet (s. auch Göker et al. 1992).

5.4.1
Beurteilen nach Eignung: Auswahlverfahren

Auswahlverfahren dienen zum Beurteilen der generellen Eignung von Varianten. Auswahl- bzw. K.O.-Kriterien sind die Anforderungen der Priorität (1) = Festforderung. Sie sind in einer Auswahlliste dokumentiert (s. Abschn. 5.1.2). Wenn eines der K.O.-Kriterien nicht erfüllt ist, scheidet die Variante aus bzw. wird zurückgestellt (zunächst nicht weiterbearbeitet). Nur eindeutige Erfüllung übergibt sie in die nächste Phase. Variante, bei denen Informationsmangel (?) und/oder noch unklare Anforderungen (!) vorliegen, werden in vorherige Phasen zurückgeführt.

5.4.2
Konkretisieren

Beim Konkretisieren werden geeignete Varianten = Lösungen zum Bewerten anhand der Bewertungskriterien und Merkmalsausprägungen (s. Bewertungsliste, Abschn. 5.1.2) auf gleichen Informationsstand gebracht. Auf diese Weise werden die Lösungen im Sinne des Höherwertigmachens stetig verbessert (Pahl, Beitz 1997, S. 67).

Konkretisieren Sie die Eigenschaften der Lösungen zunächst anhand eigener Erkenntnisse und Erfahrungen. Erst danach nutzen Sie:

- das Befragen von Fachleuten
- Recherchen wie Patent- und Literaturrecherchen
- Anordnungs- und/oder Gestaltungsstudien zum Beurteilen von Koppel- und Verbindungsstellen und der Form der Einzelteilen
- orientierende Berechnungen unter vereinfachten Annahmen
- Simulationen

Das Einhalten dieser Reihenfolge hat sich bewährt und ist zeitsparend.

5.4.3
Beurteilen nach Güte: Bewertungsverfahren

In Abschn. 5.1.2 wird das Bewertungsverfahren beim Erkennen von Stärken und Schwächen, d.h. Abweichungen von Soll- und Isteigenschaften eingesetzt. Das hierzu erforderliche Bewertungssystem wird beim Erstellen der Arbeitslisten entwickelt (s. Abschn. 5.1.1).

In gleicher Weise werden die konkretisierten Lösungen bewertet. Bereits hierbei werden erste Verbesserungsansätze genannt. Die erzielten Einzelwerte ergeben das Werteprofil der jeweiligen Lösung (s. Tabelle 5.5). Die Summe der Einzelwerte ergibt die Wertigkeit der Lösung.

Wertigkeiten lassen sich nach bestimmten Hauptmerkmalen wie z.B. technische und wirtschaftliche Wertigkeit oder nach Hersteller- und Verbrauchernutzen ermitteln. Damit lassen sich sogenannte Stärkediagramme darstellen (s. VDI 2225 1977; Weinreich 1981).

Beispiel zum Bewerten: Polaritätsprofil: „Mein Auto ist ..."

Um mehr über Meinungen, Einstellungen und Vorurteile der Lernenden zu erfassen, führte der Diplomarbeiter Thomas M. folgende Studie durch. Seine Handlungsanweisungen waren:

1. Einzelarbeit: Beurteilen des eigenen Autos oder des Wunschautos bezüglich der aufgelisteten Eigenschaftswörter (Tabelle 5.5) und markieren eines Skalenwertes zwischen 1 und 7. Hinweis: Die eingetragenen Einzelpunkte lassen sich zu einem Polaritätsprofil (Eigenschaftsprofil, Werteprofil) miteinander verbinden.
2. Gruppenarbeit: Gruppen nach Automarke bilden. Beurteilen der gemeinsamen Automarke bezüglich der aufgeführten Eigenschaftswörter

3. Ergebnispräsentation: Vergleich der einzelnen Profile. Ergebnis: Sichtweise bzw. Einschätzung von Automarken bezüglich ausgewählter Eigenschaftswörter innerhalb einer Studentengruppe.

Tabelle 5.5. Polaritätsprofil (Einstellung zum eigenen Auto bzw. zu einer Automobilmarke), Ergebnis der Befragung eingetragen.

„Unser Auto... Automarke: VW Golf Europe Baujahr 1996 ist:

häßlich	1	2	3	4	X	6	7	Schön
ungemütlich	1	2	3	4	5	X	7	Komfortabel
schlecht	1	2	3	4	5	6	X	Gut
umständlich	1	2	3	4	5	X	7	Praktisch
störanfällig	1	2	3	4	5	X	7	Zuverlässig
unergonomisch	1	2	3	4	X	6	7	Ergonomisch
umweltbelastend	1	2	3	4	X	6	7	umweltschonend
wartungsintensiv	1	2	3	4	5	X	7	wartungsarm
eng	1	2	3	4	X	6	7	geräumig
langsam	1	2	3	4	5	6	X	schnell
lahm	1	2	3	4	5	6	X	spritzig (Beschl.)
hart	1	2	3	4	X	6	7	weich (Federung)
laut	1	2	3	4	X	6	7	leise (Innenraum)
schwammig	1	2	3	4	5	6	X	direkt (Lenkung)

Eichhorn et al. (1995) berichten im Rahmen der „kundenorientierten Entwicklung ..." über Kundenerwartungen bezüglich der Fahreigenschaften eines Pkws und über subjektive Fahreindrücke, die sich in objektive Anforderungen und Kriterien überführen lassen. Gemeinsam mit Kunden wird ein Vergleichstest durchgeführt. Siebzig repräsentativ ausgewählte Kunden von Ford-Automobilen und Konkurrenzprodukten fahren jeweils fünf Fahrzeuge der Mittelklasse über eine Fahrstrecke von 45 km. Die objektiven Kenndaten des jeweiligen Automobils werden gerätetechnisch aufgenommen, die Kunden während der Fahrt von einem Interviewer und einem Ingenieur befragt. Abb. 5.4. zeigt den sogenannten Zielwertgraphen, bei dem die objektiven Kennwerte (technische Kennwerte) über dem Mittelwert der Kundenbefragung aufgetragen sind.

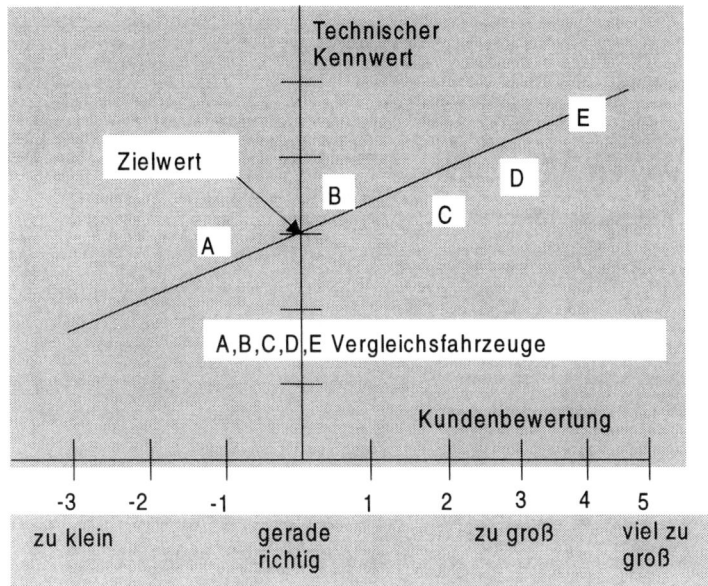

Abb. 5.4. Zielwertgraph zum Bestimmen kundenorientierter Kennwerte

Der Schnittpunkt von Regressionskurve und objektiver Achse ergibt exemplarisch den Zielwert. Wie dieses Beispiel zeigt, praktizieren Diplomarbeiter gemeinsam mit Ingenieuren der Industrie das Lernen aus Erfahrung (s. Abschn. 3.5.7). Sie lernen dabei, wie sich subjektive Beurteilungen objektivieren lassen. Und dies nach dem Motto:

> Ihre Zufriedenheit als Ford-Kunde ist unser oberstes Ziel. Dieser Anspruch prägt unser Denken und Handeln. Das Ergebnis sind zuverlässige Automobile, die die Anforderungen an ein modernes, individuelles Transportmittel hervorragend erfüllen und Ihnen vor allem maximalen Fahrspaß bieten. (Ford AG 1993)

Lassen Sie diese Aussage auf sich wirken. Urteilen Sie selbst. Wichtig ist, am Beispiel zu zeigen, daß fehlerfreie Produkte nicht notwendigerweise vollkommene Zufriedenheit garantieren. Die Meinung und Sichten der Anwender sind so unterschiedlich wie es z.B. folgende Aussagen wiedergeben.

• Dieses Fahrzeug würde ich mir kaufen. → allgemeiner Eindruck

- Das Fahren in diesem Fahrzeug macht Spaß. → Eindruck nach einer Probefahrt
- Das Ansprechverhalten des Fahrzeugs um die Lenkmittellage ist sehr gut. → Eindruck eines Testfahrers

5.5
Entscheidungsmanagement

Bei der kreativ-korrektiven Arbeitsweise wird nach frühen Handlungsphasen dann entschieden, wenn richtungsweisende Festlegungen zu treffen sind. Das Entscheiden wird vom Beurteilen getrennt, um ein Urteil mit Hilfe der Ergebnisse des Bewertens frei von Entscheidungszwängen zu treffen.

5.5.1
Entscheiden

Entscheiden ist „seine Wahl auf etwas festlegen" (Duden 1989). Das Entscheiden hängt wie das Problemlösen von der Zielsetzung ab. Bereits bei der Produktdefinition (Abb. 5.2) wird dies vorbereitet.

Ziele können aus übernommenen Vorgaben und/oder aus selbständigen „persönlichen" Zielvorstellungen gesetzt werden. Übernommene Ziele ergeben sich aus gesellschaftlichen Werten und Normen wie z.B. umweltfreundliches Fahren, wirtschaftliches Denken. Selbstgesteckte Ziele weisen zumeist einen höheren Verbindlichkeitsgrad auf als übernommene. Beim Verwirklichen von eigenen Zielen sind emotionale Aspekte wie z.B. das Erfolgs- und Mißerfolgserleben, d.h. das Anspruchsniveau (s. Abschn. 8.3.3) zu beachten.

Voraussetzungen für das Entscheiden sind:
- Es gibt einen bestimmten identifizierten Entscheider.
- Alle Lösungen und ihre Güte sind im voraus festgelegt, der Entscheider ist darüber vollständig informiert.
- Das dem Problemlösen folgende Bewerten geschieht anhand von Zielvorstellungen, die während der Produktdefinition möglichst eindeutig festgelegt werden (Bewertungsliste, s. Abschn. 5.1.1).
- Alle Eigenschaften und die damit verbundenen möglichen Auswirkungen sind beim Bewerten berücksichtigt und in eine Rangfolge

gebracht. In vorangegangenen Phasen festgelegte Eigenschaften wirken sich z.B. auf Prozesse der folgenden Phasen aus.
• Alle Auswirkungen lassen sich nach Wahrscheinlichkeit des Auftretens und der damit verknüpften Tragweite beurteilen.

Bewertete Lösungen werden vom Entscheider beurteilt. Dies geschieht hinsichtlich Nutzen und Risiken aus Sicht der Auftraggeber bzw. aus Sicht der Kunden und/oder Nutzer des Produkts und der Hersteller des Produkts.

Ein Beispiel: Das Bewerten von 5 verschiedenen Lösungen einer Produktionsmaschine ergibt, daß die Lösungen 1, 4 und 5 hinsichtlich technischer und wirtschaftlicher Wertigkeit annähernd gleich gut sind. Entscheider und Entwicklungsteam führen einen Rangfolgenvergleich bezüglich Nutzen und Risiken durch, Tabelle 5.6.

Tabelle 5.6. Rangfolge der Lösungen bezüglich Nutzen und Risiken

Nutzen für den Kunden	Geltung (bei Kauf)	**1** vor **4** vor **5**
	Gebrauch (im Betrieb)	**4** vor **5** vor **1**
Nutzen für den Hersteller	Geltung (bei Verkauf)	**1 (4)** vor **4 (1)** vor **5**
	Wirtschaftlichkeit	**4** und **1** vor **5**
Risiken technischer Art	Einsatz der UV-Lampe - Ausfallswahrscheinlichkeit	**1** < **4** = **5**
Risiken wirtschaftlicher Art	„Engineering"- Aufwand	**4** << **1** < **5**

Auf Platz 1 wird die Lösung 4 (3-4 mal) und die Lösung 1 (3-2 mal) gesetzt. Lösung 5 wird vor allem wegen der Nachteile bezüglich zukünftiger Taktzeiten verworfen.

Um die Entscheidung zwischen den Lösungen 4 und 1 zu erhalten, werden von jedem Teilnehmer des Beurteilungsteams 5 Punkte vergeben, die er nach eigener Einschätzung auf Lösung 4 und/oder auf Lösung 1 verteilt. 51 Punkte erhält Lösung 4, 19 Punkte Lösung 1. Der Entscheider legt nun fest: Die Lösung 4 wird weiterverfolgt.

5.5.2
Entscheiden unter Unsicherheit und bei Risiko

Problemstellungen, die zunehmend komplexe Bedingungen enthalten, erzeugen Unsicherheit (Dörner 1983). Für das Entscheidungsverhalten sind folgende Aspekte zu beachten:

- Komplexe Sachverhalte so zerlegen, bis handhabbare, weniger komplexe Sachverhalte vorliegen.
- Die sachliche (Wichtigkeit) und zeitliche (Dringlichkeit) Bedeutung von erforderlichen Aktivitäten einschätzen. Auswirkungen für das eigene Vorgehen erfassen.
- Strukturen und Prozesse flexibel gestalten, um sichere Bedingungen herzustellen. Dies darf nicht zu einem ziellosen Hin- und Herpendeln führen.
- Ergebnisse niemals so darstellen, daß bereits durch die Art der Darstellung Entscheidungen vorgegeben werden.
- Aus Mißerfolgen und Erfolgen lernen.

5.6
Literatur

Atteslander P (1975) Methoden der empirischen Sozialforschung. De Gruyter, Berlin New York

Beelich KH (1996) Projektmanagement bei der Kooperation Industrieunternehmen - Hochschule. In: VDI-Berichte 1270. VDI, Düsseldorf, S 263 - 268

Beelich KH, Schneider M, Wallmeier S (1997) Vorgehen beim Entwickeln von Produkten und Prozessen. Arbeitsunterlage der Projektgruppe PG MuK, TU Darmstadt

Dörner D, Kreuzig HW, Reither F, Stäudel T (1983) Lohhausen: vom Umgang mit Unbestimmtheit und Komplexität. Huber, Bern Stuttgart Wien

Dörner D (1987) Problemlösen als Informationsverarbeitung. Kohlhammer, Stuttgart Berlin Köln Mainz

Dörner D (1994) Die Logik des Mißlingens. Strategisches Denken in komplexen Situationen. Rowohlt, Reinbek bei Hamburg

Duncker K (1966) Zur Psychologie des produktiven Denkens. Springer, Berlin Heidelberg New York

Dreibholz D (1975) Ordnungsschemata bei der Suche von Lösungen. Konstruktion 27, 233-240

Ehrlenspiel K (1995) Integrierte Produktentwicklung. Methoden für Prozeßorganisation, Produkterstellung und Konstruktion. Hanser, München Wien

Eichhorn U, Sauerwein D, Schmitz T, Vlugt A de, Teubner HJ (1995) Kundenorientierte Entwicklung am neuen Ford Fiesta. ATZ 97, 9, 522-531

Ersoy M (1974) Optimierung von Kraftleitungsstrukturen. Konstruktion 26, 8, 325-330

Ford AG (1993) Der Mondeo. Werbeprospekt Ford-Werke AG, Köln.

Fricke G (1993) Konstruieren als flexibler Problemlöseprozeß - Empirische Untersuchung über erfolgreiche Strategien und methodische Vorgehensweisen beim Konstruieren. Reihe 1: Konstruktionstechnik/ Maschinenelemente. Nr. 227. VDI, Düsseldorf

Geschka H (1993) Wettbewerbsfaktor Zeit. Beschleunigung von Innovationsprozessen. Moderne Industrie, Landsberg/ Lech

Göker M, Birkhofer H, Beelich KH (1992) Einsatz wissensbasierter Systeme beim Beurteilen. In: VDI-Gesellschaft Entwicklung, Konstruktion, Vertrieb (VDI-EKV) und Gesellschaft für Informatik (GI) (Hrsg.) Wissensbasierte Systeme für Konstruktion und Arbeitsplanung. VDI, Düsseldorf

Litke HD (1995) Projektmanagement: Methoden, Techniken, Verhaltensweisen. Hanser, München Wien

Osborn AF (1957) Applied Imagination - Principles and Procedures of Creative Thinking. Scribner, New York

Pahl G, Beelich KH (1981) Lagebericht. Erfahrungen mit dem methodischen Konstruieren. Werkstatt und Betrieb 114, 773-782

Pahl G, Beitz W (1997) Konstruktionslehre. Methoden und Anwendung. 4. Auflage. Springer, Berlin Heidelberg New York

Roth K (1994) Konstruieren mit Konstruktionskatalogen. Bd. 1 Konstruktionslehre. Bd. 2 Konstruktionskataloge. Springer, Berlin

Scheibler A (1976) Technik und Methodik des wirtschaftswissenschaftlichen Arbeitens. Vahlen, München

Seeger H (1992) Design technischer Produkte, Programme und Systeme: Anforderungen, Lösungen und Bewertungen. Springer, Berlin Heidelberg New York

Tjalve E (1978) Systematische Formgebung für Industrieprodukte. VDI, Düsseldorf

VDI 2221 (1993) Methodik zum Entwickeln und Konstruieren technischer Systeme und Produkte. Beuth, Berlin

VDI 2225 (1977) Konstruktionsmethodik. Technisch-wirtshaftliches Konstruieren. Anleitung und Beispiele. Bl.1. Beuth, Berlin Köln

VDI 2225 (1996) Konstruktionsmethodik. Technisch-wirtschaftliches Konstruieren. Tabellenwerk. Bl. 2 Entwurf. Beuth, Berlin Köln

Weinreich H (1981) Vademecum der Bewertung. Eine Anleitung zum Arbeiten mit Methoden der Bewertung und Auswahl von Produktideen. Battelle, Frankfurt

6 Feedback: Lernerfolg

Streßfrei zum Examen?

Ziel dieses Abschnitts ist es, den individuellen Arbeitsstil so zu verbessern, daß ein angenehmer Ausgleich zwischen Streß und Wohlbefinden oder Ruhe erreicht wird. Wesentlich ist hierbei, daß Lernende kritische Situationen bei jeglichem Prozeßablauf und Störungen auf den Prozeß sowie Konflikte bei zwischenmenschlichen Beziehungen (Lehrende - Lernende, Lernende in der Lerngruppe) managen.

6.1
Prüfungssituation

Die folgend aufgelisteten und nach Prozeßablauf geordneten Aussagen werden durch (K) für kritische Situationen gekennzeichnet. Diese Situationen haben Studierende bzw. Lernende hinsichtlich der Prüfungen besonders zu beachten. Hinweise zum Umgang mit diesen kritischen Situationen sind in Abschnitt 6.4 zu lesen.

6.1.1
Situation analysieren

Die Situation um ein Feedback bzw. eine Erfolgskontrolle umfaßt nach den pädagogischen Dimensionen (s. Abschn. 1.4, Abb. 1.3: Didaktisches Achteck) folgende Merkmale: Lernziel, Lernende, Methoden, Organisation, Mittel, Stoff und Lehrende. Bezogen auf diese Merkmale sind bei der Situationsanalyse im einzelnen zu beachten:

- Lernziel definieren (K): Hierbei ist sinnvoll, nach dem Minimum - Maximum - Prinzip zu entscheiden. Fach bestehen oder festzulegende Zielnote erreichen.

- Prüfungsrelevante Stoffteile der Vorlesung kennzeichnen; bereits Hinweise der Professoren während der Vorlesung beachten
- Vollständigkeit der eigenen Unterlagen prüfen, evtl. Mitschrift von Kommilitonen besorgen. Vollständigkeit nachträglich erreichen (K)
- Relevante Literatur beim Prüfer erfragen und ggf. besorgen
- Bisherige Klausuren auch früherer Jahrgänge beschaffen (Kommilitonen, Studentenverbindung)
- Wenn möglich, Lerngruppe bilden
- Angebot von Repetitorien und anderen Vorbereitungskursen abklären
- Sich über vom Fachgebiet angebotene Sprechstunden informieren
- Einsetzbare Lernhilfen wie z.B. Lernkartei oder Schwedenpoker (Beelich, Schwede 1983, S. 169) analysieren und auswählen (K)

6.1.2
Prüfungslernen planen

- Stoffumfang mit der zur Verfügung stehenden Zeitspanne bis zur Prüfung abstimmen (K)
- Termine für festgelegte Repetitorien in die eigene Zeitplanung integrieren
- Wenn möglich, als Zuhörer an mündlichen Prüfungen teilnehmen, Art und Weise der mündlichen Prüfung und das Verhalten der Prüfer (u.a. Fragestil, Reaktionen) kennenlernen, Fragen und Antworten sofort nach der Prüfung notieren
- Vorhandene Klausuren analysieren, nach Themenschwerpunkten ordnen, mit relevantem Prüfungsstoff vergleichen, evtl. eigene Aufgaben bzw. Fragen formulieren
- Lernpakete (Teilziele) festlegen und gewichten. Hilfe: durch einen ersten Test Schwächen und Stärken herausarbeiten (K)
- Reihenfolge der Lernpakete festlegen
- Bereits erkannte unklare und nicht verstandene Sachverhalte zusammentragen und ggf. durch besorgte Literatur klären
- Lernzeiten festlegen (Freizeitausgleich und Störungen einplanen); evtl. den Schwerpunkten der Repetitorien zuordnen
- Zeitabschnitte zum Abchecken in der Lerngruppe bestimmen
- Ausgewählte Lernhilfe vorbereiten
- Belohnungen z.B. Kinobesuch bei erreichten Teilzielen festlegen

6.1.3
Für die Prüfung lernen

- Zusammengetragene noch unklare Sachverhalte in der Lerngruppe klären; wenn dies dort nicht möglich ist, Sprechstunden des Fachgebiets wahrnehmen
- Nach vorgegebenem Stoff- und Ablaufplan lernen, vorgegebene Zeiten einhalten (K)
- Ausgewählte Lernhilfe einsetzen
- Soll-Ist-Vergleich (Wissenskontrolle, Fehlersuche) durchführen (K), sinnvoll in der Lerngruppe; korrektive Maßnahmen flexibel einbinden; evtl. Lernstrategie ändern
- Wissenskontrolle (K) auch durch Beantworten der vorhandenen Klausurfragen und der selbst formulierten Aufgaben bzw. Fragen vornehmen; Zeitgefühl für die Prüfung entwickeln
- Repetitorien besuchen und zum Kontrollerleben (s. Abschn. 6.3) nutzen
- Lernen Sie nichts auswendig, was Sie nicht verstanden haben. Lernen Sie stets Zusammenhänge und nicht Formeln
- Versuchen Sie Gelerntes anderen zu erklären z.B. in der Lerngruppe

6.1.4
Verhalten während der Prüfung managen

Schriftliche Prüfung

- Überblick gewinnen: Schwerpunkte, Schwierigkeitsgrad der Aufgabe, Punktverteilung
- Klausurzeit auf Punktzahl verteilen
- Reihenfolge des Abarbeitens festlegen (K), unbedingt Zeitspannen nicht überschreiten. Vorschlag für ein Vorgehen: Als erstes die Aufgaben lösen, bei denen sicheres Antworten gegeben ist. Hierbei die Aufgabe mit der höchsten Punktzahl bevorzugen. Die weiteren Aufgaben nach Wissensstand lösen. Sich jedoch nicht von Aufgaben abschrecken lassen, die auf den ersten Blick unlösbar erscheinen. Aber auch nicht daran festhalten, wenn sich nach ruhiger Überlegung der Lösungsweg nicht erschließt.

- Aufgabe sorgfältig analysieren (K), dabei Aufgabenziel klar machen und Bedingungen erkennen
- Lösungen suchen, möglichst allgemein ansetzen, erst wenn Lösungsansatz und Lösungsweg klar sind, Zahlen einsetzen oder Zeichnung anfertigen
- Wenn möglich, Lösungen durch Abschätzen kontrollieren (K), Plausibilitätsbetrachtung. Kritische Situation, da beim nochmaligen Durchlesen von Antworten bzw. Lösungen viele Lernende unsicher reagieren. „Verwerfen und neu bearbeiten" ist nur sinnvoll, wenn die erste Variante „wirklich" falsch ist.

Mündliche Prüfung

In den mündlichen Prüfungen spielen die Eigenarten und Eigenheiten der Prüfer eine wesentliche Rolle. Sie sind - wenn möglich - durch Teilnahme als Beobachter in mündlichen Prüfungen zu studieren. Eigene Verhaltensstrategien können aus den Beobachtungen für die eigenen Prüfungen festgelegt werden.

- In den meisten Fällen gestalten Prüfer den Prüfungseinstieg so, daß er für den Geprüften möglichst angstfrei, ermutigend und entspannend ist. Nutzen Sie diese Einstiegsphase, um diese gelockerte Atmosphäre auf sich selbst wirken zu lassen.
- Auf die Art der Fragen achten. Offene Fragen lassen meistens eine Vielzahl von Antworten zu, die als angemessen oder weniger angemessen bewertet werden. Schließende Fragen lassen in der Regel nur eine richtige oder falsche Antwort zu.
- Kritische Situationen sind Ereignisse, in denen der Geprüfte Schwierigkeiten mit dem Beantworten einer Frage hat, offensichtlich sehr nervös ist, einen Black-out hat.
- Aufmerksamkeit auf die Prüffrage richten
- Reaktionen des Prüfers auf eigene Antwort beobachten (Feedback) und darauf offen agieren
- Beim Hinterfragen des Prüfers nicht unsicher werden. Die Antwort kann richtig sein.
- Richtige Antwort wird vom Prüfer falsch gehört oder interpretiert. Verschiedene Fachbereiche haben bereits Beobachter bzw. Protokollführer eingebunden. Die gegebene Antwort wiederholen bzw. durch die Beobachter bzw. Protokollführer wiederholen lassen.

6.1.5
Erkenntnisse aus der Prüfung ziehen

Durch die Häufung von Prüfungssituationen stellt sich nicht unbedingt eine „Prüfungsroutine" ein. Ohne Nervosität und Lampenfieber gehen Prüfungen im allgemeinen nicht über die Bühne. So schlecht ist das im übrigen auch gar nicht, denn ein mittleres Maß an Motivation, die sich in einer gewissen Anspannung äußert, macht körperliche und intellektuelle Reserven frei (Eustreß), die dem Vorbereiten und auch dem Prüfungsergebnis zugute kommen.

Prüfungen sollen der Lernerfolgskontrolle dienen. Sie geben Lehrenden Auskunft darüber, ob die angestrebten Lernziele erreicht werden. Eine solche Lernerfolgskontrolle muß daher nicht unbedingt benotet werden. Die Lernerfolgskontrolle zeigt den Lernenden, ob und wie gut sie ein gesetztes Lernziel verwirklicht haben. Dies mit der Möglichkeit

- der Selbstkontrolle,
- der Selbsteinordnung in das Leistungsniveau,
- der Korrektur des Lernverhaltens und
- dem Feststellen und Aufarbeiten von Lücken und Schwächen.

Am Anfang einer gezielten Prüfungsvorbereitung sollte für jedes Fach eine Bestandsaufnahme stehen. Folgende Fragen sind dabei zu beantworten:

- Welche Anforderungen (Themenbereiche) werden gestellt?
- Welche dieser Anforderungen beherrsche ich vollständig?
- Welchen Anforderungen werde ich nur teilweise gerecht?
- Welche Anforderungen erfülle ich nicht?

Die Fragen - nach Fächern und Themenbereichen getrennt beantwortet - ergeben den Lernstoff, der mit der zur Verfügung stehenden Lernzeit aufgearbeitet werden muß.

Eine in dieser Weise vorgenommene Prüfungsplanung erfordert:

- den rechtzeitigen Planungsbeginn
- eine genaue Definition der geforderten Themenbereiche
- eine ehrliche Diagnose des Stands der Kenntnisse
- ein sorgfältiges Zusammenstellen des benötigten Prüfungsmaterials
- realistisches Schätzen des Zeitbedarfs

Es ist wohl überflüssig zu betonen, daß alle Planung sinnlos bleibt, wenn sie nicht auch in Aktionen umgesetzt wird.

Trotz der vorgeschlagenen lang- und mittelfristigen Maßnahmen bleibt es in der Regel nicht aus, daß in den Wochen vor dem Prüfungstermin die Anstrengungen erhöht werden. Damit sie nicht zum Streß werden, gibt es auch hier zu beachtende Regeln:

Prüfungsablauf üben

Zum Üben der schriftlichen Prüfung bieten sich Aufgaben an, die den gleichen Schwierigkeitsgrad und Umfang wie echte Prüfungsaufgaben haben, z.b. Aufgaben früherer Prüfungen oder Klausuren unter Prüfungsbedingungen oder selbstformulierte Aufgaben. Diese Aufgaben sind mit den gleichen Mitteln und im selben Zeitraum zu lösen, wie dies bei der Prüfung gegeben ist.

Für mündliche Prüfungen sollte die Rolle des Prüfers gedoubelt werden. Den Stoff in Fragen umsetzen und beantworten. Ein Tip aus eigener Anschauung: Eine Prüfungsgruppe bilden und den speziellen Prüfungstyp anwenden. Anschließend die Prüfung kritisieren und die Fehler analysieren. Mut zur Note!

Lernstoff strukturieren und lernen

Mündliche, teilweise aber auch schriftliche Prüfungen bestehen zu einem wesentlichen Teil aus dem Abfragen von erlerntem Wissen und dem Darstellen von Zusammenhängen. Sinnvoll ist es, den Lernstoff zu strukturieren und ihn in übersichtliche und zutreffende Zusammenhänge zu bringen, z.B.:
- Stoff aufbereiten
- Stoff gliedern
- graphische Darstellungen entwickeln
- Tabellen erarbeiten
- Zusammenhänge tafelbildähnlich strukturieren
- Wissens- oder Begriffsnetze erstellen
- Lernkartei anlegen

Vorbereitungsgebiete wechseln

Lernen von vielen Texten führt schnell zum Ermüden und löst außerdem leicht Interferenzerscheinungen aus. Empfehlung: die Wissensgebiete wechseln und nicht länger als 30-40 Minuten einen Stoff verarbeiten.

Normales Leben führen

So bedeutsam die bevorstehende Prüfung vielleicht ist - das Leben sollte dennoch nicht zu kurz kommen. Erholung und Pausen sind wichtig. Auch die sozialen Kontakte wollen gepflegt sein. Normalität ist ein ganz gutes Gegenmittel für drohende Nervosität und Überforderung. Eine Gewaltkur mit einem 20-Stunden-Tag kann der Umgebung zwar imponieren, ist aber sinnlos. Jeder Mensch hat nur eine begrenzte Lernkapazität.

Zeit für Gesamtwiederholung einplanen

Am Ende einer größeren Prüfungsvorbereitung sollte unbedingt eine Gesamtwiederholung stehen. Sie dient der Zusammenschau der gelernten Lernstoffpakete. Diese Zusammenschau sollte spätestens einen Tag vor der Prüfung beendet sein. Der letzte Tag vor dem Prüfungstermin dient ausschließlich der Entspannung. Kurzfristig vor einer Prüfung angelesenes Wissen wird nicht mehr mit den vorhandenen Kenntnissen verknüpft. Dies stört darüber hinaus als retroaktive Hemmung das Hervorholen gelernter Kenntnisse während der Prüfung.

6.2
Feedback

6.2.1
Festlegen der Erfolgskontrolle

Rationales Handeln erfordert, daß auch Lernende ihren Erfolg kontrollieren und das Ergebnis dieser Kontrolle zum Korrigieren oder Anpassen in den (Lehr-)Lern-Prozeß einbringen.

Tabelle 6.1. Auszug aus dem Bewertungsschema für Studien- und Diplomarbeiten am Fachgebiet für Maschinenelemente und Konstruktionslehre der TU Darmstadt (Birkhofer 1997) (HK=Hauptkriterium, UK=Unterkriterium, 4 ... 0 = Werteskala)

HK	Inhaltliche Bearbeitung	Arbeitsverhalten
UK	Fähigkeit zu realisieren	Selbständigkeit, Engagement, Fleiß
4	Strebt Verwirklichung zielorientiert an, führt Untersuchungen konzentriert zu verwertbaren Ergebnissen	Braucht kaum Hilfestellung, sucht selbständig nach Lösungen für Problem, ist sehr aktiv und fleißig
3	Verwirklichung wird bewußt angestrebt und in Teilbereichen auch erreicht	Benötigt wenig fremde Hilfestellung, sucht bei den meisten Schwierigkeiten selbständig nach neuen Lösungen, ist i. allg. fleißig
2	Strebt Verwirklichung der Ergebnisse an, Unsicherheiten sind jedoch unverkennbar	Selbständige Bearbeitung wesentlicher Teile der Arbeit, Betreuer muß bei Problemen erhebliche Hilfestellung geben, Fleiß ist ausreichend
1	Starkes Zurückhalten beim Verwirklichen der Ideen, gibt trotz erheblicher Zweifel Hinweise auf Realisierung	Zögernde Arbeitsweise, umfangreiche Betreuung notwendig, unselbständig, wirkt bei schwierigen Problemen überfordert
0	Bleibt in Formalismen stecken, zweifelt ständig, scheut sich vor Anwendung	Wartet auf Anweisungen, muß gedrängt werden, wirkt hilflos, läßt viel Zeit ungenutzt verstreichen

Zur Selbstkontrolle der Lernenden bezüglich ihres Lernfortschritts wird das Planen sowohl selbst- als auch mitbestimmend in alle anderen Aktivitäten eingreifen. Hierbei gilt: Wer selbst - mit den anderen -

- die Ziele formuliert hat,
- selbst festgestellt hat, was ihm, bezogen auf diese Ziele fehlt,
- mitformuliert, an welchen Aspekten er seiner Ansicht nach ablesen könnte, daß er das Ziel erreicht hat,
- mitbeteiligt war am Entwickeln von Strategien zum Erreichen dieser Ziele,

auf den wirkt das Ergebnis der Kontrolle nicht als Außendruck ein, sondern es ist sein Ergebnis, das er mit neuen Aktivitäten beantwortet. Dieses Ergebnis könnte aber auch als Beschreibung der Ausgangssituation für die nächste Lehr- und Lerneinheit benutzt werden.

Dies gilt sinngemäß für die Selbstkontrolle der Lerngruppe ebenso wie für die Selbstkontrolle der Lehrenden. Lehrende fragen sich zusätzlich, ob sie in der Lage waren, die Tendenzen im Gruppenprozeß, die sie fördern wollten, zureichend gefördert haben.

Kriterien sind für derartige Selbstkontrollen besser als ein Bezug auf Normen. Eine kriteriumsbezogene Selbstkontrolle orientiert sich an dem, was sich Lernende und Lehrende gemeinsam vorgenommen haben. Tabelle 6.1 zeigt wie ein derartiges Bewertungsblatt gestaltet werden könnte.

Eine normbezogene Selbstkontrolle dagegen zielt darauf, wer im Vergleich mit den anderen der bessere ist. Die Norm muß solange angepaßt werden, bis alle in der zu beurteilenden Gruppe einer „Gaußschen Normalverteilung" entsprechen. Bezogen auf diese Normalverteilung ist zu erkennen, daß die Beurteilten in ihren Leistungen deutlich streuen, und einer auf jeden Fall der erste oder der letzte ist. Rückwirkungen auf ein Vereinzeln der Lernenden im Lehrprozeß, auf Entmutigen der schwächeren Lernenden sind beim normbezogenen Prüfen unvermeidlich.

6.2.2
Analytische Prüfungen

Prüfungen helfen
* rechtzeitig Fehler zu identifizieren und zu lokalisieren,
* Fehler nach Schwere und Tragweite zu beurteilen,
* Maßnahmen zum Minimieren und Beheben von Fehlern zu entwickeln,
* das Durchführen der Maßnahmen zu überwachen.

Praktische Erfahrungen mit den folgend beschriebenen Testmethoden beweisen ihren Nutzen.

Prüfen von Mitschriften, Hausarbeiten, Studien- und Diplomarbeiten geschieht außerdem nach zwei Gesichtspunkten:
* Miß- bzw. Unverständnis beseitigen und
* sachliche Fehler aufspüren.

6.2.3
Review

Im Zusammenhang mit dem Betreuen von Studien- und Diplomarbeiten wurde neben dem Bewerten mit Werteskala als projektbegleitendes Prüfen das Review eingesetzt. Für ein Review gilt folgendes:

Grundlegendes und Prinzip des Reviews

Anlässe für ein Review sind Meilenstein-Ergebnisse von besonderer Bedeutung. Dies sind z.b. beim Entwickeln von Produkten oder Prozessen die Ergebnisse nach den einzelnen Phasen im Entwicklungs- und Konstruktionsprozeß.

Der Grundsatzfrage: „Erfüllt das Produkt oder der Prozeß das, was von ihm gefordert wurde?" folgt als Antwort: „In den Teilen ... des Produkts ist eine Verbesserung nötig, nicht nötig oder erwünscht"

Das Review liefert eine Diagnose. Die Therapie ist nicht mehr Gegenstand des Review.

Ein Team Sachkundiger begutachtet ein Arbeitsergebnis. Hierzu erforderliche Unterlagen sind:
- das zu beurteilende Arbeitsergebnis
- Referenzunterlagen, die als Vorgaben zum Erstellen dienten
- Richtlinien, Arbeitsanweisungen usw., die beim Erstellen des Reviewergebnisses zu beachten sind
- Check- und Fragelisten (Hilfsmittel zum Beurteilen)

Vorteile des Reviews

- Know-how-Transfer
- Homogenere Produktqualität (Wie machen es andere?)
- Synergieeffekte, d.h. zielgerichtetes Zusammenwirken von Einzelpersonen mit unterschiedlichen Fähigkeiten (Kompetenzen) und Kenntnissen (Wissen)

Review planen

Rollen sind festzulegen, die im Zusammenhang mit einem Review wahrgenommen werden:
- Projektleiter, meist der Auftraggeber, verantwortlich für die Qualität. Er bestimmt, welche Arbeitsergebnisse einer inhaltlichen Prüfung unterzogen werden. Er gibt hierzu Check- und Fragelisten vor. Er wählt einen geeigneten Moderator und geeignete Gutachter.
- Moderator, Leiter der Reviewsitzungen
- Gutachter, sachkundige Prüfer
- Protokollführer in den Reviewsitzungen
- Bearbeiter, Urheber des Arbeitsergebnisses

Bei Vergabe von Arbeiten ist die Zeit für die Reviews einzuplanen. Dies umfaßt etwa 20% der Gesamtzeit eines Projekts (z.B. die Diplomarbeit).

Review ansetzen

Mit dem Abliefern des Arbeitsergebnisses bestimmen der Bearbeiter und der Moderator den Zeitpunkt des Reviews. Der Moderator prüft die Vollständigkeit, lädt zum Review ein und stellt sicher:
- alle Gutachter haben die Referenzunterlagen (Vorgaben), die Richtlinien, Arbeitsanweisungen, Check- und Fragelisten
- alle Gutachter haben eine Kopie des zu prüfenden Arbeitsergebnisses

Review vorbereiten

- Projektleiter ermöglicht den Gutachtern Zeit für ihre Prüfaufgabe
- Moderator: Räumlichkeiten vorbereiten und für eine entspannte Sitzungsatmosphäre sorgen
- Gutachter: Jeder Gutachter prüft nach bestimmten Gesichtspunkten (spezielle Fähigkeiten und Kenntnisse) und hat dazu die richtige Check- und Frageliste
- Bearbeiter: Er darf während dieser Vorbereitungszeit nichts ändern, er beantwortet lediglich Fragen der Gutachter

Review durchführen

Ein Moderator leitet die Reviewsitzung mit dem Ziel, über Güte und Mängel der Arbeitsergebnisse einen Konsens herbeizuführen und Empfehlungen zu geben. Die Gutacher berichten über ihre Befunde. Der Bearbeiter verhält sich zurückhaltend, beantwortet Fragen der Gutachter und erstellt nach der Reviewsitzung ein Korrektur-Exemplar. Bei schwerwiegenden Fehlern ist bei gleicher Besetzung eine weitere Reviewsitzung einzuberufen.

Lösungsvorschläge erarbeiten (nach dem eigentlichen Review)

Gutachter und Bearbeiter treffen sich nach einem Review und diskutieren die Lösungsvorschläge für evtl. erforderliche Änderungen und/oder Anpassungen. Als Hilfsmittel dient die Kartentechnik (s. Abschn. 10.2.2).

Review-Bericht erstellen

Der Review-Bericht umfaßt:
- Zusammenfassung der administrativen Angaben (Zeiten, Aufwand, verwendete Unterlagen, Teilnehmer)
- Liste der Befunde
- Liste der Befunde bezogen auf die Referenzunterlagen

Review nachbereiten

Der Moderator sorgt für eine schnelle Verteilung des Review-Berichtes. Die Bearbeiter überarbeiten diesen Review-Bericht. Hierbei dürfen nur Mängel beseitigt werden, gut befundene Teile sind nicht anzutasten. Der Moderator führt eine Nachkontrolle durch. Der Projektleiter segnet die Nachbereitung ab und entscheidet über das weitere Vorgehen.

Review analysieren

Mängel- bzw. Fehlerlisten klassifizieren, Fehlerdatenbanken anlegen. Check- und Fragelisten anpassen (dynamisch wegen erstmalig entdeckter und noch erfragter Fehler bzw. Mängel). Dies bedeutet: den Entwicklungsprozeß kontinuierlich verbessern, um qualitativ höherwertige Produkte (wie z.b. die Ausarbeitung der Diplomarbeit) zu erreichen.

Neun Gebote für das Review-Team

1. Bereiten Sie sich für das Review vor.
2. Helfen Sie, durch Ihren Beitrag ein gutes Produkt zu erhalten.
3. Bleiben Sie sachlich.
4. Übersehen Sie (vor lauter Kritikbereitschaft) nicht das Positive.
5. Weisen Sie auf Mängel hin.
6. Das Review liefert eine Diagnose. Die Therapie folgt etwas später.
7. Weichen Sie nicht vom Thema ab: es geht um das Produkt bzw. um den Prozeß und die Mittel.
8. Helfen Sie mit Erläuterungen, Hinweisen und Tips. Auch Ihre Erfahrung ist gefragt.
9. Verteidigen Sie sich nicht: es ist ein Review, kein Gericht!

6.3
Selbstgestaltetes Kontrollerleben - Steigern der Handlungskompetenz

Ob jemand Handlungskompetenz (s. Abschn. 3.3) besitzt, zeigt sich beim Ausüben einer Tätigkeit im Erfolg oder Mißerfolg. Kontrolle besitzen bedeutet, daß Einfluß auf Personen (Subjekte) oder Situationen (Zustände) oder auch auf Objekte genommen wird und ob sie in der erwarteten Art und Weise reagieren. Kontrolle beschreibt den Einfluß und die Macht von Ursache und Wirkung. Diese Kontrolle wird unterstützt über eine sofortige und eindeutige Rückmeldung (Feedback) von dem Beeinflußten auf das, was die Kontrolle ausübt.

Das subjektive Kompetenz- und Kontrollgefühl entsteht erst durch das Verhalten. Mit dem Kompetenzgefühl wird die Erwartung über das eigene Können eingeschätzt. Das Erleben von Kontrollgefühl beeinflußt dies, d.h. die Befindlichkeit und das Verhalten im starken Maße. Kontrollverlust führt zu Belastungssymptomen, die sich im Denken, in der Motivation, im Verhalten und auch im gefühlsmäßigen Erleben ausdrücken. Sie wirken sich auf die Lernfähigkeit und Leistungsmotivation aus.

6.4
Umgang mit kritischen Situationen

Wie können Sie die kritische Situationen beim Lernen, die im Abschn. 6.1 genannt werden, bewältigen? Einige Tips finden Sie in den folgenden Abschnitten. Ergänzen Sie diese Tips durch die eigene Erfahrung.

6.4.1
Lernziel definieren

Mit dem Lernziel wird die grundsätzliche Richtung des folgenden Lernprozesses festgelegt.

- Nicht einfach bisherige Lernziele übernehmen, sondern Lernziel durch eine Analyse bezüglich der Momentansituation überdenken.
- Bewußt persönliche Lernziele setzen und nicht durch Kommilitonen und/ oder andere Personen beeinflussen lassen.
- Bei Unsicherheit bezüglich des für sich festzulegenden Lernziels mit einem kompetenten Ansprech- bzw. Diskussionspartner reden.
- Lernziele müssen realisierbar sein und sollen motivieren.

6.4.2
Vollständigkeit nachträglich erreichen

Der Rahmen des Lernstoffs wird durch das Fachgebiets-Skript (Fachwissen) und die Übungsunterlagen (Anwenden des Fachwissens) gesteckt.
- Prüfen Sie, ob Fachwissen abgefragt wird oder ob Verständniswissen vorherrscht.
  Vollständigkeit des Fachwissens wird über die Skripte abgedeckt. Verständnis eignen Sie sich in den Übungen und in Fachgesprächen mit Mitarbeitern der Fachgebiete bzw. mit Studierenden, die diese Fachgebiete vertiefend studieren, an.

6.4.3
Einsetzbare Lernhilfen analysieren und auswählen

Lernhilfen nützen nur, wenn sie sich für den speziellen Lernfall eignen und richtig bzw. intensiv eingesetzt werden.
- Überlernen durch sinnvolles Zuordnen von Bekanntem und Unbekanntem vermeiden, Lernhilfen sind u.a.: Lernkartei, Lernpatience
- Lernen in der Gruppe mit Hilfe des Schwedenpokers. Oder nutzen Sie Ideen aus bekannten Frage-Antwort-Spielen. Jedes Gruppenmitglied bereitet zehn Frage-Antwort-Karten vor.

6.4.4
Zeitplanung, Zeitverzug

Stimmen Sie den Stoffumfang mit der zur Verfügung stehenden Zeitspanne bis zur Prüfung ab. Die Prüfungsvorbereitung ist effektiv, wenn der zu lernende Stoff im gestellten Zeitraum bearbeitet und verstanden wird, d.h. ohne Hilfen anwendbar ist. Dies erhöht das persönliche Sicherheitsgefühl vor der Prüfung.
- Erfahrungen aus früheren Prüfungsvorbereitungen für die Zeiteinteilung nutzen. Die zeitbezogenen Erkenntnisse aus den Prüfungen auswerten und protokollieren.
- Sie sollten versuchen, die vorgegebenen Zeiten einzuhalten. Bei Zeitverzug ist das Lernverhalten zu hinterfragen und ggf. zu modifizieren.

6.4.5
Lernpakete (Teilziele) festlegen und gewichten

Um angemessene Lernpakete zu erhalten und realistisch zu gewichten, arbeiten Sie durch einen ersten Test Schwächen und Stärken in Bezug auf den Lernstoff heraus. Kritische Situationen hierbei ergeben sich u.a., wenn die eigene Erfahrung überschätzt wird und dadurch, daß die Schwerpunkte falsch gesetzt werden.

Das Erkennen von Stärken und Schwächen nicht aus der momentanen Stimmung heraus managen, sondern mit bisherigen Prüfungserfahrungen vergleichen. Auch mit Stichproben und dem Vergleich: Wissen und Nichtwissen, Verstehen und Nichtverstehen des relevanten Lernstoffs,

Stärken und Schwächen erfassen und für das eigene Prüfungsverhalten nutzen. Warum waren Sie bei der einen oder anderen Prüfung so gut oder so schlecht? Beantworten Sie diese Frage sofort nach jeder Prüfung und nochmals einige Tage danach erneut.

6.4.6
Wissenskontrolle, Fehlersuche beim Lernen

Der Istzustand ist in sinnvollen Abständen mit dem gewünschten Sollzustand zu vergleichen. Im Soll-Ist-Vergleich ermittelte Abweichungen zeigen Ihnen Stärken und Schwächen. Sowohl Stärken und Schwächen sind hinsichtlich Bedeutung, Dringlichkeit und Tendenz zu beurteilen. Bedeutung drückt die Auswirkungen aus. Die Dringlichkeit zeigt Ihnen, wie schnell Sie korrektive Maßnahmen einleiten müssen. In der Tendenz erkennen Sie die Entwicklung Ihres Lerneinsatzes und damit des bis jetzt erreichten Lernerfolgs.

6.4.7
Reihenfolge des Abarbeitens in der Prüfung festlegen

- Vorschlag für ein Vorgehen: Als erstes die Aufgaben lösen, bei denen sicheres Antworten gegeben ist. Hierbei die Aufgabe mit der höchsten Punktzahl bevorzugen. Die weiteren Aufgaben nach Wissensstand lösen. Sich jedoch nicht von Aufgaben abschrecken lassen, die auf den ersten Blick unlösbar erscheinen. Aber auch nicht daran festhalten, wenn sich nach ruhiger Überlegung der Lösungsweg nicht erschließt.
- Zeitspannen nicht überschreiten

6.4.8
Aufgabe in der Prüfung sorgfältig analysieren

Jede Aufgabe hat einen Wesenskern. Vergeuden Sie keine Zeit durch Beantworten von Nicht-Gefragtem. Führen Sie ein erstes kurzzeitiges Klären der Aufgabe durch. Kennzeichnen Sie oder notieren Sie stichwortartig die wesentlichen Bedingungen. Sie können während des Bearbeitens schnell auf diese Bedingungen zugreifen.

6.4.9
Mündliche Prüfung

Wie bereits erwähnt, spielen die Eigenarten und Eigenheiten, Verhaltensweisen der Prüfer eine wesentliche Rolle. Es ist schwer, Tips für den Umgang mit kritischen Situationen zu geben, da jeder Prüfer unterschiedlich agieren und reagieren kann. Bei der mündlichen Prüfung kommt es neben der Fach- und Methodenkompetenz auch auf die Sozialkompetenz, hier vor allem auf das Einstellen auf den Prüfer an. Natürlich muß der Prüfer auch sein Teil dazu beitragen.

- Auf Hilfestellungen des Prüfers achten und sie nutzen.
- Bei Antwortschwierigkeiten, die der Prüfer nicht merkt, unbedingt nachfragen. Am besten dabei die gestellte Frage in eigenen Worten wiederholen.
- Bei Unsicherheiten Antwortalternativen angeben.

6.5
Literatur

Birkhofer H (1997) Beurteilung Studienarbeiten, Konstruktive Entwürfe, Diplomarbeiten: Kriterienhierarchie und Werteskala. Technische Universität Darmstadt, Maschinenelemente und Konstruktionslehre, Darmstadt

Hoefert HW (1989) Prüfungspraxis. Tips für die mündliche Prüfung. Deutscher Industrie- und Handelstag, Bonn

Kühn G (1975) Wie bestehe ich meine Prüfung. Ratschläge für schriftliche und mündliche Prüfungen an Universitäten, Fachhochschulen und Akademien. Florentz, München

Prahl HW (1976) Prüfungsangst. Symptome, Formen, Ursachen. Fischer, Frankfurt am Main

Scheer JW, Zenz H (1973) Studenten in der Prüfung. Eine Untersuchung zur akademischen Initiationskultur. Aspekte, Frankfurt am Main

7 Methodiken des Kommunizierens

Kommunizieren ist: Verständigen untereinander; ein zwischenmenschliches Miteinander besonders mit Hilfe von Sprache und Zeichen (Duden 1989). Die Sprache dient dem Übertragen von Informationen. Sie ist ein Mittel zum Zweck (Hoberg 1988).

Bei Ihrem Schreiben und Reden stellen Sie sich zuerst die Frage „Um was handelt es sich? Diese Frage stellen Sie sich nicht nur für das Produkt „Bericht" oder „Vortrag" als Ganzes, sondern auch bei jedem Teil: dem Kapitel, dem Abschnitt, dem Satz und dem Wort. Sie fragen sich also: Hat das, was mir gerade einfällt, mit dem Gegenstand meines Berichts oder Vortrags zu tun? Oder gehört es nur zu einem Teil, z.B. dem einzelnen Wort, das darin vorkommt? Der Wortzusammenhang ist noch kein Sachzusammenhang.

Fall 1: Wir schwätzen gemütlich miteinander. Gedanken folgen rein aus dem Wortzusammenhang. Eine Gedankenkette wird gebildet. Ein unterhaltsames Geplauder fließt dahin.

Fall 2: Sie schreiben einen Aufsatz. „Um was handelt es sich?" Es handelt sich um das Thema „Fehler im Geschäftsbrief". Sofort fragen Sie sich weiter: „An wen wende ich mich?" Ich wende mich natürlich an den Leser.

Ihr sprachliches Formulieren gilt immer der Sache und dem Leser, dem Sie diese Sache mitteilen wollen. Der Stil wird von Ihrer Persönlichkeit geprägt (Reiners 1991). Jedoch ist zu beachten, daß je nach Art und Sachverhalt des Aufsatzes und der zu erreichenden Leser- bzw. Zuhörerschaft entsprechende Elemente der Stilistik zu betrachten sind. Als Beispiel hierzu vergleicht Diederich (1977, S. 96) einen Sachverhalt für unterschiedliche Zwecke:

- Zweck „Technische Vorschrift": Die Anzeige der Geschwindigkeitsmesser von Kraftfahrzeugen darf vom Sollwert abweichen „in den letzten beiden Dritteln des Anzeigebereichs - jedoch mindestens von

der 50-km/h-Anzeige ab, wenn die letzten beiden Drittel des Anzeigebereichs oberhalb der 50-km/h-Anzeige liegen - 0 bis plus 7 von 100
des Skalenendwerts; bei Geschwindigkeiten von 20 km/h und darüber
darf die Anzeige den Sollwert nicht überschreiten." (Originalfassung
aus §57 StVZO)

- Zweck „Technische Vorschrift für Fahrschüler" neu gestaltet (Neufas-
  sung von Diederich):
  Für die Geschwindigkeitsanzeige von Tachometern gilt:
  1) Tachometer dürfen von einer Fahrgeschwindigkeit von 20 km/h an
  keine niedrigere als die gefahrene Geschwindigkeit anzeigen.
  2) Sie dürfen jedoch eine höhere gefahrene Geschwindigkeit anzeigen - und zwar bis zu 7 von 100 der Tachometer-Höchstanzeige -
      a) von einem Drittel der Tachometer-Höchstanzeige an,
      b) jedoch schon von der 50-km/h-Anzeige an, wenn die Tachome-
         ter-Höchstanzeige höher ist als 150 km/h.

Reden und Schreiben ist ein sehr persönlich geprägter Sachverhalt aus
Vorerfahrung und Fertigkeit. Mit diesem Buch geben wir Anregungen
und Hinweise, die Sie möglicherweise in Ihre eigene Denk- und Handlungswelt einbauen. Oder Sie nutzen diese Anregungen assoziativ. Dadurch lassen sich inaktive Wissensnetze aktivieren und für den persönlichen Erfolg einsetzen.

Aber zunächst steigen Sie ein in den Prozeß des wissenschaftlichen
Schreibens.

7.1
Prozeß des wissenschaftlichen Schreibens

Das Erstellen des wissenschaftlichen Produkts „Bericht" (als Platzhalter
für alle schriftlichen Unterlagen wie z.B. Brief, Fachaufsatz, Mitteilung,
Vorschriften) setzt voraus:

- ein effektives („die richtigen Dinge tun") und effizientes („die Dinge,
  die getan werden, richtig tun") planmäßiges Vorgehen zum Erreichen
  des vorbestimmten Ziels,
- eine angepaßte Arbeitsorganisation und
- das Berücksichtigen bestimmter Formvorschriften wie z.B. die
  T(ransparenz), O(rdnung), I(nhalt), S(prache)-Folge (s. Abschn. 7.4.2)
  nach Diederich (1977).

Das Vorgehen lehnt sich an den in Abb. 4.1 dargestellten Arbeitsplan (s. Abschn. 4.1) an. Die dort genannte Operationsfolge: Informieren, Definieren, Agieren, Beurteilen und Entscheiden gilt auch hier, obwohl teilweise andere Begriffe verwendet werden.

Für einige Prozeßschritte des wissenschaftlichen Schreibens ist die KJ-Methodik (s. Abschn. 10.3.3) individuell oder in der Gruppe einzusetzen (Schwarz-Geschka 1997).

7.1.1
Thema erschließen (Informieren)

Ausgehend von den ersten Ideen werden nach der Methode des Vorwärtsschreitens (s. Abschn. 10.1.1) alle nur denkbaren und möglichen Gesichtspunkte und Sichtweisen zum Thema aufgelistet. Hierbei handelt es sich um ein bewußtes Auseinanderlaufenlassen der Gedanken (divergentes Denken bzw. Vorgehen). Assoziationstechniken (s. Abschn. 10.2.4) oder intuitive Methoden (s. Abschn. 10.1.2) unterstützen diese Denkprozesse bewußt. Jede verarbeitete Information ist in Ihrem mentalen Lexikon, dem Langzeitgedächtnis enthalten. Wenn nicht, dann ist sie in einem Ideennotizbuch eingetragen, auf (Kartei-)Karten niedergeschrieben, oder Sie starten einen Informationsumsatz (s. Abschn. 5.1). Wichtig: Vergessen Sie nicht die Quellen zu notieren.

Ein erster Sachverhalt zum Thema „Fehler im Geschäftsbrief"

Das Gespräch mit einer Chefsekretärin ergibt die folgenden Stichworte: Schachtelsätze, Fremdwörter, Wortschatz, fehlerhafter Aufbau, überflüssiges Beiwerk, Superlative, Hauptwörter, Ansprache, Schlußformel. Diese Hinweise helfen, um bereits formulierte Geschäftsbriefe zu hinterfragen. Was steckt z.B. hinter dem Stichwort „Schachtelsatz"?

Nach der KJ-Methodik (s. Abschn. 10.3.3) wird jedes Stichwort auf die Vorderseite einer Karte (DIN A5) geschrieben. Auf der Rückseite der Karte notieren Sie Erläuterungen, Zitate und Quellen.

Beispielsweise erhält die Vorderseite der Karte den Begriff „Schachtelsatz". Auf der Rückseite notieren Sie: Mehrere Nebensätze werden ineinander verwoben. Diese Sätze enthalten mehr als 25 Wörter, zu wenig Kommata und zu wenig Punkte. Es fehlen die Atempausen. Sie werden ungern gelesen, erzeugen Abneigung und Langeweile. Der Lesewiderstand wächst, weil lange Sätze kognitive Prozesse erfordern, denen emotionale Prozesse stark überlagert sind. Schachtelsätze setzen also die Wirksamkeit Ihres Briefes herab.

Sie notieren ebenfalls auf der Rückseite, wie Sie diesen Fehler vermeiden können: Kurze Sätze mit weniger als 20 Wörtern anstreben. Hauptsätze bevorzugen. Zusammenhängende Gedanken nicht durch Einschübe zerreißen.

In gleicher Weise werden weitere Karten mit den anderen Stichworten erstellt. Darüber hinaus ergänzen und notieren Sie auch aus Ihrem Erfahrungsschatz Stichworte, die zum Sachverhalt „Fehler im Geschäftsbrief" gehören. Die Rückseite der jeweiligen Karte füllen Sie - wie oben beschrieben - entsprechend aus.

7.1.2
Thema strukturieren

Das Strukturieren geschieht nach dem Teilprozeß 2 der KJ-Methodik (s. 10.3.3) in einem iterativen Gruppierungsprozeß. Hierbei ermitteln Sie die Beziehungen zwischen den verschiedenen Stichworten und formulieren Oberbegriffe als Titel für jede Stichwort-Gruppe.

Für das Thema „Fehler im Geschäftsbrief" lassen sich vier Gruppen mit Oberbegriffen bilden. Langer et al. (1990) nennen diese vier Gruppen, um die Verständlichkeit von Texten zu beurteilen (s. Abschn. 7.1.6). Dies sind:

• Gruppe „Einfachheit" mit den Stichworten: Fremdwörter, Schachtelsätze und Wortschatz
• Gruppe „Gliederung - Ordnung" mit dem Stichwort: falscher Aufbau
• Gruppe „Kürze - Prägnanz" mit den Stichworten: Superlative, überflüssiges Beiwerk, Schachtelsätze
• Gruppe „zusätzliche Stimulanz" mit den Stichworten: Ansprache und Schlußformel

Techniken zum Visualisieren bzw. Darstellen und verschiedene Strategiemerkmale wie z.B. vom Allgemeinen zum Besonderen helfen Ihnen beim Gruppieren. Aber auch zeitlich, gefühlsmäßig oder nach Ursache und Wirkung kann gruppiert werden. Die festgelegten Obergruppen bilden die Kapitel, die zugeordneten Aspekte die Abschnitte des Inhaltsverzeichnisses. Darstellungstechniken zum Gruppieren sind: das Darstellen als Baum oder als Ursachen-Wirkungs-Diagramm (DIN ISO 9004, Teil 4, S. 58).

7.1.3
Material erfassen und aufnehmen

Informationen lassen sich aus Seminar- und Vorlesungsunterlagen, durch Fragebogen, Interviews, Telefonate, Briefwechsel, Gespräche, aus Zeitschriften und Büchern holen. Auch im Internet und anderen Netzen sowie in Datenbanken sind Informationen enthalten.

Wichtig ist das Finden geeigneter und zutreffender Stichworte zum Thema, nach denen die Suche zu organisieren ist. Das Suchen sollte zuerst in Bibliographien beginnen. Sie gibt es in verschiedenen Ausführungen: etwa für Zeitschriften und Dissertationen, regional oder überregional oder für einzelne Fachgebiete. Die Kataloge der Bibliotheken werden benutzt, um veröffentlichte Bücher und graue, z.b. hochschulinterne, Veröffentlichungen zu finden.

Wichtig hierbei ist das Prüfen der Relevanz. Vor dem Lesen sind Titel, Inhaltsverzeichnis, Literaturangaben und Sachverzeichnisse zu analysieren. Erscheint das Werk relevant, überfliegt der Benutzer den Inhalt, liest einige Kapitel an und beurteilt das Niveau der Veröffentlichung. Neben den Karten kann das Führen eines Journals (s. Abschn. 7.1.8) hilfreich sein. Das Journal ermöglicht mit Datum, Seitennummer und Sachverzeichnis den späteren Zugriff.

7.1.4
Erstes Manuskript erstellen

Schreiben Sie die erste Fassung schnell. Setzen Sie das Free-Writing (s. Abschn. 10.2.1) ein und lassen Sie einen „roten Faden" erkennen. Schreiben Sie z.b. frei weg zum Kapitel „zusätzliche Stimulanz":

Dies ist das Ausmaß, in dem ein Text anregende Zutaten enthält. Dies trägt wenig zum Vermitteln der Informationen bei. Zwar sagt ein Bild mehr als tausend Worte, so gilt außerdem, es enthält mehr als tausend Gedanken. Bilder oder Diagramme sind zunächst anregender Vorspann zum Text. Wenn ich einfach schreibe, ist dies schon anregend. Zusätzliche Stimulanz belastet doch die Kürze. Bei fehlender Gliederung wirkt die zusätzliche Stimulanz bestimmt ablenkend. Zusätzliche Stimulanz erreiche ich auch durch Beispiele, Vergleiche und die direkte Ansprache des Lesers. Die Frage „Wie kann ich diese Aussagen an Falsch-Richtig-Beispielen veranschaulichen ?" sollten Sie für das spätere Bearbeiten nutzen.

7.1.5
Manuskript überarbeiten

Im nächsten Schritt wird der Text überarbeitet. Dies bedeutet meist ein Kürzen und Präzisieren.

Wie wird weiter vorgegangen: Alles Überflüssige streichen, Ungenaues präzisieren, Anschaulichkeit und Klarheit verbessern. Schließlich auf Rechtschreibung, Interpunktion und Grammatik achten und prüfen, ob aus Quellen übernommene Texte gekennzeichnet und durch das Zitieren belegt sind.

- Das fertige Manuskript sollte mindestens eine andere Person Korrektur lesen. Reichlich Raum ist für Korrekturen vorzusehen.
- Der Text läßt sich nach den Kriterien der Verständlichkeit verbessern (s. Abschn. 7.1.6).
- Jetzt werden Titelei und Anhang erarbeitet. Letztendlich werden die Druckvorlagen erstellt bzw. der endgültige Ausdruck wird getätigt.

Titel: Fehler beim Geschäftsbrief, Kapitel: Stimulanz

Monotonie muß vermieden werden, sonst wird der Text langweilig. Stimulanz ist das Ausmaß, in dem ein Text anregende Zutaten enthält. Sie trägt wenig zum Vermitteln der Informationen bei. Stimulanz erreichen Sie u.a. durch:

- direktes Ansprechen des Lesers
- Ausrufe
- wörtliche Rede
- Einsatz von Metaphern und treffenden Sprachbildern sowie durch eine bildhafte Sprache
- Fragen
- Beispiele
- Vergleiche
- witzige oder effekthaschende Formulierungen

Auch ein Bild oder ein Diagramm ist anregender Vorspann zum Text, denn ein Bild sagt mehr als tausend Worte und enthält mehr als tausend Gedanken. Beachten Sie: Zusätzliche Stimulanz geht zu Lasten der Kürze. Fehlt eine Gliederung, wirkt die zusätzliche Stimulanz ablenkend. Anhand des folgenden Beispiels wird Ihnen der Einsatz und das Wirken der Stimulanz veranschaulicht:

Extrembeispiel zum Kapitel: Stimulanz

Gestatten: „Stimulanz", aber Sie können ruhig „Anregung" zu mir sagen. Ich bin sozusagen das Salz in der Kommunikationssuppe. Ohne mich hätte sie denselben „Nährwert", aber mit mir ist sie schmackhafter. Und das fördert ja bekanntlich die Verdauung. Ich höre Sie als Leser förmlich sagen: „Anregung, Du bist mir zwar ganz sympathisch, aber zuviel von Dir würde die Suppe versalzen!" Ich erwidere: „Gut, aber vergessen Sie mich nicht ganz, wenn Sie selber mal kochen."
Auf ähnliche Weise bearbeiten Sie die anderen Kapitel Ihres Aufsatzes zum Thema: „Fehler im Geschäftsbrief".

7.1.6
Verständlichkeit

Nach Langer et al. (1990) sind Texte zum Vermitteln von Wissen gut verständlich abzufassen. Wenn Sie diese Fähigkeit zur Fertigkeit erarbeiten, werden Sie diese Fähigkeit wahrscheinlich auch in den Bereich des mündlichen Vermittelns von Wissen übertragen. Jeder Text läßt sich in den vier Kriteriengruppen: einfach, gegliedert-geordnet, kurzprägnant, stimulierend beschreiben. Sie beziehen sich auf die Art wie die Information vermittelt wird, Abb. 7.1.

Einfach

Bei dieser Kriteriengruppe handelt es sich um die Einfachheit von Wortwahl und Satzbau, d.h. die Art der Darstellung und nicht der Inhalt wird zugrunde gelegt.

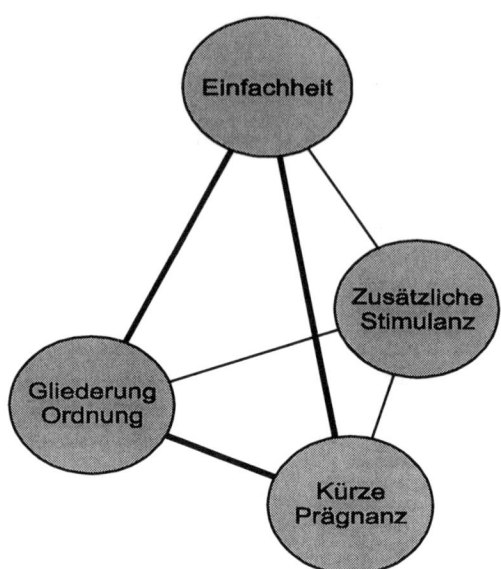

Abb. 7.1. Verständlichkeits-Tetraeder

Zu einem guten Schreibstil gehört auch das Verwenden weniger und verständlicher Worte. Vermeiden Sie Substantivierungen, dafür sind Verben einzusetzen. Anstelle Fremd- und Modewörter schreiben Sie treffende Ausdrücke.

Verwenden Sie kurze bis mittellange Sätze und einen großen Wortschatz. Benutzen Sie den klareren, einfacheren und lebendigeren Ausdruck. Bedenken Sie außerdem die Aufnahmekapazität der Leser, zu viele Zahlen und abstrakte Aussagen sind nicht einfach zu verarbeiten.

Noch ein Hinweis: Durch eine breite Bildung und viel Lesen verbessert sich der eigene Stil. Entwickeln Sie Ihren eigenen Stil.

Gegliedert - geordnet

Diese Kriteriengruppe beschreibt das Ausmaß, in dem ein Text strukturiert ist. Zu unterscheiden sind:

- die überschaubare äußere Gliederung. Dazu gehört die übersichtliche Gruppierung zusammengehöriger Teile, gliedernde Vor- und Zwischenbemerkungen und ein sichtbares Unterscheiden von Wesentlichem und weniger Wichtigem. Der Leser findet sich zurecht und erkennt die Zusammenhänge.
- die folgerichtige innere Ordnung. Sätze stehen nicht beziehungslos nebeneinander. Die Informationen werden in einer sinnvollen Reihenfolge dargeboten.

Aus der Sicht der Leser: Beim Schreiben versetzen Sie sich in die Lage der Leser, um herauszufinden, wie Ihr Text wirkt. Vorsprechen kann eine gute Hilfe sein. Dadurch läßt sich herausfinden, ob sich der Text gut liest. Wählen Sie treffende Überschriften.

Kurz - prägnant

Mit dieser Kriteriengruppe wird das Ausmaß bezeichnet, in dem ein Text mit wenigen Worten viel Wesentliches sagt. Entscheidend ist das Kommunikationsziel. Ein großer Sprachaufwand kann verschieden zustande kommen:

- inhaltlich, z.B. nicht notwendige Einzelheiten, Zusatzinformationen und Erläuterungen, breites Ausholen, Abschweifen vom Thema.
- sprachlich, z.B. weitschweifige Formulierungen, umständliche Erklärungen, Wiederholungen, Füllwörter und Phrasen.

Stimulierend

Monotonie muß vermieden werden, sonst wird der Text langweilig. Diese Kriteriengruppe erfaßt, ob und in welchem Ausmaß ein Text anregende Zutaten enthält. Dazu gehören: direktes Ansprechen des Lesers, Ausrufe, wörtliche Rede, Reizwörter, Fragen, witzige oder effekthaschende Formulierungen.

Der Einsatz von Metaphern und treffenden Sprachbildern, sowie eine bildliche Sprache tragen ebenfalls zu einem guten Stil bei.

7.1.7
Argumentation

Ein wichtiger Punkt bei wissenschaftlichen Ausarbeitungen ist, den Leser durch gute und schlüssige Argumentation zu überzeugen. Dies geschieht durch Beachten einiger Kriterien:

Glaubwürdig

Schreibende sollten ihre Qualifikation am Anfang der Arbeit darstellen, denn dann wissen die Leser, warum sie den Text lesen wollen. Dies sollte auch verbunden mit dem Nutzen der Ausarbeitungen geschehen. Wichtig ist auch, offen zu sein. Mängel der Theorie oder der Lösungen sind darzustellen. Der eigene Standpunkt ist klar zu nennen.

Kürze und Klarheit in der Argumentation wirkt glaubwürdig. Wer sich nicht deutlich zu seinem Thema äußern kann, zeigt Unsicherheit.

Eindeutig

Zahlen, Daten und Beispiele zählen zu guten Beweisen. Schreibende sollten aber darauf achten, daß sie nachprüfbar sind. Vergleiche sind nur zum Veranschaulichen zu verwenden. Beziehen sich Schreibende auf Quellen, müssen diese Quellen glaubhaft, aktuell und nicht parteilich sein. Gleiches gilt für Zitate.

Mißverständliche und unklare Sprache kann dazu benutzt werden zu interpretieren und anders auszulegen, auch das ist zu vermeiden.

Einsatz von Abbildungen und Tabellen

Bilder, Diagramme und Tabellen sind so zu gestalten, daß Leser sie selbst nachprüfen und verstehen.

Tabellen, Bilder und Grafiken tragen in Texten zur Verständlichkeit bei, da visualisierte, d.h. bildhafte Informationen vom Leser leichter zu verstehen sind und schneller verstanden werden.

7.1.8
Journal

Während des wissenschaftlichen Arbeitens soll ein Journal geführt werden. Jeden Tag werden alle neuen Erkenntnisse, Ergebnisse und Einsichten stichwortartig aufgeschrieben.
Dazu gehören z.b. Begriffsdefinitionen, Fragen und Unklarheiten. Ein Journal kann helfen, Unklares zu verstehen, Gelesenes und Gelerntes zu behalten und zu reflektieren. Das Journal fördert die Selbsterkenntnis. Die Ordnung bzw. die Gliederung im Journal stimmen mit dem persönlichen oder einem arbeitsbezogenen Ordnungssystem überein.

7.2
Prozeß des wissenschaftlichen Vortragens

Das Vorurteil, „zum Redner geboren", stimmt so nicht: Reden lernen und üben Sie wie alles andere auch. Mit Ihrer Rede, Ihrem Vortrag wollen Sie den Zuhörer aktivieren. Der Zuhörer soll etwas tun:
* seine Meinung überdenken,
* Ihre Überzeugung übernehmen.

7.2.1
Planen des Referats

Ebenso wie beim wissenschaftlichen Schreiben ist beim Gliedern und Aufbereiten des Materials zu einem Referat neben dem Stoff immer auch der Zuhörer mit einzubeziehen. Dabei sind drei Aspekte grundlegend:
* das Ziel des Referates,
* die gedankliche Abfolge und
* der Einstieg.

Ziel

Der Aufbau geht vom Ziel aus, das mit dem Referat erreicht werden soll. Aufgrund seiner sachlichen Vorinformation und seiner Kenntnisse muß der Referent den wesentlichen Kern seines Referates bestimmen. Er formuliert diesen Wesenskern in einem bündigen Satz (Zwecksatz). Dabei ist zu beachten, daß die meisten Themen ein Problem, eine Frage oder einen kontrovers beurteilten Sachverhalt enthalten. Er ist aufzudekken, zu klären oder zu beurteilen. So enthält beispielsweise das Thema „Kinder im Straßenverkehr" versteckt auch die Frage nach dem Beurteilen ihres Verhaltens.

Ziel des Referates ist es auch, diese Fragen zu beantworten. Davon leitet sich die gedankliche Abfolge ab. Sie bildet den Hauptteil des Referates.

Gedankliche Abfolge

Hilfreich zum Klären und zum logischen Ordnen der Gedanken sind Leitfragen. Sie fragen sich:
- Was will ich darlegen, erklären, beweisen oder widerlegen?
- Welches Material aus der Stoffsammlung ist im Hinblick auf das Ziel von Bedeutung?
- Welche Argumente, Beispiele, Gesichtspunkte oder Thesen sind methodisch notwendige Aspekte auf dem Weg zum Ziel?
- Welche Gedanken will ich besonders herausstellen?
- Welche Mittel unterstützen mich? Setze ich z.B. Argumentation, Darstellungen und Experimente ein?
- Wie strukturiere ich die zu behandelnden Aspekte, damit sie überschaubar, folgerichtig und überzeugend zum Ziel hinführen?

Der Einstieg

Der Einstieg in das Referat ist der letzte Teil des Planens. Er ergibt sich aus den situativen Bedingungen. Dies sind einerseits Erwartungen, Vorkenntnisse und das Vorverständnis der Zuhörer und andererseits das, was der Inhalt zum Thema dazu hergibt.

Der Einstieg kann verschieden gestaltet werden, soll aber auf jeden Fall folgendes erreichen:
- zum Thema hinführen
- Interesse wecken
- Motivation erzeugen
- zum Mitdenken anregen

Versetzen Sie sich in die Lage der Zuhörer und überlegen Sie, wie Sie die Zuhörer für das Thema sensibilisieren.

7.2.2
Vorbereiten der freien Rede

Acht Regeln

Für das Bearbeiten nach den folgenden acht Regeln nutzen Sie die KJ-Methodik (s. Abschn. 10.3.3).

1. Notieren Sie kurz und bündig Ihre Ideen und Informationen zum Thema getrennt auf Karten. Vorderseite: Stichworte, Fragen; Rückseite: Antworten, Erläuterungen, Definitionen, Hinweise auf Abbildungen und Quellen.
2. Führen Sie mit diesen Karten einen Gruppierungsprozeß durch. Formulieren Sie die Kernideen = Oberbegriffe der Gruppen.
3. Entwickeln Sie mit dem Aufbereiten der Informationen stichwortartig eine logische Abfolge (Hitliste) der Kernideen. Ordnen Sie die Stichworte = Unterbegriffe innerhalb der Kernideen = Oberbegriffe z.B. in einem Gedankenflußplan (Müller-Merbach 1974). Sie erhalten damit eine sinnvolle Gliederung zu ihrem Thema.
4. Suchen Sie weitere Argumente, Definitionen, Belege, Zitate, Beweise, Beispiele zu den Stichworten. Notieren bzw. ergänzen Sie dies ebenfalls auf den Karten. Formulieren Sie Überleitungen oder Kernsätze aus, und ordnen Sie dies ebenfalls den Karten zu.
5. Erster lauter Sprechversuch, möglichst mit Tonbandkontrolle. So erkennen Sie Lücken, Gedankensprünge, Formulierungsschwierigkeiten, Wortwiederholungen, Schwächen des Satzbaus und Mängel in der Ausdrucksweise. Das nach Stichworten erstellte Fehlerprotokoll den Karten zuordnen. Korrigieren Sie die aufgetretenen Fehler.
6. Planen Sie den Einsatz von Medien und Verstehenshilfen (z.B. Folien, Dias, Tafelanschriften, Fotokopien mit Zahlenmaterial, Tabellen, graphische Darstellungen). Vermerken Sie dies in den Karten.
7. Koordinieren Sie die endgültige Kartensammlung und den Medieneinsatz.
8. Zweiter Sprechversuch (ggf. weitere) auf Tonband/Kassette oder vor Familienangehörigen. Weitere Korrekturen vornehmen.

Für den wenig geübten Redner ist es oft notwendig, die Sequenzen 5-8 mehrfach in Zeitabständen zu wiederholen, um Sicherheit zu erlangen. Deshalb sind für das Planen ausreichende Zeitreserven vorzusehen.

Das Stichwortkonzept konkret

- Verwenden Sie Karteikarten DIN A 5 (halbe Briefbogengröße) liniert.
- Teilen Sie diese Karteikarten durch eine markante Linie von oben nach unten auf. Es ergeben sich 1/3 auf der linken Seite für Stichworte und Regieanweisungen und 2/3 rechts für den ausformulierten Text.
- Setzen Sie sich mit dem Vortrag so lange auseinander, bis Sie nur noch mit den Stichworten und den Regieanweisungen Ihren Vortrag halten.
- Kennzeichnen Sie die Karteikarten z.B. zum Referat „Time is Money" nach Timo.1 bis Timo.n.
- Schreiben Sie so groß, daß Ihre Schrift aus zirka einem Meter mühelos lesbar ist. Lassen Sie zwischen den einzelnen Zeilen Abstände.
- Kennzeichnen Sie besonders wichtige Punkte sinnvoll mit Farben (maximal drei verschiedene Farben).

Beispiel: Was erwarten heute Zuhörer vom Verhalten der Vortragenden bei Lehrvorträgen und im Lehrgespräch?

Die gedankliche Abfolge zu diesem Referat ist:
- Zuerst weisen Sie auf den Unterschied zwischen Lehrvortrag und Lehrgespräch hin. Lehrvortrag = darbietende Information. Lehrgespräch = Wechselgespräch mit Frage und Anwort erfordert höhere Aufmerksamkeit und bewirkt eine größere Behaltensquote.
- Abhängig davon: Vortrag abgelesen (10-30% Behaltensquote), abgelesen mit Ablesetechnik (etwa 50%), frei gehalten (etwa 70%), frei gehalten und rhetorisches Instrumentarium einsetzen wie z.B. Pausentechnik, Stimmvariation, Gestik, Mimik (bis zu 90%)
- Wirkungen der rhetorischen Instrumente besprechen: Pausentechnik, Betonung, Stimmstärke und Stimmlage, Gestik und Mimik.
- Das Auftreten des Vortragenden hat eine entscheidende Wirkung. Wie verhält er sich am Rednerpult, wenn er es braucht? Wie verhält er sich, wenn er es nicht einsetzt? Wie ist seine Haltung, was macht er

mit seinen Händen, wie ist der Blickkontakt? Die Wirkung auf den Zuhörer ist herauszuarbeiten.

- Wie ist der Prozeß des Vortragens aufgebaut?
- Wie wird der Lernprozeß beim Zuhörer berücksichtigt? Wie läßt sich dies sowohl beim Lehrvortrag als auch im Lehrgespräch wirkungsvoll realisieren?

Diese Schlagworte und Fragen bilden nun den Einstieg zum weiteren Ausarbeiten des Referats und zum Gestalten des Vortrags.

7.2.3
Vortrag des Referats

Ein guter Redner widmet dem Beginn seines Vortrags besondere Aufmerksamkeit. Er will das Interesse seiner Zuhörer gewinnen. Er führt deshalb mit einer Anekdote, einer witzigen Bemerkung, einem besonders treffenden Beispiel in sein Thema ein, bevor er zu allgemeinen und abstrakten Darstellungen übergeht. In anderen Fällen setzt er eine Übersicht, die praktischen Anwendungen seiner Ausführungen an den Anfang, stellt einen Bezug zur Situation der Zuhörer her und weckt damit ihr Interesse, mehr über das Thema zu erfahren. Prinzipiell beachten Sie:

- Sprechen Sie laut genug. Auch in den hintersten Reihen sollen die Zuhörer sie verstehen. Beachten Sie den Unterschied zwischen Rede und Schreibe. Setzen Sie erst recht bei Ihrer Rede öfters ein Komma oder einen Punkt. Langen, komplizierten Sätzen kann nur ein Leser folgen. Er kann die einzelnen Satzteile isoliert und wiederholt lesen.
- Erklären Sie Begriffe und Fachausdrücke, wenn sie zum ersten Mal verwendet werden.
- Gedankensprünge verwirren die Zuhörer. Sie können ja nicht zurückblättern und sich orientieren. Bleiben Sie beim Thema, wiederholen Sie eine Angabe lieber als sich auf das Gedächtnis der Zuhörer zu verlassen. Fassen Sie das Gesagte ab und zu zusammen.
- Bei schwierigen Sachverhalten hilft es den Zuhörern, wenn Sie das gleiche in verschiedenen Worten mehrmals umschreiben.
- Vermeiden Sie lange Aufzählungen, legen Sie den Sachverhalt lieber mit treffenden Beispielen dar.
- Bei längeren Reden braucht der Zuhörer ab und zu eine Atempause. Diese Pause kann in Form von Anekdoten usw. in den Vortrag eingeflochten werden. Eine andere Möglichkeit ist das Einschalten von

Übungen oder das Auffordern zu Diskussionen, Fragen, Kommentaren.
- Überlegen Sie auch: Welche Hilfsmittel lockern den Vortrag auf und welche tragen zum Verständnis des Stoffes bei? Namen, Zahlen, Fachausdrücke sind an die Tafel zu schreiben oder als Overheadfolie aufzulegen. Tabellen, graphische Darstellungen, Zeichnungen, die Sie evtl. mit Hilfe eines Overheadprojektors zeigen, veranschaulichen komplexe Sachverhalte.
- Setzen Sie zusätzliche Instrumente zum Verstehen ein, um das Interesse wachzuhalten, Verstehen zu erleichtern und durch die Aufnahme über mehrere Sinneskanäle das Behalten zu verbessern.
- Versuchen Sie, Ihre Gliedmaßen während des Sprechens unter Kontrolle zu halten und nervöse Gewohnheiten wie z.b. wildes Gestikulieren oder Zupfen an der Kleidung auszuschalten.
- Ein wenig Nervosität schadet nicht - es gilt hier dasselbe wie bei den Prüfungen. Wenn aber die Angst unmäßige Formen annimmt, muß etwas dagegen unternommen werden. Üben Sie den Vortrag erst im kleinen Kreis, vor Freunden oder Geschwistern - es ist ja meist das Unbekannte, das Furcht einflößt.

7.2.4
Bewertungskriterien

Die Kriterien zum Beurteilen der Qualität des Vortrags ergeben sich aus dem Zweck:
- Grad der Informiertheit
Wie gut ist der Vortragende informiert? Versteht er, was er sagt? Weiß er mehr, als er vorträgt? Kann er die Fragen der Zuhörer beantworten?
- Grad der Exaktheit und Faßlichkeit der Informationen
Wie werden Darstellungen eingesetzt? Sind sie themenbezogen, verständlich, sachlich, knapp und gegliedert? Werden schwierige Sachverhalte durch Bilder und/oder Erläuterungen veranschaulicht?
- Grad der Motivation der Zuhörer
Wodurch erläutert der Vortragende die Bedeutung seiner Ausführungen? Wie weckt er Interesse?
- Technik des Sprechens orientiert an den Zuhörern
Spricht der Vortragende lebhaft, artikuliert, anregend, nicht zu schnell, nicht stockend?

- Dem Zuhörer angemessene Sprachform (Wortwahl, Syntax)

Spricht der Vortragende im aktiven und passiven Wortschatz der Zuhörer?

7.3
Tips für ein klärendes Gespräch

Ein klärendes Gespräch - vor allem, wenn es rechtzeitig geschieht - kann das Leben wirklich erleichtern. Konflikte nicht herumtragen sondern austragen. Probleme nicht schlucken sondern ansprechen. Und das so schnell wie möglich. Aggressionen stauen sich mit jedem Tag, der nach einem ungelösten Konflikt vergeht, mehr und mehr. Immer schwerer fällt es, das Thema noch einmal anzusprechen.

Folgende Tips von Schömbs (1991) helfen, Konflikte schneller und besser zu lösen.

Selbst Initiative ergreifen

Jeder ist für sich selbst verantwortlich. Sie können keine Veränderung beim anderen erwarten, wenn er nichts über Ihre Probleme, Bedürfnisse, Belastungen und Ihr Unbehagen erfährt.

Störungen und Konflikte sofort klären

Schieben Sie Auseinandersetzungen nicht auf die lange Bank. So frißt sich Ärger nur tiefer, und die Anliegen kommen nur schwer zur Sprache. Explosionsgefahr besteht.

Vor dem Gespräch überlegen

- Was stört mich genau?
- Was löst das störende Verhalten bei mir aus?
- Was wünsche ich mir?

Verwenden Sie „Ich"-Aussagen

Wenn Sie von Ihrem Ärger und Ihren Gefühlen reden, reden Sie auch von sich und nicht von anderen: „Mich hat das geärgert!". Eine Aussage wie „Sie kümmern sich nicht um Ihre Leute!" bringt keinen weiter.

Eins nach dem anderen

Auch wenn sich mehrere Punkte angesammelt haben: Immer nur eine Sache klären. Das schafft Erfolgserlebnisse und eine bessere Stimmung.

Resonanz ist besser als Kritik

Kritik blockiert, Resonanz geben heißt: Sie sagen Ihrem Gesprächspartner, welche Empfindungen und Reaktionen - positive oder störende - durch seine Verhaltensweise bei Ihnen ausgelöst werden.

Vermeiden Sie Wiederholungen

Mit konzentrierten Aussagen erreichen Sie mehr, als wenn Sie das Gesagte ständig wiederholen. Sie nehmen ihrem Partner nur die Zeit zum Verarbeiten.

Reden Sie nicht ununterbrochen

Über eine längere Zeit kann und will einer dem anderen nicht intensiv zuhören. Der Gesprächspartner bekommt keine Möglichkeit, seine Fragen zu stellen - Fragen, die ihn motivieren und seine Blockaden abbauen.

Denkpausen sind erlaubt

Das Gesagte prägt sich durch Denkpausen besser ein. Denken Sie etwas nach, bevor Sie auf das Gesagte reagieren.

Auch einmal zuhören

Echtes Zuhören kostet mehr Energie als fortwährend zu sprechen. Deshalb wird auch soviel geredet und so wenig zugehört. Also: Erst zuhören, dann nachdenken, dann antworten! Nicht einfach Gesprächsfetzen aufgreifen und sofort eigenen Gedanken nachgehen.

7.4
Modelle des Textverstehens

7.4.1
Modell von Koldau

Wollen Sie kurz und klar schreiben? Dann befolgen Sie nach Koldau (1998):

Empfehlungen zur Wortwahl

Immer das treffende Wort suchen. Nur wer die Sache kennt, findet das treffende Wort.
- Mit Hauptwörtern geizen. Vor allem mit solchen, die sich durch Tätigkeitswörter ablösen lassen. Solche Hauptwörter enden meistens auf -ung, -heit, -keit.
- Anschauliche Tätigkeitswörter bevorzugen. Grund: Der Leser kann Bilder anschaulicher Tätigkeiten aus dem Gedächtnis abrufen, z.B. sehen, hören, riechen, tasten.
- Ausdrucksarme Tätigkeitswörter vermeiden. Grund: erfolgen, durchführen, gelangen u.ä. läßt sich nicht vormachen. Kein Leser hat Bilder dieser Tätigkeiten im Gedächtnis gespeichert.
- Wörter und Ausdrücke, auf die es ankommt, nicht wechseln, sondern so oft wie nötig wiederholen. Ausdrücke und Wörter, auf die es nicht ankommt, wechseln, damit der Text nicht eintönig wirkt.
- Ausdrücke, die dem Leser nicht geläufig sind wie z.B. Fachbegriffe, Fremdwörter, Abkürzungen
  - umschreiben, wenn der Leser sie nicht unbedingt kennenlernen muß.
  - erklären, wenn sich diese Ausdrücke nicht vermeiden lassen.

Empfehlungen zum Satzbau

Sätze schreiben, die sich sprechen lassen. Bevor Sie Ihren Text aus der Hand geben, lesen Sie ihn laut vor. Ändern Sie jeden Satz, den Sie nicht sprechen würden. Ausnahme: Spiegelstriche.

- Eine Aussage (1. Element im Strukturbild eines Satzes) nach der anderen bringen. Wenige Wörter je Aussage. Sie endet dort, wo der Leser abbrechen kann, weil die gelesene Wortfolge einen Sinn ergibt. Wo angebracht, deutlich herausstellen: Was hängt wovon ab? Dazu eignet sich besonders die Struktur: Ankündigung (2. Element im Strukturbild des Satzes) + Aussage. Wo notwendig, den Einschub verwenden (3. Element im Strukturbild des Satzes), aber nur einstökkig und kurz, d.h. wenige Wörter im Einschub.
- Wer in Wirklichkeit etwas macht, der soll das auch im Satz tun. Darum Aktiv bevorzugen, Passiv nur schreiben,
  - wenn der Täter unbekannt ist (Beispiel: Die Bank wurde beraubt.) oder verschwiegen werden soll (Beispiel: Mir wurde erzählt ...)
  - um zu schildern, was mit jemand oder etwas passiert (Beispiele: Niemand wurde verletzt. Altglas wird verwertet.)
  - um jemand oder etwas hervorzuheben (Beispiel: Mein Sohn wurde von einem Auto angefahren.)

Empfehlungen zum Textbau

Bevor Sie zu schreiben beginnen, unbedingt klären und beim Schreiben immer bedenken:

- Was wollen Sie (Ihr Chef, der Betrieb, das Amt) mit diesem Text erreichen?
- Welche Informationen (Art und Menge) brauchen Ihre Leser? Wann, wo und wie?
- Welche Ordnung im Text ist dem Sachverhalt angemessen und für Ihre Leser arbeitsgerecht?
- Überschrift wählen: sachlich treffend, einprägsam, interessant. Unter der Überschrift baldmöglichst bestätigen, es kommt, was sie ankündigt.
- Neue Sache ➜ neuer Absatz. Eine Leerzeile oder ein Einzug signalisieren dem Leser: im nächsten Absatz kommt etwas anderes.
- Mit Zwischentiteln gliedern, sobald der Text zwei Seiten lang ist.

- Ein Inhaltsverzeichnis muß überschaubar sein (max. 2 Seiten), selbst wenn der Text 100 Seiten füllt.
- Zusammenfassung nie länger als eine Seite.

7.4.2
Modell von Diederich (1977 und 1997)

Diederich (1977) ordnet seine Prüfliste zum Optimieren der Textverständlichkeit nach den folgend beschriebenen vier Dimensionen: T(ransparenz)-O(rdnung)-I(nhalt)-S(prache). Als Sammlung von Regeln sind diese Empfehlungen in Diederich (1997) enthalten. Die folgende Prüfliste gibt diese Regeln nur schlagwortartig wieder.

Sprache der Texte

- Leichtverständliche Sprache benutzen
- Kurze Ausdrucksweise bevorzugen
- Auch persönliche Aussageformen anwenden
- Hauptwörter nicht häufen
- Unbekannte Fachausdrücke erläutern, Fachausdrücke nicht wechseln
- Gegenstände der Sätze hervorheben
- Sätze nicht zu lang oder zu voll gestalten

Inhalt der Texte

- Inhalt der Texte verständlich schreiben
- Gegenstände nicht zu ausführlich erörtern
- Gegenstände angemessen abstrahieren
- Zu abstrakte Gegenstände konkretisieren
- Unbekannte Gegenstände erläutern
- Wenn nötig, Begriffe definieren
- Gegenstände durch Bilder und Tabellen verständlicher darstellen

Ordnung der Texte

- Den Weg vom Allgemeinen zum Besonderen gehen

- Gegenstände nach ihrer Zugehörigkeit, nach ihrem Ablauf, nach ihrer Wichtigkeit, nach den Ordnungsvorstellungen der Leser oder nach ihren Bezugstexten ordnen

Transparenz der Texte

- Texte übersichtlich gestalten
- Bilden von Abschnitten und Unterabschnitten, Bilden von Absätzen und Unterabsätzen, Bilden von Aufzählungen
- Benutzen von Kurzverweisen
- Nachschlagetexte, auch Lesetexte durchnumerieren

7.5
Literatur

Bohinc T (1995) Visualisieren - Präsentationen optisch ansprechend gestalten. Unterrichtsblätter 48, 6, 342-355

Bohinc T (1996) Moderation - Eine Methode, um Besprechungen und Arbeitstagungen erfolgreicher zu gestalten. Unterrichtsblätter 49, 8, 414-425

Diederich G (1977) Textgestaltung in Wirtschaft und Verwaltung. Texte leicht verständlich und arbeitsgerecht verfassen. Moderne Industrie, München

Diederich G (1997) Rechtschreibung 1998. Heft 1: Regeln für die neue Rechtschreibung. Heft 2: Regeln für die Textverständlichkeit. Mainpresse, Würzburg

Hallwass E (1979) Mehr Erfolg mit gutem Deutsch. Ein unterhaltsamer Ratgeber für jedermann. Das Beste, Stuttgart

Hoberg R, Hoberg U (1988) Der kleine Duden. Deutsche Grammatik. Eine Sprachlehre für Beruf, Fortbildung und Alltag. Dudenverlag, Mannheim Wien Zürich

Koldau M (1998) Sachtexte kurz, verständlich, übersichtlich. Empfehlungen für das Gestalten von Sachtexten. Seminarunterlage, Seeheim (Die im Textteil wiedergegebene Zusammenfassung wurde uns von Herrn Koldau zum Abdruck übergeben.)

Langer I, Schulz v. Thun F, Tausch R (1990) Sich verständlich ausdrücken. 4., neugest. Aufl. Ernst Reinhard, München

Müller-Merbach H (1974) Einführung in die Betriebswirtschaftslehre. Vahlen, München

Reiners L (1991) Stilkunst. Ein Lehrbuch deutscher Prosa. Überarb. Ausgabe. Beck, München

Schömbs W (1991) Entspannt konzentriert. Econ, München

8 Bildliche Darstellungen

Der Text ist der verantwortliche Teil eines Buches oder eines Vortrags. Dieser Text wird verständlicher, wenn ihn bildliche Darstellungen ergänzen. Bildliche Darstellungen raffen räumliche und zeitliche Dimensionen. In der räumlichen Dimension hebt eine bildliche Darstellung Wesentliches hervor und verschweigt Unwesentliches. Eine bildliche Darstellung erfassen Sie schneller als einen Text von gleicher Fläche, der gelesen werden muß. Sehen geht schneller als Lesen. Dies verändern Sie, wenn Sie ihre Blickspanne beim Lesen beeinflussen.

Bildliche Darstellungen ergänzen, erweitern oder wiederholen den Text. Er wird nicht nur verständlicher, sondern er verbessert auch das Behalten. Aussagekraft und Informationswert sind Kriterien zum Beurteilen der bildlichen Darstellungen, die in ihren Formen und Arten vielfältig sind. Didaktisch wichtige Formen sind das Foto, die Zeichnung und die graphische Darstellung. Das Foto liefert physioplastische (= abbildliche) Darstellungen, die graphische Darstellung dagegen nur ideoplastische (=sinnbildliche). Die Zeichnung ist zu beiden Darstellungsformen fähig.

8.1
Formen bildlicher Darstellungen

8.1.1
Foto

Das Foto dient dem Zeigen von etwas Gegenständlichem in seiner natürlichen Umgebung. Ein Foto liefert den Existenzbeweis des Dargestellten.

8.1.2
Die Zeichnung

Eine Zeichnung hebt Wesentliches durch Verändern und/oder Verzerren der Größe, durch Schnitte und Aussparungen hervor. Pahl, Beitz (1997, S. 491) beschreiben grundlegende Definitionen zum Zeichnungsinhalt, zur Darstellungsart und zum Zeichnungsaufbau, um daraus Empfehlungen für den Zeichnungseinsatz bzw. die Zeichnungsorganisation zu geben. Zu unterscheiden sind:

Axonometrische Zeichnungen

- Isometrische Projektion (DIN 5, Bl. 1): Wesentliches wird in allen drei Dimensionen gezeigt.
- Dimetrische Projektion (DIN 5, Bl. 2): Wesentliches wird in einer der drei Ansichten dargestellt.

Sonderformen axonometrischer Zeichnungen

- Ansichten (DIN 6) betonen Konturen
- Schnitte geben Einblicke in das Innere von Objekten
- Explosionszeichnungen zeigen den Zusammenhang von Einzelteilen
- Phantomzeichnungen stellen Hülle und Innenteile gleichzeitig dar

Projektive Zeichnungen

Projektive Zeichnungen veranschaulichen 3-dimensionale Objekte durch 2-dimensionale Bilder. Sie verlangen vom Betrachter eine gewisse Vorstellungskraft, die meist nur durch Üben oder durch häufigen Umgang erreicht werden kann. Zu unterscheiden sind:
- Topografische Projektion = maßstabsgerechte Darstellung. Die dritte Dimension wird durch „Höhenlinien" einbezogen.
- Topologische Projektion: Sie beschreibt die relative Lage von Objekten zueinander wie z.B. Anfahrskizzen, Anordnungsskizzen.

8.1.3
Graphische Darstellungen

Graphische Darstellungen sind das geeignete Instrument zum Darstellen abstrakter und nicht gegenständlicher Dinge und Zusammenhänge. Zu unterscheiden sind:

- Pläne, Schemata: Sie dienen als Abstraktion konkreter Gegenstände und Verhältnisse, d.h. nur das Wesentliche eines Sachverhalts wird dargestellt. Schematische Darstellungen im technischen Bereich sind als Sinnbilder genormt wie z.b. Schaltpläne elektrischer Anlagen, Rohrleitungspläne, Organisationspläne, Blockschaltbilder.
- Diagramme: Sie werden als graphische Darstellungen funktionaler Zusammenhänge zwischen kontinuierlichen Veränderlichen eingesetzt. Beispiele sind u.a. Linien-, Säulen-, Körperdiagramme.
- Tabellen: Dies sind listenförmige Zusammenstellungen. Bildtabellen z.B. helfen beim systematischen Vorgehen. In diesen Bildtabellen werden Bildtitel, Darstellungsziel und Bildform zusammengestellt.

8.2
Allgemeine Hinweise in Hinblick auf die Aussagekraft

- Jede bildliche Darstellung soll für sich allein eindeutig, logisch und aussagefähig sein, um auch im Falle eines Herauslösens aus dem Ganzen ihren Sinn zu wahren.
- Bildliche Darstellungen sollen durch Erklärungen, Anmerkungen und Maßstäbe vervollständigt werden.
- Zum Bezeichnen und um auf die jeweilige Darstellung Bezug nehmen zu können, sind Titel zu verwenden.
- Die Darstellung soll argumentativ gestaltet sein (Grundsatz der Klarheit und der Wahrheit).

8.3
Sehen und bildliche Darstellungen

Das Sehen und das damit verbundene Erkennen und Verstehen von Szenen sind äußerst komplexe Prozesse bzw. Vorgänge, die auf verschiedenen Ebenen ablaufen und der Introspektion des Lernenden nicht zugänglich sind (s. Kurbel 1989, S. 9). Danach kann der Lernende nicht bewußt nachvollziehen, wie die Rohdaten, die das Auge an das Gehirn sendet, aufbereitet und verarbeitet werden. Die Vielzahl von Berechnungen, die ein Wahrnehmen ermöglichen, sind in der biologischen Hardware enthalten. Das Sehen wird als leicht empfunden, das Beweisen mathematischer Sätze dagegen als schwer. Vom Verarbeitungsaufwand her sind die Verhältnisse aber gerade entgegengesetzt. Der Rechenaufwand zum Erkennen und Verstehen eines Bildes ist um ein Vielfaches höher als zum Durchführen eines mathematischen Beweises (Siekmann 1985, S. 108).

Optisches Wahrnehmen enthält auch das Wiedererkennen von gestalteten Objekten. Wichtig hierbei ist die Lage eines Objekts, d.h. seine Orientierung im Raum. Zunächst werden meist die einfacheren Lösungen genannt. Betrachten Sie die Abb. 8.1. Was erkennen Sie in der Darstellung, Abb. 8.1A? Bei dieser Darstellung eines Würfels sehen Sie ihn zunächst als symmetrische Figur in der Ebene. Es ist anscheinend keine räumliche Figur, die von unten angeschaut wird. Bei dem Würfel in Abb. 8.1B erscheint die Tiefenwahrnehmung als die einfachere Lösung.

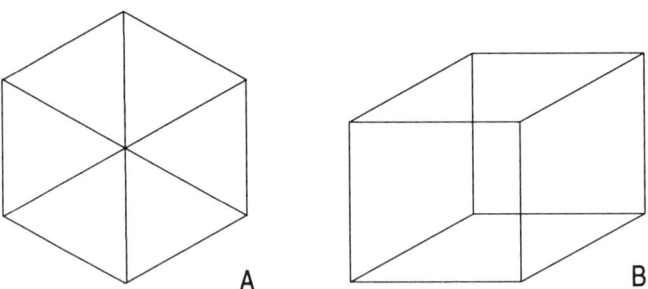

Abb. 8.1A, B. Zwei- und dreidimensionale Anschauung: einfachere Lösung?

8.3.1
Gestaltgesetze

Sinnesreize werden nach bestimmten Prinzipien ausgewählt, unterdrückt, bearbeitet usw. In den Gestaltgesetzen formulieren die Gestaltpsychologen Köhler (1968) und Metzger (1975) Gesetzmäßigkeiten, nach denen Sinneseindrücke strukturiert und verarbeitet werden. Nach Köhler stimmen physiologische Vorgänge im Gehirn und psychische Prozesse strukturell überein. Einige für die Bildgestaltung zu nutzende Gesetzmäßigkeiten werden im folgenden beschrieben.

8.3.2
Figur-Grund-Gesetz

Unser Gehirn wäre überlastet, müßte es alle möglichen Informationen aus der Umgebung wahrnehmen und verarbeiten. Eine Strategie des Wahrnehmungssystem (s. Abschn. 2.1) ist das Unterscheiden zwischen Figur und Grund. Entsprechend der Aufnahmekapazität unseres Gehirns wird ausgewählt, der Rest verschwindet als Hintergrund.

> Ein Spaziergänger erfreut sich an der Landschaft im Spätherbst. Plötzlich sieht er in der Ferne einen blauen Fleck. Eine Wanderin im blauen Anorak. Die Landschaft tritt in den Hintergrund. Seine Wahrnehmung ist der Wanderin gewidmet.

Tip für die Bildgestaltung: Das Wichtigste eines Bildes soll die größte Bildfläche im Zentrum des Bildes belegen. Die wesentliche Bildinformation muß die größte Fläche einnehmen. Beschränken Sie sich dabei auf die wesentlichen Informationen.

8.3.3
Bilden eines Bezugssystems

Keine Wahrnehmung wird einzeln aufgenommen. Zwischen den Reizen stellt das Gehirn sofort Beziehungen her und entwickelt ein Bezugssystem. Innerhalb dieses Bezugssystems werden die Reize interpretiert.

> Geschwindigkeiten werden immer in Beziehung zu einem Umfeld wahrgenommen und eingeschätzt. Metzger (1975) stellt z.B. ein Überschätzen der Geschwindigkeit beim Befahren von engen Gassen und ein Unterschätzen beim Befahren von breiten Straßen fest.

Innerhalb dieses Bezugssystem werden neue Sinnesreize beurteilt. Jeder Sinnesreiz wird durch den Nachbarreiz, sein Umfeld beeinflußt.

Tip für die Bildgestaltung: Gleiche Aussagen, Informationen, Sachverhalte, Objekte usw. durch gleiche Formen, Größen, Farben usw. darstellen.

Die Gestaltpsychologie bzw. Gestalttheorie betont die Bedeutung des Bezugssystems, in dem ein psychisches Phänomen auftritt. Auch das Figur-Grund-Verhältnis wird als Verhältnis zwischen Bezogenem und Bezugssystem aufgefaßt. Einzelne Phänomene stehen im Kontext eines Ganzen (z.b. Werthaltungen, Wünsche, Leitbilder) in vielfältigen Konstellationen zueinander, wie in verschiedenen Gewichtungen, Über- und Unterordnungsverhältnissen (Metzger 1975).

So sind z.b. Erfolgs- oder Mißerfolgserlebnisse nicht unmittelbar mit bestimmten, objektiv meßbaren Erfolgen oder Mißerfolgen verknüpft, sondern bekommen erst im konkreten Bezugssystem, dem Anspruchsniveau, ihre spezifische Bedeutung und Bewertung (Hoppe 1930). Allgemein läßt sich über ein Bezugssystem aussagen: Je besser neue Erfahrungen und Informationen dem schon bestehenden Bezugsystem entsprechen, desto besser werden sie behalten und desto mehr beeinflussen sie das bestehende Bezugssystem (Walter 1994). Das Anspruchsniveau gilt als Schwierigkeitsgrad einer Aufgabe, für die sich eine Person entscheidet. Erfolgserlebnisse entstehen bei Überschreiten, Mißerfolgserlebnisse bei Unterschreiten des Anspruchsniveaus. Beide beeinflussen seine zukünftige Höhe, sind aber nicht mit einer bestimmten Leistung verbunden, sondern über das vorhergehende Anspruchsniveau bestimmt. Dieses Anspruchsniveau kann also über bzw. unter den wirklichen Fähigkeiten der Lernenden liegen. Großen Einfluß auf das Anspruchsniveau haben soziale Faktoren wie z.B. Gruppennormen, Ehrgeiz, Lob.

8.3.4
Gesetz der Ähnlichkeit

Was ähnlich ist, gilt als zusammengehörend. Dies hinsichtlich Größe, Farbe, Intensität, Form, Geschwindigkeit. Ähnliche Elemente werden auch in ihrer Bedeutung und Funktionalität ähnlich eingeordnet. Hierbei werden Elemente im Sinne des kleinsten Abstands zusammengefaßt.

Tip für die Bildgestaltung: symbolhafte Darstellung für ähnliche Sachverhalte wählen und beibehalten.

8.3.5
Gesetz der Prägnanz

Betrachten Sie die linke Abbildung. Sie sehen nicht drei Vielecke (Abbildung rechts) sondern ein Rechteck und ein Dreieck, die sich überlappen. Ihr Wahrnehmungssystem wählt die Figur mit einfacher, prägnanter Struktur und macht Ihnen dadurch das Erkennen und Behalten leichter.
Tip für die Bildgestaltung: Visualisieren durch Umrahmen, Unterlegen, Schattieren usw.

8.3.6
Gesetz der Nähe und Geschlossenheit

Räumlich bzw. zeitlich nah dargebotene Reize werden zu einer zusammengehörenden Gestalt gruppiert wahrgenommen. Elemente werden im Sinne des kleinsten Abstands zusammengefaßt. Das menschliche Wahrnehmen interpretiert Bildeindrücke so, daß möglichst eine geschlossene Gestalt erkannt wird.
Tip für die Bildgestaltung: Nebeneinander liegende Teile als Ganzes auffassen. Was zusammengehört, sollte zusammen dargestellt werden.

8.3.7
Konstanzmechanismen

Konstanzmechanismen sind verantwortlich dafür, daß Dinge wiedererkannt werden. Sie überbrücken das mangelhafte Übereinstimmen zwischen objektiver Realität und der Netzhautabbildung. Obwohl auf der Netzhaut ihres Auges z.B. durch Lichteinwirkungen oder unterschiedliche Entfernungen jedesmal ein anderes Abbild des Objekts erscheint, wissen Sie, daß es immer das gleiche Objekt ist. Trotz unterschiedlicher Netzhautabbilder nehmen Sie das Objekt als konstant, d.h. gleichbleibend in Größe, Farbe, Form, Helligkeit, Bewegung, Oberfläche wahr.

8.3.8
Kontrastphänomene

Keine Sinnesempfindung ist absolut. *Reize werden durch Unterschiede verstärkt.*
Tip für die Bildgestaltung: Objekte heben sich durch Kontraste (Schattierungen, Farbe) voneinander ab. Durch Schattierungen (Folgekontrast) lassen sich 3D-Darstellungen auf einer Fläche abbilden.

8.3.9
Aufmerksamkeitsfokussierung

Eine wesentliche Rolle für das Wahrnehmen spielt die Aufmerksamkeit. Sie kann willentlich ausgerichtet, aber auch durch einen inneren oder äußeren Reiz abgelenkt werden. Sie werden durch emotionale Prozesse gesteuert, so daß die eigene Aufmerksamkeit sich plötzlich auf etwas richtet, was nicht vorgesehen war.
Tip für die Bildgestaltung: Visualisierungen erhöhen die Aufmerksamkeit, wenn sie auffallend, motivierend, humorvoll, provozierend, überraschend, regelwidrig, gradlinig, überschaubar, eindimensional sind, wenn sie Betroffenheit erzeugen. Sie sollen allerdings mit Bedacht eingesetzt werden.

8.4
Literatur

DIN 5 (1986) Isometrische und Dimetrische Projektion, Technische Zeichnungen (Projektion, Begriffe) Beuth, Berlin Köln
DIN 6 (1986) Technische Zeichnungen. Beuth, Berlin Köln
Hoppe F (1930) Erfolg und Mißerfolg. Psychologische Forschung 14, 1-62
Köhler W (1968) Werte und Tatsachen. Springer, Heidelberg Berlin New York
Metzger W (1975) Gesetze des Sehens. -, Frankfurt
Pahl G, Beitz W (1997) Konstruktionslehre. Methoden und Anwendung. 4., neubearb. Aufl. Springer, Berlin Heidelberg New York
Siekmann J (1985) Künstliche Intelligenz - Fluch und Segen liegen dicht beieinander. Computerwoche 10, S 108-111
Walter HJ (1994) Gestalttheorie und Psychotherapie. 3. Aufl. Westdeutscher Verlag, Opladen.

9 Anwendung: Laborarbeit

Typische Tätigkeitsfelder, in denen Studierende bzw. Lernende aktiv werden, sind Arbeitsprozesse, in denen Haus-, Examens-, Labor-, Studien- und Diplomarbeiten als Produkte erzeugt werden.

Alle, die Wissen und/oder Erfahrung zu vermitteln haben, erstellen als Autoren wissenschaftliche oder technische Schriften. Dies sind Produkte, die als Ergebnis einer Folge von Operationen im wissenschaftlichen Arbeitsprozeß erarbeitet werden. Da die fertigen Produkte nichts darüber aussagen, wie sie entstehen, welche Arbeit dahintersteckt, werden in diesem Kapitel am Beispiel einer Laborarbeit die methodische Vorgehensweise und die dabei zu berücksichtigenden Aspekte beschrieben.

9.1 Lernziel

Das Produkt Laborarbeit hat als

- Grobziel: Besonderes Schulen der kritischen Beobachtungsfähigkeit beim Nachprüfen von theoretischen Aussagen oder konstruktiven Fragestellungen durch selbständiges experimentielles Untersuchen und wissenschaftliches Deuten gewonnener Ergebnisse
- Feinziele wie z.B.:
  - Versuchsaufgaben in Versuchspläne und Versuchsanordnungen übertragen
  - Versuchstechniken auswählen, anwenden und u.U. neu entwickeln
  - Vorgeplante Untersuchungen selbständig durchführen, Meßwerte erfassen, protokollieren und graphisch darstellen
  - Aussagewert der Ergebnisse kritisch bestimmen: Fehlerkritik und statistische Beurteilungen

- Aussagefähigkeit der Versuchsergebnisse bestimmen. Risiko abschätzen
- Untersuchungen und Ergebnisse verständlich zusammenfassen. Versuchsbericht erstellen

Die Problem- bzw. die Aufgabenstellung der Laborarbeit sucht eine betätigende und korrigierende Antwort auf eine theoretische Aussage oder eine konstruktive Fragestellung mit Hilfe experimenteller Methoden. Sie enthält die Phasen: Ziele setzen, Planen, Entscheiden, Durchführen und Kontrollieren der Experimente bzw. Versuche. Darüber hinaus sollen die Ergebnisse eine Theorie verbessern oder das Gestalten von technischen Gebilden optimieren.

Das grundsätzliche Vorgehen unterteilt sich in folgende vier Phasen:

- Ziele setzen, Planen, Entscheiden (s. Abschn. 9.2)
- Durchführen und Kontrollieren der Versuche (s. Abschn. 9.3)
- Auswerten und Beurteilen der Versuche sowie Entscheiden (s. Abschn. 9.4)
- Darstellen der Ergebnisse und Abfassen des Berichts (s. Abschn. 9.5)

9.2
Ziele setzen, Planen, Entscheiden

Mit folgenden Aktivitäten werden Sie sich zunächst auseinandersetzen:

9.2.1
Erarbeiten der Zielsetzung

- Problem- bzw. Aufgabenstellung durch Analyse der Situation bzw. des Problems präzisieren und mit dem Auftraggeber abstimmen
- Vorliegenden Wissensstand über das Versuchsobjekt erfassen wie z.B. Eigenschaften (=Merkmale + Werte) als Einflußfaktoren, Versuchsparameter unter Einsatzbedingungen und Zustandsgrößen zu diesem Sachverhalt aus Spezifikationen, Reklamationen, Schadensberichten und dem sonstigen Schrifttum ermitteln
- Untersuchungsauftrag formulieren
- Versuchsbedingungen, Genauigkeit und Geltungsbereich möglicher Ergebnisse beschreiben

- Untersuchungsrahmen abgrenzen und Startwerte für die ersten Versuche festlegen

Beispiel: Aufgabenstellung für eine Laborarbeit

Um die Auswahl der Elektroden für Schweißverbindungen unter besonderen Anforderungen (Einsatz in Baustellenfahrzeugen) zu systematisieren, sind die grundsätzlichen Möglichkeiten in zeitsparenden Versuchsreihen zu untersuchen.

Analyse der Aufgabenstellung mit Literaturrecherche

Mit der Analyse der Aufgabenstellung wurden folgende Aspekte herausgearbeitet:
- schweißgerechtes Konstruieren und damit eine dem verwendeten Werkstoff angepaßte Gestaltung der technischen Gebilde
- Wahl der Schweißverfahren und damit verbunden die Kenntnis der Umwandlungsvorgänge beim Schweißen
- Kenntnis und Kontrolle der Wärmeführung abhängig von der Schweißtechnologie und das Auswirken auf mögliche Rißbildungen
- Anwenden oder Fehlen einer Wärmebehandlung nach dem Schweißen

Die maßgebenden Einflüsse für das Auftreten von Rissen oder spröden Brüchen lassen sich nach Wirtz (1973) erarbeiten. Das Vermeiden von Rißbildungen ist das wichtigste Teilproblem. Risse lassen sich einfach reproduzieren, wenn eine einlagige Auftragsschweißung auf einen härtungsempfindlichen Werkstoff geschweißt wird. Durch das Maß der Aufhärtung des Stahls wird ein Bild von der Schweißeignung und der Rißgefahr im Übergang von der Schweißnaht zum Grundwerkstoff ermittelt. Die Wirkung des Vorwärmens oder des zusätzlichen Wärmeeinbringens während des Schweißens ist zu untersuchen.

9.2.2
Planen der Versuche bzw. Experimente

- Geeignete Untersuchungsmethoden suchen und auswählen, Versuchsprogramm ausarbeiten, experimentelle Möglichkeiten des Prüffeldes und der zugehörigen Instrumente beurteilen.

- Versuchsumfang (materiell) festlegen, Personalaufwand (Team der Laboringenieure, Konstrukteure, Zeichner, Mechaniker) bestimmen, Verantwortung abgrenzen, Kostenaufwand evtl. in Verbindung mit einem Angebot (Festpreis oder Festpreis und Abrechnung nach Zeitaufwand) berechnen
- Terminplan der Arbeiten und den zeitlichen Versuchsablauf vorgeben

Gestalten Sie das Versuchsprogramm bzw. den Versuchsplan derart, daß die gestellte Aufgabe möglichst optimal mit einem Minimum an Zeit- und Arbeitsaufwand gelöst wird. Wichtig ist ein zweckmäßiges Gliedern in Teilaufgaben, die in einer zeitlichen Folge durchzuführen sind. Durch fortlaufendes Auswerten und kritisches Beurteilen der Teilergebnisse passen Sie das Versuchsprogramm an die jeweilige Situation an. Zu beachten ist, daß im Rahmen der einzelnen Versuche jeweils nur ein Parameter geändert wird. Das Versuchsprogramm gleicht einem Baum. Vom Grundsätzlichen ausgehend wird durch alternierende Variation mit rechtzeitiger Lösungsauswahl der Weg zur Lösung durchlaufen. Nach einem Beurteilen der Lage bzw. der Teilergebnisse entscheiden Sie bei jeder Astgabel, welcher Weg fortzusetzen ist. Ein Beispiel für einen solchen Baum zeigt Abbildung 9.1. Hier wird ein Versuchsprogramm dargestellt, bei dem zwei Laufradvarianten auf ihr hydraulisches Verhalten hin überprüft werden.

Durch gründliches Vorplanen läßt sich der Aufwand an Zeit, Geld und Nerven beträchtlich einschränken. Mit dem Klären der Aufgabe sind bereits zu Beginn der Versuche mögliche Ergebnisse, z.B. aus der Literaturrecherche ersichtlich. Erforderliche Diagramme und Versuchsparameter werden bereits in ihrer qualitativen Aussage dargestellt.

Je nach Aufgabenstellung ergibt sich ein einfaches oder differenziertes Versuchsprogramm, das u.a. von den vorhandenen oder neu zu schaffenden experimentellen Voraussetzungen (Prüfstand, Instrumente) abhängt. Die Aufwendungen dafür werden in erheblichem Maße durch die Genauigkeitsansprüche beeinflußt. Die Wirkungsgrade und Meßtoleranzen sind unter Umständen mit der Frage der Wirtschaftlichkeit der betreffenden Gesamtanlage verbunden.

Zu prüfen ist, ob Routinearbeiten durch Computereinsatz geschehen können. Das Auswerten und grafische Darstellen der Ergebnisse kann damit erleichtert werden. In den weiteren Ausführungen wird nicht besonders auf diesen Einsatz eingegangen.

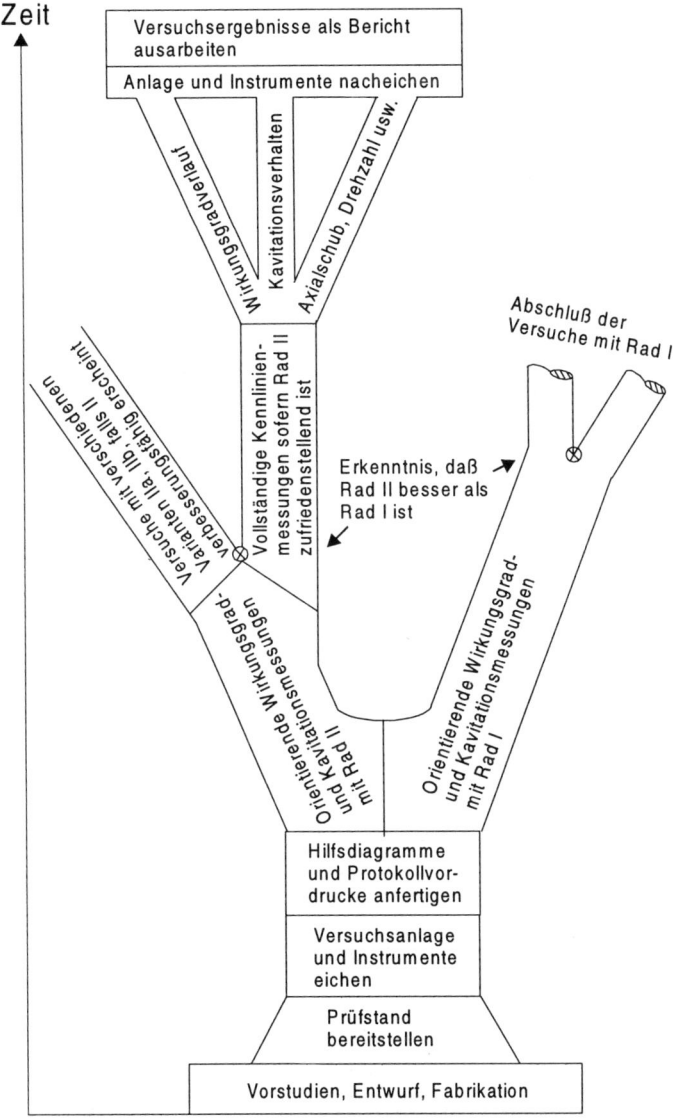

Abb. 9.1. Baum des Versuchsprogramms: Hydraulisches Verhalten

9.3
Durchführen und Kontrollieren der Versuche

Das Durchführen der Versuche unterteilt sich in folgende Schritte:
- Vorbereiten
- Versuchs- bzw. Prüfstand aufbauen
- Kalibrieren,Testversuche durchführen
- Versuchsplan überprüfen, evtl. anpassen
- Hauptversuche nach Versuchsplan durchführen

Prüfstand, Meßeinrichtungen, Instrumente und deren Kalibriermöglich-keiten müssen den jeweiligen Genauigkeitsanforderungen im Meßbereich genügen. Kalibrierungen bzw. Kontrollen mit verschiedenartigen Einrichtungen und Instrumenten sollten jederzeit möglich sein, sorgfältig geschehen und dokumentiert werden.

Fehlanzeigen können u.a. durch Rostansätze, Unebenheiten verursacht werden. Diese Störgrößen müssen durch Abhilfemaßnahmen verhindert bzw. über Korrekturgrößen berücksichtigt werden.

Das Messen, das Auswerten und das grafische Darstellen z.B. in Diagrammen sollen zweckmäßigerweise simultan geschehen. Wichtig ist das vorherige Bereitstellen beschrifteter Protokollblätter, Kalibrierkurven, Rechenschematas, Hilfsdiagramme und Diagrammvordrucke.

9.4
Auswerten und Beurteilen der Versuche sowie Entscheiden

Diese Phase umfaßt folgende Schritte:
- Meßergebnis auswerten und Aussagefähigkeit der Ergebnisse beurteilen
- Entscheiden, ob Kontrollversuche erforderlich sind

Planen und Auswerten stellen immer ein Kompromiß dar. Die Aussagefähigkeit eines Ergebnisses ist abhängig von der zu beurteilenden Eigenschaft und dem Einordnen des Ergebnisses in den Gesamtzusammenhang und in die Erfahrung der Fachwelt. Abweichungen gegenüber der erwarteten Aussagefähigkeit können bedingt sein durch bewußtes Beschränken auf Stichprobenprüfungen oder verschärfte Kurzprüfungen. Nachteilige

Einflußfaktoren, die beim Präzisieren der Aufgabe bewußt ausgeschieden werden, können sich auch auf die Ergebnisse der Versuche auswirken.

9.5
Darstellen der Ergebnisse und Abfassen des Berichts

Das Darstellen der Meßergebnisse in Diagrammen ist derart auszuführen, daß die Aussagen ohne Rückfrage beim Bearbeiter verständlich sind und keiner zusätzlichen Erklärung bedürfen (evtl. gemeinsam mit dem Bericht). Folgende Punkte sind zu beachten:

- Sinnvolle Wahl der Maßstäbe (genormt). Die Koordinaten eines jeden Kurvenpunktes können fehlerfrei und in kürzester Zeit abgelesen werden. Die Maßstäbe stehen in vernünftiger Relation zur Meßgenauigkeit. Zahlenwerte werden in gut ablesbarer Größe angegeben.
- Die Übersichtlichkeit wird durch geschicktes graphisches Anordnen verbessert. Zu viele Kurven in einem Diagramm (mit Überschneidungen) ergeben unklare Darstellungen. Dies trifft ebenfalls zu, wenn zusammengehörige Kurven auf mehrere Blätter verteilt werden. Eng liegende Kurven werden durch die Strichart (dick, dünn, punktiert usw.) oder durch Farben derart gekennzeichnet, daß Verwechslungen ausgeschlossen sind.

Ein Diagramm soll folgendermaßen beschriftet sein: Kurzer, die Darstellung kennzeichnender Titel, Hinweise betreffend der Versuchseinrichtung; Meßanordnung (evtl. Skizze); Definitionen, Formeln, Nummern zugehöriger Konstruktionszeichnungen, Bezugs- und Hilfsdiagramme, Meß-, Kalibrier- und Vermessungsprotokolle, Bezeichnung der einzelnen Kurvenzüge, Datum der Versuchsabwicklung und der Diagrammerstellung, Unterschrift des Verfassers und des Versuchsleiters bzw. der beteiligten Personen, Institut bzw. Firma, Eigentumsvermerk.

Der Bericht dient der sachlichen Information aller am Meßergebnis interessierten Instanzen. Dies sind u.a. der Auftraggeber, Kunden, Lizenzfirmen, Gutachter, Konstruktion. Der Bericht ist in seinen Aussagen so abzufassen, daß der jeweilige Leser den Inhalt versteht und angemessen interpretiert. Eine Kurzfassung der wesentlichen Erkenntnisse und deren Konsequenzen als Einleitung oder Schlußwort ist daher wichtig. Forschungsberichte stellen oft nur Beiträge zu Teilproblemen dar, die unter Umständen durch andere Fachleute zu einem späteren Zeitpunkt ergänzt bzw. erweitert werden. In diesem Fall müssen die Vorarbeiten meistens genau rekonstruiert werden. Ein guter Bericht ermöglicht den direkten Anschluß und verhindert das Wiederholen früherer Fehlleistungen bzw. Schwierigkeiten. Ein technischer Bericht ist kein Roman. Er soll kurz, klar und stilistisch einwandfrei sein. Zu lange Berichte können nicht jedem Leser zugemutet werden. Schmückende Füllworte, Übertreibungen und Hinweise, die mit „ich glaube" beginnen, strapazieren das Vertrauen des kritischen Lesers. Schlechte Berichte müssen meistens mehrmals gelesen werden. Sie zeichnen sich dadurch aus, daß erst zum Schluß begriffen wird, um was es überhaupt geht. Wichtig ist daher ein sinnvolles Gliedern in sachlich abgestufte Teilabschnitte. Gute Skizzen, Zeichnungen, Fotos, Diagramme, Tabellen erleichtern das Verständnis und ermöglichen einen kürzeren Textteil. Einrichtungen, Instrumente und Verfahren, welche aus der Fachliteratur bekannt sind, müssen nicht mehr genau beschrieben werden. Eine entsprechende Kopie kann dem Bericht beigefügt werden. Der Bericht leitet unter Umständen die erste Beziehung zum späteren Vorgesetzten ein und bildet eine wichtige Möglichkeit zur beruflichen Weiterentwicklung. Eine gute Arbeit wird oft nur durch ihre schriftliche bzw. graphische Darstellung allgemein bekannt und anerkannt.

9.6
Literatur

Beelich KH (1974) Systematisches Auswählen von Schweißzusatzwerkstoffen. Maschinenmarkt 80, 47, 883-887
Dutschke W (1968) Verarbeitung von Meßwerten. Werkstatttechnik 58, 2, 68-73
Kaiser R, Gottschalk G (1972) Elementare Tests zur Beurteilung von Meßdaten. BI-Wissenschaftsverlag, Mannheim Wien Zürich
Linder A (1959) Planen und Auswerten von Versuchen. Birkhäuser, Basel Stuttgart
Merz H (1973) Systematik für Versuche. Technische Rundschau 65, 29, 36, 45
Rossow E (1964) Grundlagen der Beurteilung von Meßwerten. Materialprüfung 6, 11, 370-378
Sachs L (1968) Statistische Auswertungsmethoden. Springer, Berlin Heidelberg New York
Wirtz H (1968, 1973) Das Verhalten der Stähle beim Schweißen. Teil 1 Grundlagen. Teil 2 Anwendung. Schweißtechnik, Düsseldorf

10 Methoden, Techniken und Checklisten

10.1
Methoden

Eine Methode ist ein auf einem Regelsystem aufbauendes Verfahren zum Erlangen von wissenschaftlichen Erkenntnissen oder praktischen Ergebnissen. Sie ist die Art und Weise eines Vorgehens (Duden 1989). Nach der objektorientierten Wissensrepräsentation kommunizieren Objekte miteinander über Nachrichten bzw. Informationen. Wenn ein Objekt einem anderen eine Nachricht sendet, werden beim Empfänger-Objekt Methoden aktiviert, die zu einer Reaktion auf diese Nachricht führen. (Kurbel 1989, S. 41)

Zum Durchführen und Unterstützen der vielfältigen Tätigkeiten über Phasen und Schritte in den Vorgehensplänen gibt es eine Vielzahl von Methoden. In der Praxis besteht jedoch eine Unsicherheit bezüglich ihrer Eignung. Eine Methodenauswahl muß immer im Zusammenhang mit den jeweiligen Tätigkeiten, den formulierten Anforderungen, den vorhandenen Erfahrungen sowie den wichtigsten Eigenheiten und Voraussetzungen dieser Methoden geschehen.

Methodensammlungen

In den folgenden Abschnitten werden nur die Methoden beschrieben, die im Rahmen dieses Buches aus unserem Verständnis wichtig für die Lern- bzw. Arbeitsprozesse sind. Darüber hinaus wird verwiesen auf:
- die Methodenmatrix in der Richtlinie VDI 2221 (1993), die bewertete Methoden verschiedenen Arbeitsabschnitten zuordnet.

- den Methodenkatalog (Hürlimann 1981). Hierbei handelt es sich um ein systematisches Inventar von über 3000 Problemlösungsmethoden.
- den Methodenanhang zum Buch „Systems Engineering" (Haberfellner et al. 1997)
- den Leitfaden zur Auswahl und zum Einsatz von Qualitätssicherungsmethoden (ZVEI 1992)
- die Methoden im Buch: „Problemlösungs- und Entscheidungsmethodik" (Brauchlin 1990)

10.1.1
Grundlegende Methoden des wissenschaftlichen Arbeitens

Nach Pahl, Beitz (1997, S. 75) sind folgende allgemein anwendbare Methoden weitere Grundlage für methodisches Arbeiten (Holliger 1970).

Methode des gezielten Fragens

Die Methode des gezielten Fragens dient zum Anregen der Denkprozesse bei intuitivbetonter und diskursivbetonter Arbeitsweise. Fragetechniken (s. Kaiser 1978) sind hierbei als Mittel einzusetzen. Einige Autoren schlagen Fragelisten als Checklisten zum methodischen Vorgehen vor, Tabelle 10.1. Mit dem Strategiemerkmal „Vom Allgemeinen zum Besonderen" wird das breite Wissensumfeld durch das richtige Anlegen der Fragen eingegrenzt. So gelangen Sie gezielt zum gesuchten Ergebnis.

Tabelle 10.1. Quellen für Fragelisten

Arbeitsschritt	Literaturstelle
Ermitteln von Anforderungen	Ehrlenspiel K (1995, S. 319)
Stellen von W-Fragen (Was? Warum? Wer? Wie? Wo? ...)	Hacker (1992, S. 51)
Beschaffen von Informationen	Checkliste s. Abschn. 10.3.2

Hinweis: Vermeiden Sie in der Lerngruppe, rhetorische Fragen zu verwenden . Rhetorische Fragen werden um der Wirkung willen gestellt, ohne daß eine Antwort erwartet wird (Duden 1989). Wenn Sie dies anstreben, sollten Sie die Technik des „Lauten Denkens" einsetzen, wie es u.a. bei der Erfassungsmethode: Beobachten (s. Abschn. 5.1.1) bei den empirischen Untersuchungen durch Ingenieure und Psychologen angewendet wird (Fricke 1992, Dörner 1994, Frankenberger 1996).

Methode der Negation und Neukonzeption

Bekannte Lösungen werden bei dieser Methode gedanklich analysiert, im Gesamten oder in Teilen negiert, um daraus eine neue Lösung abzuleiten, z.b. durch Form-, Lage- und Zahlenwechsel: Einfach-, Zweifach- oder Mehrfachanordnung, gerade - gekrümmt - rund, rotierend - stillstehend, geteilt - ungeteilt.

Methode des Vorwärtsschreitens

Bei der Methode des bewußten Vorwärtsschreitens werden von einem Ansatz (=Start) aus möglichst viele denkbare Wege, die zum Ziel führen können, schrittweise verfolgt (s. Abb.10.1 und Abb. 10.3).

Methode des Rückwärtsschreitens

Bei der Methode des Rückwärtsschreitens werden von einer Zielvorstellung, d.h. einer Zielsituation (=Start) aus rückwärtsschreitend Lösungswege gesucht wie diese Zielsituation schrittweise erreicht wird. Beispiel: Erstellen von Arbeitsplänen für ein fest vorgegebenes Werkstück in der Arbeitsvorbereitung.

Methode des Systematisierens

Bei der Methode des Systematisierens wird durch Variieren nach kennzeichnenden Merkmalen ein vollständiges Lösungsfeld erarbeitet. Das Aufstellen einer verallgemeinernden Ordnung erreicht erst diese Vollständigkeit. Darstellungsmittel ist z.b. der Baum der Eigenschaften, der Varianten oder der Lösungen, Abb. 10.1 und Abb. 10.3.

Bei der Suche nach neuen Lösungen oder bei Schutzrechtsanmeldungen ist eine vollständige Variation durchzuführen. Aus Gründen der Zeitersparnis und bei frühzeitigem Erkennen der Nichteignung von Vari-

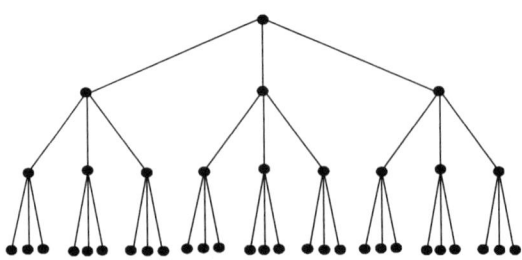

Abb. 10.1. Vollständige Variation

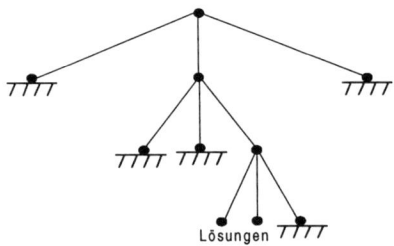

TTTT Nicht weiterzuverfolgender
      Variantenast - keine Lösung

Abb. 10.2. Alternierende Variation mit Lösungsauswahl

anten (unnötiges Verfolgen von Variantenästen vermeiden) ist eine alternierende Variation mit Variantenauswahl vorzuziehen, Abb. 10.2.

Aufgrund von Forderungen der Priorität 1 werden Merkmal-Wert-Kombinationen frühzeitig ausgewählt und nur die potentiellen Lösungsäste weiterverfolgt (Auswahlverfahren, s. Pahl, Beitz 1997, S. 129). Dieses Auswählen im Sinne einer Ja-Nein-Beurteilung geschieht nach festen Kriterien wie z.B. Verträglichkeit gegeben, Forderung erfüllt, Realisierbarkeit vorhanden, Kosten ausreichend. Diese Art des Beurteilens (Tabelle 10.2) führt zu verschiedenen Aussagen und Entscheidungen.

Mit der alternierenden Variation wird während der Entwicklungsphase zum Optimieren von Lösungen gezielt variiert. Abb. 10.3 zeigt dies am Beispiel der Lackierung von PKWs.

Tabelle 10.2. Entscheiden nach einem Auswahlverfahren

Aussage	Entscheidung
(-), ungeeignete Variante	Variante nicht weiterverfolgen
(!), Forderung unklar	Forderung überprüfen, präzisieren
(?), Informationsmangel	Zunächst zurückstellen, evtl. Information beschaffen und neu beurteilen
(+), geeignete Variante	Lösung weiterverfolgen

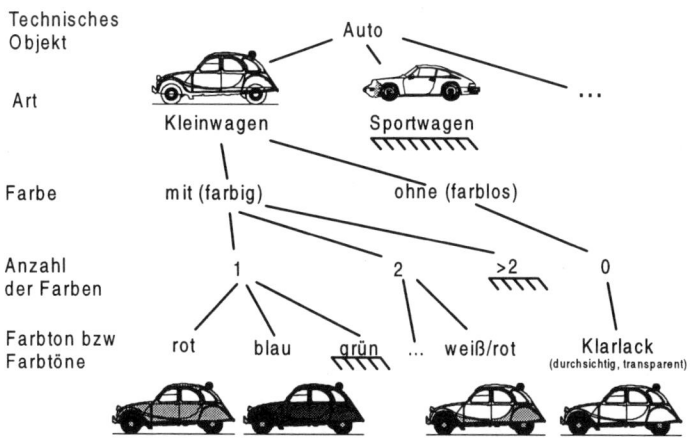

Abb. 10.3. Beispiel für alternierende Variation (Beelich et al. 1998)

10.1.2
Intuitivbetonte Methoden der Ideensuche und Ideenfindung

Zu den intuitivbetonten Methoden gehören z.b. Brainstorming (Osborn 1957), Brain-Writing bzw. die Methode 635 (Rohrbach 1969), Synektik (Gordon 1961). Diese Methoden machen von der Assoziation und von Analogievorstellungen Gebrauch. Intuitives Denken ist dadurch gekennzeichnet, daß relativ komplexe Zusammenhänge plötzlich ganzheitlich erfaßt oder erkannt werden.

Brainstorming ist eine Methode zur ungehemmten Ideenproduktion mit vier bis sieben Teilnehmern in Gruppensitzungen von 15 bis 30 Minuten Dauer. Sie ist sinnvoll, wenn nur erste, später noch zu vertiefende Ideen gesucht werden. In den Konstruktionsseminaren wird Brainstorming für das schnelle Ablegen von Ideen verwendet.

Die Galeriemethodik (s. Abschn. 10.3.1) ist aus eigener Erfahrung stets einzusetzen, wenn sich die Gruppe bildet und in Ruhe erste Ideen recht konkret niedergeschrieben werden. Ein Vergleich mit gleicher Problemstellung zeigt Unterschiede zwischen den Gruppen, die Brainstorming, Brain-Writing und die Galeriemethodik einsetzten:

- Brainstorming: 28 brauchbare Lösungen
- Brain-Writing: 36 brauchbare, teilweise konkrete Lösungen
- Galeriemethodik: 52 brauchbare, sehr konkrete Lösungen

Eine Synektiksitzung wird mit dem Thema „Kindersicherung für Medikamente" mit 6 Teilnehmern durchgeführt. Ein Ausschnitt aus dem Ablauf einer Synektiksitzung ist in Tabelle 10.3 protokolliert.

Tabelle 10.3. Synektik-Ablauf am Beispiel, Teil 1

Vorgehensschritte	Konkreter Ablauf der Synektiksitzung und Ideen
Problem Problemanalyse Problemdefinition	Wie können Arzneimittel verpackt werden, so daß Erwachsene ohne Mühe Medikamente entnehmen können, kleinen Kindern (< 5 bis 6 Jahre) jedoch der Zugriff erschwert wird?
Spontane Einfälle	Öffnen über Rechenkombination, Lasche durch Nippel, Intelligenzspiel, Schiebe-Dreh-System, Dreh-Druck-Kombination, profilierter Deckel, Schlüssel, temperaturabhängiger Öffner, Nadel-Deckel-Kombination
Von der Gruppe neu definiertes Problem	Ausgangsproblem wurde unverändert übernommen.
Erste direkte Analogie aus der Natur	Verschlußmechanismen in der Natur: Muschel, Augenlid, Schneckenhaus, erkaltende Lava, zusammenrollende Blätter
Persönliche Analogien	Sorgenfrei, schön gemütlich im Dunkeln, möchte abstoßend wirken, jemanden Angst einjagen
Paradoxe symbolische Analogien	Ich will als Muschel dem Walfisch Angst einjagen. Grausige Freude, kleiner Walfisch, kräftiger Schlappschwanz, gleichgültige Eifersucht

Tabelle 10.3. Synektik-Ablauf am Beispiel, Teil 2

Vorgehensschritte	Konkreter Ablauf der Synektiksitzung und Ideen
Direkte Analogie aus der Technik	Einstieg mit „gleichgültige Eifersucht": Tretroller, Brummkreisel, Sportcoupé, Korsett, Weinglas
Zweite direkte Analogie	Einstieg mit „Korsett": Zaun, Wickelbehälter, Bandage, Gitterkäfig, Einschnürung, Spannung, Steifheit
Analysieren. Was läßt sich ableiten?	Begriff „Zaun": Gitter zerschneiden, Schloß, Zaunlatte verschieben: Portion, Magnetverschluß, Scheinverschluß, mehrere Öffnungen, bedingt durchlässig
Lösungsansätze durch Assoziation und Kombinieren	Begriff „Brummkreisel": Druck-Dreh-Verschluß, Warnton, stabile Rotation, mechanischer Frequenzverschluß, Voice-Verschluß

Aus dem Brainstorming abgewandelte Methodenvarianten sind auch:

Brain-Floating

Beim Brain-Floating wird versucht, die unterschiedlichen Hirnhälften zu stimulieren. Dabei wird gleichzeitig oder nacheinander mit beiden Händen alles aufgeschrieben, was einem in den Sinn kommt.

Brain-Writing bzw. Methode 635

Die Methode 635 (Rohrbach 1969) kombiniert individuelle und kooperative Arbeit. Jeder in der Gruppe schreibt drei Ideen auf, gibt sein Blatt weiter und schreibt zu den Ideen, die er selber erhält, weitere drei Ideen auf. Dies wird solange wiederholt, bis jeder sein Anfangsblatt wieder vor sich liegen hat. Diese Methode heißt Methode 635, da bei sechs Gruppenmitgliedern 6 x 3 = 18 erste Lösungsvorschläge fünfmal unter fünf verschiedenen Gesichtspunkten weiterentwickelt werden.

Bildmappen-Brainwriting

Bei dieser Variante erhalten die Teilnehmer eine Mappe mit verschiedenen Bildern. Diese Bilder verfremden zwar die Problemstellung, regen jedoch die Assoziation zu neuen Ideen an.

Problemstellung: Nach neuen Möglichkeiten zum Papierheften suchen. Das Bildelement „steiler Hang, schwere Gebäude" regt zu folgender Möglichkeit an: durch Druck und seitliches Verschieben das Papier durch Pressen aneinanderfügen.

Brain-Picking

Brain-Picking (der Zugriff auf das Wissen anderer) schlägt vor, mit seinem Problem jemanden anderen zu fragen oder sich durch eine fremdartige Antwort inspirieren zu lassen. Dazu gehört auch in einem Lexikon nachzuschlagen, oder eine Stelle aus einem anderen Nachschlagewerk zu lesen. Interessanterweise muß die Antwort gar nicht passen, aber sie wird inspirieren, weitere Ideen zu finden.

Mindstretch

Mindstretch ist eine weitere Variante des Brainstormings. Ein Gedanke wird immer wieder weitergesponnen.

> Beispiel: Überlegen Sie, wie sich für Sie die Welt verändern würde, wenn Sie nur mit Geld allein, ohne Gepäck verreisen würden.

Mindsurprise

Mindsurprise nimmt eine lächerliche Idee ernst.

Why-Not

Why-Not anstelle ja aber. Einmal dürfen wir alles ausprobieren. Blödeln, spinnen lassen. Die Atmosphäre von Stammtischen, wo alle Probleme der Welt - mit etwas Bier - schnell gelöst sind.

Break-thrus

Beliebt in der Industrie sind unvorstellbare Vorgaben, von denen jeder annimmt, daß sie nicht erreichbar sind. Sie werden Break-thrus (Durchbrüche) genannt. Eine der bekanntesten Vorgaben dieser Art war die Reise zum Mond. Dies fördert ein Denken, wo alles bisherige weggelassen werden muß, wo ganz neu angefangen werden muß. Break-thrus ist vor allem deshalb beliebt, weil das Ergebnis meist wirkliche Produktivitätsverbesserungen erwarten läßt. Das sind dann die Quantensprünge.

Wie können wir es noch schlechter machen?

Diese Frage ist eine beliebte Methode auf Schwachstellen zu kommen, die schon verdrängt waren. Sie ist auch deshalb beliebt, weil wir so richtig negativ vorgehen können. Am Ende werden dann alle Ergebnisse umgedreht; so werden neue Lösungsansätze gefunden (s. Abschn. 10.1.1, Methode der Negation und Neukonzeption).

Superteam

Manche Menschen fördern sich gegenseitig ungemein in ihrer Kreativität. Sie sprechen dann von kreativen Superteams. Meist sind dies gegensätzliche, erfahrene Typen, die gut und mit Spaß miteinander kommunizieren können. Aber auch angstfreie und spielerische Umgebungen können viel zu einem kreativen Umfeld beitragen.

10.1.3
Diskursivbetonte Methoden der Ideensuche und Ideenfindung

Diskursivbetonte Methoden enthalten ein bewußt schrittweises Denken. Alle Zusammenhänge werden bewußt und folgerichtig in kleinen Schritten zusammengesetzt. Im allgemeinen werden Eigenschaften, Objekte und Kriterien mit Hilfe von Ordnungsschemata, Lösungssammlungen oder Katalogen umfassend und ausschnittsweise dargestellt (Dreibholz 1975, Ewald 1975, Roth 1994).

Analysieren

Informationen werden durch Zerlegen und Aufgliedern sowie durch Untersuchen der Eigenschaften (= Merkmale und Werte aus einer Wertemenge oder einem Wertebereich) einzelner Elemente und deren Zusammenhänge (Kopplungen) gewonnen (Pahl, Beitz 1997, S. 73).

Der Prozeß des Analysierens umfaßt folgende Schritte:
- Zu betrachtendes System in Teilsysteme (Elemente) gliedern
- Teilsysteme gegenüber Nachbarsystemen abgrenzen
- Teilsysteme mit kritischen Elementen und/oder Größen mit hohem Risikopotential auswählen
- Struktur vom Gesamtsystem bis zur Element-Ebene entwickeln
- Eigenschaften (= Merkmale + Werte aus einer Wertemenge oder einem Wertebereich) der Objekte beschreiben
- Eigenschaften mit den Anforderungen (Zielvorstellungen) vergleichen, geeignete Eigenschaften dem Syntheseprozeß zuführen

Synthetisieren

Die aus dem Analysieren erhaltenen Informationen werden durch Bilden von Verbindungen, durch Verknüpfen von Elementen mit insgesamt neuen Wirkungen und das Aufzeigen einer zusammenfassenden Ordnung verarbeitet (Pahl, Beitz 1997, S. 75). Es umfaßt die Operationen: Ordnen, Zusammensetzen und Kombinieren. Bei diesem Syntheseprozeß sind immer die Gegebenheiten der Gesamtaufgabe eines Produkts oder des Gesamtablaufs eines Prozesses zu betrachten.

Der Prozeß des Synthetisierens umfaßt folgende Arbeitsschritte:
- Durch den Prozeß des Analysierens erhaltene Eigenschaften nach ihrer Bedeutung für die Aufgabe ordnen
- Wertebereich für die Merkmale durch Kombinieren der Eigenschaften systematisch vervollständigen oder alternierend variieren (Lösungsstammbaum)
- Varianten der kombinierten Eigenschaften bewerten

Systematisieren

Informationen werden nach kennzeichnenden Merkmalen und einer verallgemeinernden Ordnung verarbeitet und dargestellt. Diese Arbeitsweise regt über die Darstellungsmittel: Ordnungsschema und Kataloge zum Suchen nach weiteren Varianten in bestimmten Richtungen an. Außerdem wird das Erkennen von Eigenschaften und entsprechender Verknüpfungen erleichtert.

Das Systematisieren umfaßt folgende Schritte:

- Eigenschaften (= Merkmale + Werte) mittels Checklisten und/oder durch Analysieren von Objekten im Paarvergleich formulieren
- Merkmale und Werte durch systematisches Kombinieren der Eigenschaften vervollständigen
- Merkmale hinsichtlich ihrer Unabhängigkeit überprüfen
- Eigenschaften in einem Lösungsstammbaum (Abb. 10.3), in einer Lösungssammlung (Ewald 1975), in Ordnungsschemata (Dreibholz 1975) oder Konstruktionskatalogen (Roth 1994) darstellen

10.2
Techniken

10.2.1
Assoziationstechniken

Ausgehend von einem Stichwort zum Thema werden baumartig verknüpfte Wörter gebildet, die durch Assoziation entstehen. Hier soll einmal mehr in die Tiefe und einmal mehr in die Breite gegangen werden.

Free-Writing

Ausgehend von einem leeren Blatt wird einfach drauf los geschrieben, ohne sich um Rechtschreibung oder Zeichensetzung zu kümmern.

Das Free-Writing regt die Kreativität an, löst Schreibwiderstände auf und kann die Gefühlsseite des Schreibenden bewältigen. Da keine Regeln beachtet werden müssen, werden Gedanken und Wissen einfach und schnell zu Papier gebracht, auch das Unterbewußte kommt zum Vorschein. Free-Writing kann zum Selbstfinden beitragen und helfen, zu einer lebendigeren und ausdrucksstärkeren Sprache zu kommen.

10.2.2
Kartentechnik

Die Kartentechnik (Bohinc 1996) - auch Technik der Kartenabfrage - wird beim Sammeln von Informationen eingesetzt. Bei diesem Sammeln ist zunächst angebracht, sich eine weit gespannte Frage zustellen. Bei-

spiel: Was stört oder freut mich an Besprechungen, an denen ich teil-
nehme? Bei den Fragen werden bewußt die positiven Aspekte angesprochen. So gehen positive Erfahrungen nicht verloren. Für jede Antwort ist
eine Karte vorgesehen. Die Antworten werden in Stichworten formuliert.
Als Regel gilt: Sehr groß schreiben, nicht mehr als drei Zeilen auf eine
Karte. Jede Karte ist wichtig, denn den Ideen- und Erfahrungsreichtum
gilt es zu sammeln. Wechseln Sie jetzt zur KJ-Methodik. In Abschn.
10.3.3 lesen Sie wie die Kartenabfrage ausgewertet werden kann.

10.2.3
Techniken zum Visualisieren

Bei den Techniken zum Visualisieren werden alle Informationen zum
Thema in graphischer oder in hierarchischer Form angeordnet (Bohinc
1995).

Visualisieren regt die Gedanken an, erleichtert das Strukturieren des
Themas und der dazugehörenden Informationen. Es zeigt dabei mögliche
Lücken. Ein wichtiger Punkt hierbei ist die Übersichtlichkeit, in der die
Informationen schließlich dargeboten werden. Zusammenhänge und
Strukturen werden veranschaulicht und erleichtern das Arbeiten.

10.3
Methodiken

Methodiken sind planmäßige Vorgehensweisen unter Einschluß mehrerer
Methoden und zugehöriger Techniken (Mittel). Hierbei wird zwischen
Individual- und Gruppenanwendungen unterschieden.

Bei den Anwendungen in der Gruppe werden alle Ideen, Gedanken
und soziale Aspekte kritiklos erfaßt bzw. gesammelt. Je mehr, desto
besser. Zu den Anwendungen in der Gruppe gehört die Galeriemethodik
nach Hellfritz (1978).

Bei den Individualanwendungen wird durch die Mittel: Bilder, Ideen-
karten, Frage- und Checklisten die persönliche Kreativität stimuliert. So
werden z.B. bei der visuellen Konfrontation die Assoziationen mit Hilfe
von bildhaften Darstellungen gewonnen.

Erst danach werden in beiden Fällen die einzelnen Beiträge gefiltert bzw. ausgewählt, konkretisiert und bewertet. Das Entscheiden geschieht gemeinsam mit dem Auftraggeber.

10.3.1
Galeriemethodik in der Gruppe

Die Galeriemethodik nach Hellfritz (1978) benutzt Elemente sowohl aus den intuitivbetonten als auch aus den diskursivbetonten Methoden. Sie umfaßt mehrere Phasen, die in der Tabelle 10.4. beschrieben werden.

Tabelle 10.4. Phasen der Galeriemethodik nach Hellfritz (1978)

Beschreibung der Phasen	Bearbeiter	Zeit/Min
Vorbereitungsphase		
In das Vorgehen der Galeriemethodik und in den zu untersuchenden Problemfall einführen, Kernaufgaben mit den Teilnehmern erarbeiten	Moderator Auftragge-ber	10 15 - 20
Ideenbildungs- und Galeriephasen		
Ideenbildungsphase: spontan Ideen als potenti-elle Lösungen auf Flipchart-Blätter notieren. Diese Blätter an die Wand hängen	Teilnehmer, Auftragge-ber	10
Assoziationsphase: beim Galerierundgang lesen die Teilnehmer die Ideen bzw. Aussagen der anderen. Wichtig: positive oder negative Kritik durch Wort und Gestik vermeiden.	Teilnehmer, Auftragge-ber	10
Ideenbildungsphase: angeregt durch den Gale-rierundgang notieren die Teilnehmer weitere Ideen auf ihren Blättern. Wichtig: Keine Wie-derholungen des Gelesenen!	Teilnehmer, Auftragge-ber	10
Selektionsphase		
Gemeinsam zusammenfassen, ordnen und wichten aller Ideen. Evtl. erläutern und/oder ergänzen. Dem Auftraggeber erfolgverspre-chende Lösung vorschlagen.	Teilnehmer, Auftragge-ber	30
Umsetzungsphase		
Teilnehmer und Auftraggeber entwickeln gemeinsam ein Konzept zum Umsetzen der Lösung	Teilnehmer, Auftragge-ber	30

Für den ordnungsgemäßen Ablauf hinsichtlich Gruppenverhalten und der Ressource Zeit ist ein Moderator verantwortlich.

Anwenden der Galeriemethodik an einem Beispiel

In einem Tagesseminar mit Ausbildern der Firma Merck, Darmstadt wird diese Galeriemethodik angewendet.

Vorbereitungsphase

Der Auftraggeber stellt den Informationsfluß in und mit der Ausbildungsabteilung dar und nennt Ansatzpunkte zu einem kritischen Auseinandersetzen:
- Maßnahmen zum Unterricht und Praktikum, deren Auswirkungen
- Ausfall des Unterrichts und Fehlzeiten
- Sitzungen, TOPs und Inhalte nicht angekündigt
- Weiterbildung und Seminare allgemein
- Ungeplanter Bildungsurlaub
- Nicht vorausgeplante Schulfahrten

Gemeinsam wird folgende Kernfrage abgeleitet: „Wodurch wird der Informationsfluß im Ausbildungsbereich gehemmt, gestört und negativ beeinflußt (Istzustand) bzw. gefördert und unterstützt (Zielzustand)?". Beim Bearbeiten sind folgende Aspekte zu beachten: Möglichkeiten, Grenzen, Störgrößen, Informationswege oder -kanäle, erwünschte und abgelehnte Informationen, räumliche Trennung der Informationspartner.

Ideenbildungs- und Galeriephasen

Die Aussagen der Teilnehmer sind im einzelnen:
- Aussagen zum Istzustand (-) und
- Aussagen zum Zielzustand (+), Abb. 10.4.

Selektionsphase

Die Gruppen erarbeiten folgende Maßnahmen und ordnen sie nach Schwerpunkten.

TH Darmstadt Fachdidaktik Metall Dr-Ing. K.H. Beelich	Auswertung Galeriemethode (Dr. Hellfritz)			

–	Teilnehmer d. Ausbilderseminars 20.8.80	A	B	C	D
	Thema: Wodurch wird der Informationsfluß in At gehemmt, gestört, negativ beeinflußt ?				
1	Rivalität, Konkurrenzverhalten	1		2	3
2	Überlastung (zuviel versch.artige Aufgaben)	2			
3	Zeitmangel	3		3	7
4	Desinteresse an Zus.arbeit	4			3
5	Mangel an Gelegenheit f. inform. Gespräche	5			
6	Weit verstreute Abt., räuml. Trennung	6	5	1	4

TH Darmstadt Fachdidaktik Metall Dr-Ing. K.H. Beelich	Auswertung Galeriemethode (Dr. Hellfritz)			

+	Teilnehmer d. Ausbilderseminars 20.8.80	A	B	C	D
	Thema: Wodurch wird der Informationsfluß in AMF au gefördert, unterstützt ?				
1	Zusammengehörigkeitsgefühl als Abteilung	1			
2	Sich mitverantwortlich fühlen	2			
3	Nicht annehmen: andere hätten informiert	3		10	
4	Gemeinsame Unternehm., Kontakte fördern	4	8	3	
5	Richtlinien für d. Gestaltung v. Info (Formbl.)	5			8
6	Persönlich informieren	6			
7	Interesse d. Empfänger ist bekannt	7			
8	Sich selbst nicht großartig halten	8			
9	Ab- u. zugeben (kompromißbereit, tolerant)	9			
10	Zeitgewinn: Info, Zeitschr. empf.gezielt selekt.	10		9	2
11	Info- Gespräche im Fachh~~~~~~ ~ ~~				
12	Räu~~~~~ ~~				

Abb. 10.4. Ausschnitt des Ergebnisprotokolls

1. Kommunikation: informelle und formelle Gespräche
   Fachgruppensitzungen nur, wenn nötig. TOPs festlegen und Vorinformation geben, damit besser zu den Sitzungen vorbereitet. Merkheft für TOPs anlegen. Informationsaustauch bei gemeinsamen Frühstück. Erfahrungsaustausch übergreifend, Arbeitsplatzwechsel (Jobrotation)
2. Schriftliche Informationen
   PIN-Wand in zentraler Lage anbringen, Informationsblatt (Hausmitteilungen) für den Ausbildungsbereich einführen, schriftliche Unterlagen lesefreundlicher gestalten, Zeitgewinn durch Vorselektieren von Zeitschriften, schnelleren Umlauf sowie regelmäßiges und rasches Weitergeben von Informationen
3. Informationsfluß: Wer informiert wen worüber?
4. Ort und Zeitpunkt der Information
5. Persönliche Voraussetzungen

Umsetzungsphase

Arbeitsunterlagen, Protokolle und aufgelistete Maßnahmen werden dem Auftraggeber übergeben. Gemeinsam mit dem Auftraggeber werden diejenigen Maßnahmen ausgewählt, die sofort umgesetzt werden sollen.

Was habe ich als Leser des Buchs von der Galeriemethodik?

Das Finden von Ideen und Lösungen mit der Galeriemethodik unterstützt das intuitiv- und diskursivbetonte Arbeiten in Gruppen ohne ausufernde Diskussionen und vernichtende Kritik. Sie fördert die schöpferische Kooperation und führt zeitsparend zu praxisnahen Ergebnissen. Sie gibt Anreiz zum Überdenken eigener Gedanken und die aller anderen. Durch den Galerierundgang wird ein schneller Einblick in die Verschiedenartigkeit der Auffassungen anderer erhalten.

Auch die weniger kommunikationsfreudigen Teilnehmer werden einbezogen, denn manchen fällt das Schreiben leichter als das Reden. Sie führt zum Abbau von sozialen Blockaden, vermeidet unnötigen, hemmenden Streß, fördert und unterstützt gruppendynamische Effekte erheblich.

10.3.2
Galeriemethodik als Einzelner

Die Galeriemethodik kann auch ohne Gruppe eingesetzt werden. Die durch die Gruppenmitglieder ermöglichten Assoziationen sind z.b. durch Ortswechsel möglich. Lassen Sie sich anregen z.b. durch den Besuch eines Museums, eines Baumarkts oder eines Kaufhauses. Blättern Sie in Zeitschriften oder Katalogen und schon nutzen Sie für die Ideenbildungsphase das „Bildmappen-Brainwriting" (s. Abschn. 10.1.2). Die Galerie eröffnen Sie im Treppenhaus. Auf jedem Blatt lassen Sie ausreichend Platz zum Ergänzen. Bestimmt lassen sich andere Hausbewohner animieren und unterstützen Ihre kreative Aktion. Die Selektionsphase führen Sie mit der KJ-Methodik (s. Abschn. 10.3.3) durch.

10.3.3
Die KJ-Methodik

Die KJ-Methodik (Schwarz-Geschka 1997) entwickelt der Kultur-Anthropologe Jira Kawakita nach seinen Studien 1950 im Himalaya. Diese Methodik ist eine Vorgehensweise, die sich mit dem Erfassen und Auswerten von einer großen Zahl heterogener und qualitativer Informationen befaßt. Dies erfordert ein ganzheitliches, integrierendes Betrachten dieser Informationen. Diese Methodik ist sowohl einzeln als auch in Gruppen mit 6 bis 7 Teilnehmern aus unterschiedlichen Tätigkeitsfeldern anzuwenden. Je nach Komplexität der Aufgaben- bzw. Problemstellung beträgt die Dauer teilweise bis mehrere Tage. Das Vorgehen umfaßt mehreren Teilprozessen:

Information erfassen und Karten erzeugen (Label Making)

- Das Erfassen von Informationen geschieht z.b. durch Feldstudien, Brainstorming oder mittels Ideennotizbuch
- Jede Information wird auf eine Karte geschrieben. Hierbei läßt sich die Vorderseite der Karten für Fragen und Stichworte und die Rückseite für Antworten und/oder Erläuterungen einsetzen

Karten gruppieren (Label Grouping)

- Die Karten in einem Gruppierungsprozeß strukturieren
- Eine Beziehung zwischen zwei nebeneinander liegenden Karten über gemeinsame oder unterschiedliche Eigenschaften finden. Eine Gruppe enthält Karten mit Stichworten, die mindestens eine gemeinsame Eigenschaft (Teil A und Teil B bestehen aus dem gleichen Werkstoff) oder Beziehung (Element A ist Teil von Element B) besitzen
- Gruppieren solange durchführen, bis weniger als zehn Gruppen vorliegen
- Titel bzw. Oberbegriffe für die Gruppen formulieren

Tabelle erstellen (Chart Making)

- Beziehungen und Abhängigkeiten zwischen den Gruppen durch Analysieren ermitteln
- Gruppen zu einem Layout-Chart (Strukturtabelle, Strukturbaum) verarbeiten: Titel der Gruppen (Oberbegriffe) zu einer Hitliste, d.h. hierarchisch ordnen
- Struktur durch Analysieren der Karteninhalte in den Gruppen (Unterbegriffe) vertiefen
- Struktur den Gliederungsebenen zuordnen

Gesamtzusammenhang erklären (Explanation)

- Gliederungsebenen genau und klar beschreiben. Ziel: Gesamtzusammenhang des Problems erklären und verstehen
- Entscheiden, ob alle Gliederungspunkte dem Gesamtzusammenhang entsprechend zugeordnet werden können. Für diesen Gesamtzusammenhang unbedeutende Gliederungspunkte ausscheiden

10.4
Checklisten, Merkblätter

10.4.1
Checkliste: Lernhilfen abhängig von der Lernsituation

Tabelle 10.5. Checkliste Lernhilfen für unterschiedliche Lernsituationen, Teil 1

Lernsituation	Lernhilfe
Informationen aufnehmen	Selbststudium in Intervalltechnik
Begriffe lernen	Bücher, Glossar, Kurzinformation, Nachschlagewerk
Begriffe unterscheiden	Begriffe gegenüberstellen (Lernkartei)
Regeln lernen	Modelle, Demonstrationen, Lernprogramme
Problemlösestrategien lernen	Fallbeispiele
Aufmerksamkeit erhöhen	Überblick gewinnen
Bewußt mitdenken und mitschreiben	Sinngebung durch Gedankenverbindungen (Mnemotechnik) und Anhaltspunkte (Ankerwörter, Schlüsselwörter)
eigenes Tun aktivieren	Rezitieren (Sinn mit eigenen Worten wiederholen) Fragen (wer, wie, was, wann, warum, wo?)
geeignete Lernbedingungen wählen	Störungen ausschalten, Selbstbelohnung
Stimmungsunabhängig sein	Sofort anfangen, positiv denken, keine Vorurteile
Motiv finden	Warum habe ich Interesse?
Selbststeuerung anstreben	Ziele und Teilziele setzen - geeignete Lernabschnitte - Selbstbeobachtung, Selbstdisziplin
	Gleichgewicht zwischen Antrieb und Vernunft
	Am erfolgreichen Lernen ist der gesamte Mensch beteiligt

Tabelle 10.5. Checkliste Lernhilfen für unterschiedliche Lernsituationen, Teil 2

Lernsituation	Lernhilfe
Denken optimieren	Denken heißt selbst geistig arbeiten
Merkfähigkeit erhöhen	Überblick gewinnen, mehr fragen, richtig lesen, rezitieren, d.h. laut aufsagen, überlernen, d.h. länger wiederholen als notwendig, geeignete Pausen zur Rückbesinnung
	Neuen Lernstoff an bestehende Ordnungen anknüpfen
	Überblick durch Systematisieren (Strukturieren)
	Lernkartei, Lernpatience, um unnötiges Wiederholen zu vermeiden
Günstigen Zeitpunkt wählen	regelmäßig in Portionen lernen und wiederholen, bestimmte Tageszeit für geistige Arbeit reservieren (morgens und abends geringste Ablenkung)
	Übungssituationen modifizieren, veränderten Lernwiderstand überwinden
Zusätzliche Hilfen	Persönliche Lernhilfen erkennen
Richtige Abfolge der Lernsituation festlegen	Ausgelassene Informationen erfragen, z.B. neue Begriffe klären
Übergänge kennzeichnen	Hauptgedanken, Untergedanken und wichtige Details zusammenfassen lassen und Übersicht für neuen Abschnitt
Eigene Merkhilfen anwenden	Exzerpte, Strukturbilder, mit Farben Text kennzeichnen, Checkliste für häufig vorkommende Arbeitsabläufe
Transfer schaffen	Transfer erhöht stark die Merkleistung
Erlernte Begriffe und Regeln anwenden	Anwenden des Gelernten in verschiedenen Situationen, die eigenen Gedanken bei Diskussionen und Übungen formulieren und überprüfen
	Nicht nachschauen (sich grübelnd quälen)
	Einkreisen: Wer mit wem, wo ... 3T-Methode: Wer (Täter), was (Tat), wann (Termin)
	Assoziationen bilden, Bezugspunkte finden
Probleme lösen	Methodisches Vorgehen lernen und bewußt anwenden

Tabelle 10.5. Checkliste Lernhilfen für unterschiedliche Lernsituationen, Teil 3

Lernsituation	Lernhilfe
Lernleistung überprüfen	Lernerfolg liegt in der Vorbereitung
Lernkontrolle vorbereiten	Lernziele, Stoffschwerpunkte zusammenstellen
Leistungsmaßstab erkennen	Bewertungskriterien, Schwierigkeitsgrad und Gewichtung klären
Prüfungen trainieren	Repräsentative Testaufgaben selbst lösen, Inhalte zum Lernstoff aufsagen und von anderen kontrollieren lassen
	Übungen möglichst unter gleichen Bedingungen und mit gleichen Hilfsmitteln ausführen
Über Richtigkeit der eigenen Denkreaktion informieren	durch richtige Lösungen sich selbst kontrollieren (programmierte Testaufgaben erleichtern die Auswertung)
Vor und in der Prüfung	Kurzfristige Mehrleistung, kein Streß
Lücken stopfen	Durch Fehlersuche Lücken erfassen
	Schwerpunkte bilden
	Nach Wichtigkeit gründlich stopfen (nie oberflächlich). Erfolg um so größer, je gezielter gelernt wird.
Körperliches Wohlbefinden schaffen	Ausreichend Schlaf, keine schweren Mahlzeiten
Faktenwissen erhöhen	Durch Pauken kurzfristig auffrischen. Dies am sinnvollsten mit der Lernkartei
Prüfungsaufgaben lösen	Zuerst Überblick verschaffen, zügig weiterarbeiten, nicht auf Geistesblitze warten
	Methodisches Vorgehen bevorzugen

10.4.2
Checkliste zum Beschaffen von Information durch Befragen

Tabelle 10.6. Checkliste Fragen und ihre Antwortstichworte

Fragen	ihre Stichworte zur Antwort
Warum, weshalb, aus welchen Grund?	Sinn, Grund
Von wem, durch wen, durch was, wodurch?	Ursachen, Urheber
Wozu?	Zweck
In welchem Fall, unter welcher Bedingung?	Bedingung
Womit, wodurch?	Mittel, Werkzeug
Woraus?	Stoff
Wie, wie sehr?	Art und Weise
Wann, seit wann, bis wann, wie lange, wie oft?	Umstandsbestimmung der Zeit
Wo, woher, wohin, wie weit?	Umstandsbestimmung des Ortes
Mit welcher Folge, mit welcher Wirkung?	Umstandsbestimmung der Folge

10.4.3
Checkliste nach Osborn (1957)

Gesetz der Assoziationen

- Anders verwenden: Auf welche Weise? Wozu verwenden, wenn modifiziert?
- Adaptieren: Was ist so ähnlich? Gibt es Parallelen? Was läßt sich kopieren und wofür?
- Modifizieren: Läßt sich folgendes ändern oder hinzufügen: Bedeutung, Beschaffenheit, Bewegung, Farbe, Form, Geruch, Größe, Klang?
- Magnifizieren: Was läßt sich hinzufügen? Größere Häufigkeit? Höher? Dicker? Eine neue Eigenschaft? Läßt es sich verdoppeln? Über-

treiben? Mehr Zeit? Stärker? Länger? Ein besonderer Wert? Eine neue Ingredienz? Multiplizieren?

- Minifizieren: Was läßt sich wegnehmen? Kompakter? Tiefer? Heller? Geteilt? Kleiner? Miniaturisiert? Kürzer? Aufgespalten? Untertreiben?
- Substituieren: Durch was läßt es sich ersetzen? Andere Ingredienzien? Anderes Material? Andere Herstellung? Andere Energiequelle? Anderer Platz? Anderes Verfahren? Andere Annäherung?
- Rearrangieren: Lassen sich Komponenten austauschen? Andere Schnittmuster? Andere Reihenfolge? Lassen sich Ursache und Wirkung übertragen?
- Umkehren: Läßt sich positiv und negativ vertauschen oder umkehren? Wie ist es mit dem Gegenteil? Läßt es sich rückentwickeln? Läßt sich oben mit unten vertauschen?
- Kombinieren: Was ist mit einer Mischung? Eine Zusammenstellung? Lassen sich Einheiten kombinieren? Läßt sich der Zweck kombinieren? Lassen sich Ideen kombinieren?

10.4.4
Merkblatt zum Durchführen von Konstruktiven Entwürfen, Studien- und Diplomarbeiten

Allgemeines

- Die Ausarbeitung ist knapp und klar gegliedert zu halten. Nur das im Hinblick auf die Aufgabe Wesentliche ist darzustellen. Sie enthält keine Wiederholung von Vorlesungstexten oder bereits bekannte Aussagen. Es ist auf die verwendete Literatur zu verweisen. Zitate nur wiedergeben - wenn unbedingt nötig. Ausarbeitungen über 100 Seiten Text rufen nur die Ungeduld des Lesers hervor.
- Dem Text ist ein Inhaltsverzeichnis einschließlich Anhang und eine Zusammenfassung des Ergebnisses voranzustellen. Ebenso ist ein zeitlicher Ablaufplan in die Arbeit zu bringen.
- Die verwendete Literatur, sonstige Quellen und fremde Hilfe sind im Literaturverzeichnis anzugeben.
- Ergebnisse von EDV-Ausdrucken sind in Grafiken oder sonst geeigneter Form verständlich darzustellen. Die inhaltlichen Aussagen sind zu interpretieren.

- Zeichnungen und Texte müssen paus- oder kopierfähig sein.
- Entwurfs- und Zusammenbauzeichnungen sind durch Hauptmaße, Passungsangabe, Teilenummern und Stückliste zu vervollständigen.

Studienarbeiten gehören als Studienleistungen dem Studenten. Dagegen sind Diplomarbeiten Prüfungsunterlagen, die beim Fachgebiet verbleiben.

Organisatorischer Ablauf

Bearbeitungszeit
- Die Bearbeitungszeit soll in der Regel mit 500 Stunden die Dauer von 6 Monaten nicht überschreiten. Nach Ablauf dieser Zeit wird ein Gespräch mit dem Leiter des Fachgebiets erforderlich. Hierbei ist gleichzeitig der bereits erstellte Teil der Arbeit vorzulegen. In diesem Gespräch wird entschieden, ob
  - das Thema im Sinne der Aufgabenstellung nach Inhalt und Umfang genügend bearbeitet wurde und daraus folgernd die Arbeit abgeschlossen werden kann,
  - aus zwingenden Gründen eine Fristverlängerung gewährt werden muß,
  - bei einem unzureichend bearbeiteten Thema die Arbeit abgebrochen wird und ob ggf. eine neue Aufgabe gestellt wird.

Unterbrechungen

Bei längeren Unterbrechungen (Urlaub, Erkrankungen usw.) ist es unbedingt erforderlich, den Betreuer zu unterrichten. Diplomkandidaten müssen zusätzlich ein ärztliches Attest über den Zeitraum der Arbeitsunfähigkeit beim Fachbereich bzw. Institut einreichen.

Abgabe der Ausarbeitung

Mit der Abgabe der Ausarbeitung sind gleichzeitig entliehene Bücher, Schlüssel usw. zurückzugeben. Wird ein Arbeitsplatz am Institut beansprucht, so ist dieser in ordnungsgemäßem Zustand zu übergeben.

Das Fachgebiet behält sich vor, Studierende für Schäden und den Ersatz von abhanden gekommenen Gegenständen heranzuziehen.

Kolloquium

Ein Kolloquium ist durchzuführen, wenn dies vom Betreuer als wesentlich erachtet und vom Studenten erwünscht oder durch die Prüfungsordnung (Diplomarbeit) gefordert wird.

Ziele und Vorgehen

Tabelle 10.7. Konstruktiver Entwurf

Lernziel	Zweck der Arbeit
Grobziel	Besonderes Schulen des Realisationsvermögens durch Lösen einer technischen Aufgabe in einer bestimmten Zeit unter Beachtung werkstofflicher, technologischer und/oder wirtschaftlicher Bedingungen und durch Darstellen der Lösung
Feinziele	Komplexe Zusammenhänge erfassen und verarbeiten,
	methodisch arbeiten,
	ein eigenes Urteil bilden,
	fähig sein, Neuland zu betreten,
	ein Ergebnis verständlich darstellen
Art der Aufgabe	Die Aufgabe bezieht sich auf ein System (Anlage, Maschine, Apparat, Gerät oder Baugruppe). Ein Aufspalten in Teilprobleme oder Teillösungen ist im Sinne einer Vertiefung sehr oft wünschenswert.
	Weiterhin kann je nach Anwendungsfall die Lösungssuche oder die stoffliche Verwirklichung stärker betont werden. Detaillierungen sollen auf wichtige Teile beschränkt bleiben.
Grundsätzliche Arbeitsschritte	Aufgabenstellung durch Analyse des Problems präzisieren und gegebenenfalls ergänzen
	wesentliche Teilprobleme erkennen
	Funktionen erkennen, Funktionsstrukturen aufstellen und variieren
	Lösungsfelder (Varianten, Alternativen) erarbeiten, Lösungen auswählen und bewerten
	technisch und wirtschaftlich beste Lösung festlegen
	Lösung im Entwurf verwirklichen und eindeutig darstellen (Werkstoff- und Bemessungsangaben, maßstäbliche Entwürfe mit Stücklisten)

Bewerten der Arbeiten

Zum Bewerten werden folgende Kriterien herangezogen: Kreativität (Ideen) - Technisches Wissen - Theoretische mathematische Fähigkeiten - Wirtschaftliches Denken - Systematik - Selbständigkeit - Arbeitstempo - Fähigkeit zu realisieren - Klarheit der Darstellung

Die Bewertung stützt sich auf die erarbeiteten Unterlagen und den persönlichen Eindruck bei der Betreuung. Sie berücksichtigt ferner Inhalt und Form eines Kolloquiums, soweit es durchgeführt wird.

Hinweise auf rechtliche Gesichtspunkte

Werden im Verlauf der Arbeiten den Studierenden Unterlagen von Dritten zugänglich gemacht, dann sind sie zu ihrer vertraulichen Behandlung verpflichtet.

Die Ausarbeitung ist in vereinbarten Fällen Eigentum des Fachgebiets bzw. Instituts. Sie darf dann nicht ohne Einverständnis des Leiters des Fachgebiets bzw. Instituts anderweitig verwendet oder veröffentlicht werden.

Tabelle 10.8. Experimentelle Arbeit (Laborarbeit), Teil 1

Lernziel	Zweck der Arbeit
Grobziel	Besonderes Schulen der kritischen Beobachtungsfähigkeit beim Nachprüfen von theoretischen Aussagen oder konstruktiven Fragestellungen durch selbständiges experimentelles Untersuchen sowie wissenschaftliches Deuten systematisch gewonnener Ergebnisse.
Feinziele	Ausgewählte Versuchsaufgaben in Versuchsanordnungen übertragen,
	Versuchstechniken auswählen, anwenden und u. U. neue entwickeln,
	vorgeplante Untersuchungen selbständig durchführen,
	Aussagewert der Versuchsergebnisse kritisch bestimmen, z.B. Fehlerkritik und statistische Gesichtspunkte,
	Ergebnisse grafisch darstellen,
	Untersuchungen und Vorgehen zusammenfassen.

Tabelle 10.8. Experimentelle Arbeit (Laborarbeit), Teil 2

Lernziel	Zweck der Arbeit
Art der Aufgabe	Die Aufgabe sucht eine bestätigende oder korrigierende Antwort auf eine theoretische Aussage oder konstruktive Fragestellung mit Hilfe experimenteller Methoden. Sie umfaßt die Phasen: Ziele setzen, Planen, Durchführen und Kontrollieren. Darüber hinaus sollen die Ergebnisse eine verbesserte Theorie oder ein optimierendes Entwickeln und Konstruieren ermöglichen. Die Ergebnisse sind entsprechend aufzubereiten.
Grundsätzliches Vorgehen	Zielsetzung erarbeiten
	Aufgabenstellung durch Analyse der Probleme präzisieren und gegebenenfalls ergänzen
	vorliegenden Wissensstand erfassen (u.a. Versuchsbedingungen, Genauigkeit und Geltungsbereich der Ergebnisse)
	Versuche planen
	Geeignete Untersuchungsmethoden suchen
	Versuchsumfang (materiell) festlegen
	Versuchsablauf (zeitlich) planen
	Vorversuche durchführen
	Vorbereitungsarbeiten
	Versuchsaufbau durchführen
	Kalibrieren bzw. Eichen, Testversuche
	Versuchsplan evtl. korrigieren
	Hauptversuche durchführen
	Versuche auswerten
	Ergebnisse statistisch auswerten
	Aussagefähigkeit der Ergebnisse diskutieren
	Ergänzende Kontrollversuche durchführen, wenn nötig
	Ergebnisse übersichtlich darstellen und kritisch diskutieren
	Folgerungen für weiteres Vorgehen ableiten
	Bericht abfassen nach den vorgenannten Schritten mit Inhaltsverzeichnis, Literaturangaben und kurzer Zusammenfassung

10.4.5
Checklisten zum Ermitteln von Anforderungen

Ziel einer Produktentwicklung ist es, Anforderungen (Zielvorstellungen) an ein Produkt durch ein Klären der Aufgabe zu sammeln. Assoziationshilfen sind z.b. Leitlinien (Pahl, Beitz 1997, S. 170) und/oder Checklisten, wie z.b. nach Franke (1975) und Tabelle 10.9.

Die Checkliste nach Tabelle 10.9 orientiert sich an der Systembetrachtung (s. Abb. 3.1 und 3.6), wobei mit der Nummernfolge ein sinnvolles Abarbeiten der Teilsysteme Prozeß und Mittel sowie der Einflußfaktoren, Prozeß- und Zustandsgrößen gegeben sind, Abb. 10.5. Die Hauptmerkmale der Leitlinie nach Pahl, Beitz (1997, S. 170) sind in diese Checkliste integriert.

Vorgehen: Die nach Hauptmerkmalen geordneten Suchbegriffe werden sukzessive durchmustert und auf die Problem- bzw. Aufgabenstellung übertragen. Trifft ein Begriff zu, werden konkrete Anforderungen (= Zielvorstellungen als Solleigenschaften = Merkmale + Werte aus einer Wertemenge bzw. einem Wertebereich) formuliert und in der Anforderungsliste dokumentiert. Trifft der Begriff nicht zu, ist der nächste Begriff zu wählen. Alle Bedingungen, die nicht unmittelbar den Gruppen der Hauptmerkmale (Nummer 1 bis 13) zugeordnet werden können, gelten für das zu betrachtende System als übergeordnet (Nr. 0, Tabelle 10.9). Die so ermittelten Anforderungen werden für das Beurteilen aufbereitet (s. Abschn. 5.1.2), d.h. nach den Prioritäten 1 bis 3 geordnet (s. Tabelle 5.2) und skaliert. Dieses Priorisieren und Skalieren führt zu einem intensiven und aktiven Auseinandersetzen mit den Anforderungen und damit zu einem Reflektieren der eigenen Zielvorstellungen.

Beim Vorgehen helfen neben Assoziationen auch Analogien. Wichtig . hierbei: Nicht starr an den Begriffen festklammern.

Hinweis: Die in Abb. 10.5 enthaltenen Aspekte C, D und E lassen sich insbesondere bei Neuentwicklungen nicht sofort bearbeiten. Deshalb wird der Übergang von B nach F vorgeschlagen. Erst nach einem ersten Durchlauf z.B. der Vorgehenstrilogie (s. Abb. 5.2) werden diese Aspekte auf einem höheren Informationsstand konkretisiert.

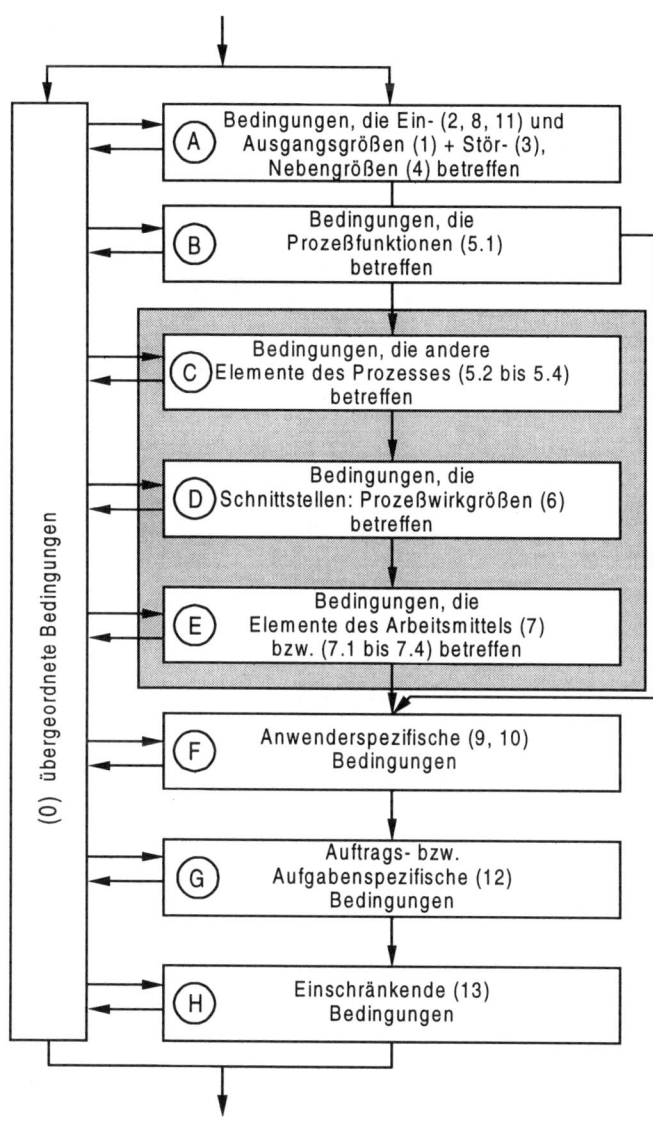

Abb. 10.5. Ablauf für das Klären der Aufgabe mit der Checkliste, Tabelle 10.9

Tabelle 10.9. Leitlinie mit Hauptmerkmalen zum Formulieren von Anforderungen an Technische Systeme (Assoziationsliste) gemeinsam mit Abb. 10.5

Nr.	Bedingungen	Hauptmerkmal	Beispiele für Einzelanforderungen
0	Übergeordnete Bedingungen	Unternehmensziele	Firmenimage, Marktanteile, Wettbewerber, Stückzahl, Gewicht
		Design	Symmetrie, Proportionen, Dynamik
		Kosten	Herstellkosten, Werkzeugkosten, Investition und Amortisation
		Termin	Entwicklungsphasen (Aufgabenstellung, Konzipieren, Ausarbeiten, Produzieren: Funktionsmuster, Prototyp, Serienprodukt), Ende der Entwicklung, Lieferzeit
1 2 8	Ein- (2,8) und Ausgangsgrößen (1) (gewollt) (Umsatz)	Energie	Eingangs- und Ausgangsenergien, Art physikalische Eigenschaften wie z.B. Leistung, Wirkungsgrad, Verlust, Zustandsgrößen wie Druck, Temperatur, Feuchtigkeit, Erwärmung, Kühlung
		Stoff	Eingangs- und Ausgangsstoffe, Hilfsstoffe, vorgeschriebene Werkstoffe (Nahrungsmittelgesetz u. ä.) physikalische, chemische, biologische, ... Eigenschaften
		Signal	Eingangs- und Ausgangssignale, Anzeigeart, Signalform physikalische, ... Eigenschaften
3	Ein- (3) und Ausgänge (4) (ungewollt)	Störgrößen	Lärm, Erschütterungen, Feuchtigkeit, d.h. ungewollte Eingangsgrößen aus der Umgebung
4		Nebengrößen	Lärm, Schwingungen
5	Prozeßoperation (5.1)	Operation	Art, Anzahl und Verknüpfung der Operation(en)
	Verfahrensprinzip (5.2)	physikalischer Effekt	Art, Anzahl und Verknüpfung der physikalischen Effekte
		Kinematik	Bewegungsart, Bewegungsrichtung, Geschwindigkeit, Beschleunigung
5	Verfahrensträger (5.3)	Geometrie	Höhe, Breite, Länge, Durchmesser, Raumbedarf, Anzahl, Anordnung, Anschluß, Ausbau und Erweiterung

Tabelle 10.9. Leitlinie mit Hauptmerkmalen (Fortsetzung 1)

Nr.	Bedingungen	Hauptmerkmal	Beispiele für Einzelanforderungen
5	Verfahrensträger	Stoff (Werkstoff)	Siehe unter 1 und Basismaterial, Rohmaterial, Grundstoffe
	Prozeßparameter (5.4)	Energie	Leistung, Wirkungsgrad, Verlust, Reibung, Ventilation, Druck, Temperatur, Feuchtigkeit, Erwärmung, Kühlung, Anschlußenergie
		Kräfte	Kraftgröße, Kraftrichtung, Krafthäufigkeit, Gewicht, Last, Verformung, Steifigkeit, Federeigenschaften, Stabilität, Resonanzen
		Kinematik	Bewegungsart, Bewegungsrichtung, Geschwindigkeit, Beschleunigung
6	Wirkgrößen	Energie	Leistung, Wirkungsgrad, Verlust, Reibung, Ventilation, Druck, Temperatur, Feuchtigkeit, Erwärmung, Kühlung, Anschlußenergie
		Kräfte	Kraftgröße, Kraftrichtung, Krafthäufigkeit, Gewicht, Last, Verformung, Steifigkeit, Federeigenschaften, Stabilität, Resonanzen
7	Funktion (7.1)	Funktion	Art, Anzahl und Verknüpfung der Funktionen (=Größe(n) + Operation(en))
	Wirkprinzip (7.2)	physikalischer Effekt	Art, Anzahl und Verknüpfung der physikalischen Effekte
		Kinematik	Bewegungsart, Bewegungsrichtung, Geschwindigkeit, Beschleunigung
	Funktionsträger (7.3)	Geometrie	Höhe, Breite, Länge, Durchmesser, Raumbedarf, Anzahl, Anordnung, Anschluß, Ausbau und Erweiterung
		Stoff (Werkstoff)	Siehe unter 1 und Basismaterial, Rohmaterial, Grundstoffe
5, 6, 7	Verfahrens-, Funktionsträger	Sicherheit	Unmittelbare Sicherheitstechnik, Schutzsysteme, Betriebs-, Arbeits- und Umweltsicherheit
9, 10, 11	Anwender	Ergonomie	Mensch-Maschine-Beziehung: Bedienung, Bedienungsart, Übersichtlichkeit, Beleuchtung, Formgestaltung, Leistungsfähigkeit, Leistungsbereitschaft

Tabelle 10.9. Leitlinie mit Hauptmerkmalen (Fortsetzung 2)

Nr.	Bedingungen	Hauptmerkmal	Beispiele für Einzelanforderungen
12	Auftrag, Aufgabe	nicht vorhersehbar	Optional, Kundenspezifisch
13	Einschränkungen	Fertigung	Einschränkung durch Produktionsstätte, größte herstellbare Abmessung, bevorzugtes Fertigungsverfahren, Fertigungsmittel, mögliche Qualität und Toleranzen
		Kontrolle	Meß- und Prüfmöglichkeit, besondere Vorschriften (TÜV, ASME, DIN, ISO, AD-Merkblätter)
		Montage	Besondere Montagevorschriften, Zusammenbau, Einbau, Baustellenmontage, Fundamentierung
		Transport	Begrenzung durch Hebezeuge, Bahnprofil, Transportwege nach Größe und Gewicht, Versandart und -bedingungen
		Gebrauch	Geräuscharmut, Verschleißrate, Anwendung und Absatzgebiet. Einsatzort (z.B. schwefelige Atmosphäre, Tropen)
		Instandhaltung	Wartungsfreiheit bzw. Anzahl und Zeitbedarf der Wartung, Inspektion, Austausch und Instandsetzung, Anstrich, Säuberung
		Recycling	Wiederverwendung, Wiederverwertung, Endlagerung, Beseitigung

Bei den einschränkenden Bedingungen (Nr. 13) handelt es sich u.a. auch um die als Gestaltungsrichtlinien (Gerechtheiten) zusammengefaßten Konstruktionsregeln (Pahl, Beitz 1997, S. 332-451 und Ehrlenspiel 1995, S. 281).

10.5
Literatur

Bohinc T (1995) Visualisieren - Präsentationen optisch ansprechend gestalten. Unterrichtsblätter 48, 6, 342-355

Bohinc T (1996) Moderation - Eine Methode, um Besprechungen und Arbeitstagungen erfolgreicher zu gestalten. Unterrichtsblätter 49, 8, 414-425

Brauchlin E (1990) Problemlösungs- und Entscheidungsmethodik. 3.Auflage. Haupt, Bern Stuttgart

Diederich G (1977) Textgestaltung in Wirtschaft und Verwaltung. Texte leicht verständlich und arbeitsgerecht verfassen. Moderne Industrie, München.

Diederich G (1997) Rechtschreibung 1998. Heft 1: Regeln für die neue Rechtschreibung. Heft 2: Regeln für die Textverständlichkeit. Mainpresse, Würzburg

Dreibholz D (1975) Ordnungsschemata bei der Suche von Lösungen. Konstruktion 27, 233-240

Ehrlenspiel K (1995) Integrierte Produktentwicklung.: Methoden für Prozeßorganisation, Produkterstellung und Konstruktion. Hanser, München Wien

Ewald O (1975) Lösungssammlungen für das methodische Konstruieren. VDI, Düsseldorf

Franke HJ (1975) Methodische Schritte zum Klären konstruktiver Aufgabenstellungen. Konstruktion 27, 478-484

Gerhards G (1973) Seminar-, Diplom- und Doktorarbeit. Haupt, Bern Stuttgart

Gordon WJ (1961) Synectics, the Development of Creative Capacity. Harper, New York

Haberfellner R, Nagel P, Becker M, Büchel, von Massow (1997) Systems Engineering. Methodik und Praxis. 9., erw. Aufl. Industrielle Organisation, Zürich

Hürlimann W (1981) Methodenkatalog. Ein systematisches Inventar von über 3000 Problemlösungsmethoden. Langen, Bern Frankfurt am Main Las Vegas

Holliger H (1970) Morphologie - Idee und Grundlage einer allgemeinen Methodenlehre. Kommunikation 1. Vol V1. Schnelle, Quickborn

Koch P (1986) Ausarbeiten und Präzisieren von Aufgabenstellungen. Lehrbriefreihe „Grundlagen des wiss.-techn. Schöpfertums", H 6. BA/CZJ, Berlin Jena

Koldau M (1998) Sachtexte kurz, verständlich, übersichtlich. Empfehlungen für das Gestalten von Sachtexten. Seminarunterlage, Seeheim

Kurbel K (1989) Entwicklung und Einsatz von Expertensystemen. Eine anwendungsorientierte Einführung in wissenbasierte Systeme. Springer, Berlin Heidelberg

Müller J (1990) Arbeitsmethoden der Technikwissenschaften. Systematik, Heuristik, Kreativität. Springer, Berlin Heidelberg New York

Osborn AF (1957) Applied Imagination - Principles and Procedures of Creative Thinking. Scribner, New York

Pahl G, Beitz W (1997) Konstruktionslehre. Methoden und Anwendung. 4. Auflage. Springer, Berlin Heidelberg New York

Rohrbach B (1969) Kreativ nach Regeln - Methode 635, eine neue Technik zum Lösen von Problemen. Absatzwirtschaft 12, 73-75

Roth K (1994) Konstruieren mit Konstruktionskatalogen. Bd. 1: Konstruktionslehre. Bd. 2: Konstruktionskataloge. 2. Aufl. Springer, Berlin

Schwarz-Geschka M (1997) Japanische Problemlösungsmethoden. In: Geschka H (Hrsg.) Methoden zur Problemlösung. DIFI-Tagung. Eigenverlag, Darmstadt

Sinn R, Berger R (1968) Leitfaden für das Abfassen von technischen Versuchsberichten. VDI-Z. 110, 36, S 1589-1593

VDI 2221 (1993) Methodik zum Entwickeln und Konstruieren technischer Systeme und Produkte. Beuth, Berlin Köln

VDI 2225 (1977) Konstruktionsmethodik. Technisch-wirtshaftliches Konstruieren. Anleitung und Beispiele. Bl.1. Beuth, Berlin Köln

VDI 2225 (1996) Konstruktionsmethodik. Technisch-wirtschaftliches Konstruieren. Tabellenwerk. Bl. 2 Entwurf. Beuth, Berlin

Weinreich H (1981) Vademecum der Bewertung. Eine Anleitung zum Arbeiten mit Methoden der Bewertung und Auswahl von Produktideen. Battelle, Frankfurt

ZVEI (1992) Rechnerunterstützte Methoden in der Qualitätssicherung. Hrsg.: Fachverband Informations- und Kommunikationstechnik im Zentralverband Elektrotechnik- und Elektronikindustrie e.V., Frankfurt

11 Begriffe

11.1
Begriffserläuterungen

Die mit * gekennzeichneten Begriffe sind der Dissertation Frankenberger (1997, S. 218) „Voraussetzungen des Individuums" entnommen. Begriffe, die aus anderen Quellen stammen, werden unter dem genannten Bezug zitiert.

Assoziationen: (bildungssprachlich) Verknüpfung von Vorstellungen (Duden 1989)

Aufgeschlossenheit*: meint die Offenheit einer Person hinsichtlich anderer Anregungen, Neuerungen, Personen, usw. Die Aufgeschlossenheit ist demnach als Flexibilität des psychischen Gefüges aus Meinungen, Einstellungen und Wissen zu begreifen. Mangelnde Aufgeschlossenheit ist z.b. dann festzustellen, wenn die Person keine Bereitschaft zeigt, sich mit anderen Lösungsmöglichkeiten, Vorschlägen, Ideen anderer auseinanderzusetzen.

Einrichtung: technische Vorrichtung, Anlage (Duden 1989)

Empirie: Methode, die sich auf Erfahrung stützt, um wissenschaftliche Erkenntnisse zu gewinnen; aus Erfahrung gewonnene Erkenntnisse (Duden 1989)

Engramm: Die im Zentralnervensystem hinterlassene Spur eines Reiz- oder Erlebniseindrucks; Erinnerungsbild (Duden 1989)

Erfahrung*: wird als die Quintessenz des Auseinandersetzens mit der Realität verstanden, und zwar als Produkt eines Anhäufens und Strukturierens von Faktenwissen (knowing that), das sich im Verlauf des Anwendens und Bearbeitens im Gedächtnis verankert hat. Faktenwissen enthält Fachwissen wie das Wissen über Material, Maschinen oder auch

Bearbeitungsroutinen. Neben dem Faktenwissen ist im Erfahrungs„schatz" auch das Regelwissen (knowing how) gespeichert. Erfahrung wird gewonnen aus dem Auseinandersetzen mit konkreten, selbst erlebten Situationen; damit ist Erfahrung vor allem handlungsbezogen, sehr individuell und schwer reflektierbar. Für das konkrete Handeln vermittelt Erfahrung die Möglichkeit zu wissen, „wann was getan werden muß". Es wird von vielen Autoren deshalb von „Erfahrungswissen" (Ulich 1994, S. 8) gesprochen. Diejenigen, die es besitzen, sprechen beispielsweise von „Materialgespür", vom „Gespür" für Maschinen, von der Orientierung am Geräusch der Anlagen, von blitzartigen Entscheidungen ohne langes Nachdenken, von notwendiger Improvisation und Intuition. (SZ Nr. 64, S.VI/1, 16./17.März 1996).

Fähigkeit: Bezeichnung für die angeborene und/oder erworbene allgemeine Voraussetzung, eine Leistung oder Handlung ausführen zu können (Paulik 1980, S. 85). Die Fähigkeit als Gesamtheit der Bedingungen, welche die Ausübung von Tätigkeiten ermöglichen, wird auch als Leistungsdisposition, Eignungsdimension oder Begabung bezeichnet. Sie ist ein Teil der Grundeigenschaften (Faktoren) der Persönlichkeit und läßt sich in folgende Hauptgruppen einteilen:

- motorisch-expressive Fähigkeiten wie Schnelligkeit, Geschicklichkeit, Ausdrucksfähigkeit
- emotionale Fähigkeiten wie Erlebnisfähigkeit, Kontaktfähigkeit
- kognitive Fähigkeiten wie Fähigkeit des Wahrnehmens und Denkens; die Intelligenz als allgemeine geistige Befähigung oder als Komplex bzw. Struktur von Einzelfähigkeiten
- Fähigkeiten der Persönlichkeitsorganisation wie Steuerungsfähigkeit, Regulationsfähigkeit, Integrationsfähigkeit, Entschlußfähigkeit
- Modifikatorische Fähigkeiten wie Lernfähigkeit, Gestaltungsfähigkeit, Speicherungsfähigkeit

Unter Fähigkeit wird also die Gesamtheit der Bedingungen verstanden, die notwendig sind, um eine bestimmte Leistung zu vollbringen. Fähigkeiten können angeboren sein oder erworben werden. Fähigkeit kann entfaltet werden und durch Üben zur vollen Leistungsfähigkeit, zur Fertigkeit werden. Fähigkeiten können in allen Lernzielbereichen liegen: Die Denkfähigkeit z.B. im kognitiven, manuelle Fähigkeiten im psychomotorischen und die Fähigkeit zu Gefühlsäußerungen im affektiven Bereich. Die Dimension „Fähigkeiten" umfaßt u.a.:

- Denkvermögen, d.h. fähig sein, Kenntnisse richtig anzuwenden

- Urteilsvermögen, d.h. fähig sein, analytisch zu denken
- Kombinationsvermögen, d.h. fähig sein, synthetisch zu denken
- Planungsvermögen, d.h. fähig sein, Konsequenzen zu erkennen und sie zu berücksichtigen
- Entscheidungsvermögen, das ist die Fähigkeit situationsgerecht zu handeln

Feedback: (Kybernetik) zielgerichtete Steuerung eines technischen, biologischen oder sozialen Systems durch Rückmeldung der Ergebnisse, die darin besteht, daß die Ausgangsbedingungen des neuen Systemumlaufs von den Ergebnissen des vorangegangenen beeinflußt werden (Duden 1989)

Fehlverhalten: Verhalten eines Menschens, das im Hinblick auf einen anderen oder eine Gemeinschaft störend ist (Paulik 1980, S. 88). Fehlverhalten wird oft eingesetzt, um bestimmte Ziele zu erreichen. Andere Ursachen für ein Fehlverhalten sind z.B. Über- oder Unterforderung, private Sorgen. Fehlverhalten kann bevorzugt beseitigt werden, wenn Hinweise und Vorschläge zu einem anderen Verhalten gegeben werden (klärendes Gespräch).

Fertigkeit: Wird eine Fähigkeit durch entsprechendes Üben in hohem Grad beherrscht, wird von einer Fertigkeit gesprochen (Paulik 1980, S. 89). Mit Fertigkeit werden auch die mehr oder minder „automatisch" verlaufenden Handgriffe bezeichnet, die zu einem Arbeitsgang gehören, also Fähigkeiten, die man „traumhaft sicher" beherrscht. Fertigkeiten sind durch „Geläufigkeit der Handhabung" gekennzeichnet. Unterschieden wird:

- geistige Fertigkeiten im kognitiven Lernbereich
- körperliche Fertigkeiten, meist manueller Art als „Handfertigkeit"

Handlung: eine oft komplexe Abfolge von koordinierten und umweltbezogenen Bewegungen, die ein Individuum ausführt. Von dem bloßen Verhalten hebt sich die Handlung dadurch ab, daß sie auf das Erreichen eines Ziels gerichtet ist (Dorsch 1982)

Handlungsfähigkeit: auf Grund gegebener persönlicher Voraussetzungen fähig, in der Lage zu handeln, tätig zu werden bzw. bestimmte Handlungen verantwortlich zu tätigen (Duden 1989)

Handlungsorientierung*: wird gesehen, wenn forciert an der eigenen Arbeit weitergearbeitet wird und Hindernisse in diesem Sinne ausgeräumt werden. Als geringe Handlungsorientierung ist zu bezeichnen, wenn vermieden wird, Festlegungen zu treffen, die zum Weiterarbeiten notwendig wären.

Heurismus: Unter Heurismus wird nach Sell (1988, S. 68) der Gesamtablauf des Problemlösungsprozesses verstanden. Um die Handlungen so organisieren zu lernen, sind bestimmte Konstruktions- und Verfahrenselemente anzuwenden (Heurismen). Ganz allgemein und weitreichend betrachtet, besteht der Heurismus dabei in der Organisation von Analyse-, Veränderungs- und Prüfprozessen (TOTE-Einheiten).

Heuristik: Lehre, Wissenschaft von den Verfahren, Probleme zu lösen; methodische Anleitung, Anweisung zur Gewinnung neuer Erkenntnisse (Duden 1989)

Eine Faustregel oder andere Methode bzw. Vereinfachung, die die Suche in einem sehr großen Problemraum reduziert bzw. einschränkt. Zum Unterschied von Algorithmen garantieren Heuristiken nicht die richtige Lösung. (Harmon, King 1986, S. 285)

Interferenz: Hemmung oder Beeinflussung eines [biologischen] Vorgangs durch einen gleichzeitigen und gleichartigen anderen (Duden 1989)

Interpretation: eine Verarbeitungsmethode, um das Typische bzw. das Tendentielle in einer Vielheit von qualitativen Informationsdaten zu finden. Sie enthält bereits Ansätze zu einer Weitergabemethode (Scheibler 1976, S. 89)

Iterativ: sich schrittweise in wiederholten Arbeitsgängen der exakten Lösung annähern (Duden 1989)

Kommunikation: ein menschliche Beziehung schaffendes Geschehen, das im Vermitteln von Kenntnissen, Informationen, Emotionen, aber auch von materiellen Dingen besteht. So ist Kommunikation letztlich eine zwischenmenschliche Beziehung, im strikten Sinn eine Beziehung, durch die Partner sich verstehen und verständlich machen oder sich gegenseitig beeinflussen können (Mucchielli 1974).

Kompetenz*: zu unterscheiden sind zum einen subjektive und objektive Kompetenz, und zum anderen epistemische und heuristische Kompetenz. Während die objektive Kompetenz die Verfügbarkeit über Wissen- und Handlungsmöglichkeiten im jeweiligen Realitätsbereich meint, ist die subjektive Kompetenz die eigene Einschätzung (Meinung) bezüglich des Wissens um diese Handlungsmöglichkeiten. Darüber hinaus wird noch zwischen epistemischer Kompetenz als die Handlungsmöglichkeiten in einem bestimmten Realitätsbereich (z.B. Feinmechanik) unterschieden vs. heuristischer Kompetenz, welche die Fähigkeit beim Umgang mit neuen Realitätsbereichen meint. Die epistemische Kompetenz deckt sich überwiegend mit dem Konzept der Erfahrung, so daß wir uns hier auf die heuristische Kompetenz beschränken, also die Verfügbarkeit (objektiv) bzw. die Einschätzung (subjektiv) des Vorhandenseins genereller Problemlösestrategien, das sind solche, die weitgehend situationsunabhängig sind.

Komplexität: viele Aspekte der Situation berücksichtigen (Dörner 1983, S. 19); Vielschichtigkeit, Ineinander vieler Merkmale (Duden 1989)

Konfrontation: Gegenüberstellung nicht übereinstimmender Personen, Meinungen, und Sachverhalte; Auseinandersetzung zwischen Gegnern (Duden 1989)

Konkret-Abstrakt-Konkret-Übergänge: Bezug zum Strategiemerkmal „Pendeln zwischen dem Abstrakten und dem Konkreten" (Ehrlenspiel 1995, S. 68). So läßt sich eine Trommelbremse durch ein Ersatzbild der Mechanik darstellen, um durch Gestaltvariation zu anderen Ausführungen wie z.B. einer Scheibenbremse zu gelangen.

Kontrollbedürfnis*: Dörner und einige andere Psychologen unterscheiden fünf Gruppen von Bedürfnissen: a) Existenzerhaltung (Hunger, Durst, Wärme), b) Arterhaltung (Sexualität, Brutpflege), c) Affiliationsbedürfnisse (Gruppenbindung), d) Unbestimmtheitsvermeidung (= Kontrollbedürfnis) und e) Kompetenz. Das Kontrollbedürfnis ist das Bedürfnis nach aktiver und passiver Kontrolle der Situation, d.h. das Ziel ist zum einen, in einer Situation handeln zu können (= aktive Kontrolle haben) und zum anderen die Situation vorhersagen bzw. erklären zu können (= passive Kontrolle; Voraussetzung sind diversive (Neugier) und spezifische Exploration (Analyse)). Das Kontrollbedürfnis kann also dadurch befriedigt werden, daß Informationen gesucht werden, die ganz allgemein gesprochen, das Wissen über das Weltbild (oder einen Teil des Weltbildes, z.B. Wissen über das Verhalten von Babys) vervollständigen und die Eingriffsmöglichkeiten und Handlungsoptionen verbessern. Zu betonen ist, daß sich das Kontrollbedürfnis in einem bipolaren Verhalten äußert, d.h. es gibt Situationen, in denen Unbestimmtheit gesucht wird, um neue Informationen und neue Realitätsbereiche zu eröffnen.

Beispiel: Ein Hobbykoch wird nicht damit zufrieden sein, seine Fähigkeiten im Bereich des Kochens immer auf gleicher Stufe zu erhalten und damit letztlich sich verändernden Anforderungen nicht anpassen zu können (ein solches Bestreben hätte frühzeitig den Niedergang der Menschheit nach sich gezogen), sondern er wird versuchen, vielleicht - neben der Kreation von Fleischsoßen - im folgenden sein Ziel in den Bereich von Salatsaucen auszudehnen. Der Hobbykoch kann sein Bedürfnis nach neuen Informationen, also einer zeitweisen vermehrten Unbestimmtheit, z.b. auch durch das Lesen eines Buches befriedigen oder durch das Ausprobieren neuer „Kochtechniken".

Leistungsfähigkeit: Eigenschaft, fähig oder geeignet, angemessene, beträchtliche Leistungen zu erbringen (Duden 1989)

Lernpsychologie: psychologische Wissenschaft, die das Lernen (Lernfähigkeit, Lernprozesse usw.) zum Gegenstand hat (Duden 1989)

Maßnahmen: Handlung, Regelung o.ä., die etwas Bestimmtes bewirken soll (Duden 1989)

Methode: ein planmäßiges Vorgehen zum Erreichen eines bestimmten Ziels (Pahl, Beitz 1997, S. 751). Eine Methode ist ein auf einem Regelsystem aufbauendes Verfahren zum Erlangen von wissenschaftlichen Erkenntnissen oder praktischen Ergebnissen. Sie ist die Art und Weise eines Vorgehens (Duden 1989).

Methodik: ein planmäßiges Vorgehen unter Einschluß mehrerer Methoden und entsprechender (Hilfs-)Mittel. (Pahl, Beitz 1997, S. 751)

Mißerfolg: [unerwartet] schlechter, enttäuschender, negativer Ausgang einer Unternehmung o.ä. (Duden 1989). Auch dabei wird gelernt, aber es handelt sich um umgekehrtes Lernen. Es wird verlernt bzw. gelernt, etwas nicht zu tun (Schubert et al. 1973, S. 20).

Moderieren: durch einführende Worte und verbindende Kommentare im Ablauf betreuen (Duden 1989).

Motivation*: vorhandener Mangel verbunden mit dem Wissen, wie dieser Mangel beseitigt werden kann (= Bedürfnis plus Zielvorstellung). Motivation (psychischer „Druck"), eine Handlung auszuführen und ein Ziel zu erreichen. Dieser Druck entsteht aus einer negativ bewerteten Situation (= Mangel), einer erwarteten negativen Situation (= antizipierter Mangel) und/oder aus einer erwarteten positiven Situation (= antizipierte Befriedigung). Beispiel: Motivationssenkung durch fehlendes Einbeziehen in Entscheidungen. So ist die Motivation dann niedrig, wenn Aufgaben übernommen werden müssen, die eigentlich nicht zu dem eigenen Aufgabengebiet gehören.

Neuronen: Nervenzelle mit allen Fortsätzen (Duden 1989)

Neurophysiologie: Physiologie des Nervensystems. Physiologie: Wissenschaft, die sich mit den Lebensvorgängen, den funktionellen Vorgängen im Organismus befaßt (Duden 1989)

Operational: sich durch Operationen vollziehend (Duden 1989)

Plan: von Miller, Galanter, Pribram (1975, S. 25) eingeführter kognitivistischer Grundbegriff, der die Ablauforganisation zielgerichteter Aktivitäten beschreiben und erklären helfen soll. In Analogie zum „Programm", das die Aktivität eines Computers steuert, werden Pläne als hierarchisch verschachtelte Folgen von Operationsanweisungen verstanden. Vorstellung von der Art und Weise, in der ein bestimmtes Ziel verfolgt, ein bestimmtes Vorhaben verwirklicht werden soll (Duden 1989). Pläne dienen im allgemeinen zum Festlegen der zeitlichen Abfolge und der Orte von Handlungen (Strohschneider, von der Weth 1993, S. 12)

Problem: Aufgabe oder Fragestellung, deren Lösung nicht erkennbar ist und auch nicht direkt mit bekannten Mitteln angegeben werden kann (Pahl, Beitz 1997, S. 751). Ein Problem ist also gekennzeichnet durch drei Komponenten: unerwünschter Startzustand (SZ), erwünschter Zielzustand (ZZ) und Barriere, die die Transformation von SZ in ZZ im Moment verhindert (Dörner 1987, S. 10)

Produkt: ist alles, was einem Markt zu Aufmerksamkeit, Erwerb, Gebrauch oder Konsum angeboten wird und der Befriedigung eines Wunsches oder eines Bedürfnisses dient. Demnach handelt es sich bei einem Produkt um Zahnpasta, um einen LKW, um Energie oder auch um einen Telefonanschluß, ein Faxgerät, eine Datenübertragung oder ein Sachbericht. (Kotler 1982)

Qualitätsanspruch*: ist als Teil eines Leistungsmotivs zu sehen, d.h. das was ich mache oder was gemacht wird, soll in einer Güte vorliegen, die akzeptiert werden kann, mit der ich mich identifizieren kann. Der Qualitätsanspruch ist also die Meßlatte für die zu akzeptierende Güte eines Produkts.

Quant: kleinstmöglicher Wert einer physikalischen Größe (Duden 1989)

Rezeptiv: nur aufnehmend, empfangend (Duden 1989)

Sensibilisieren: empfindlich machen für die Aufnahme von Reizen und Eindrücken (Duden 1989): Aufmerksamkeit und Wahrnehmung

Soziales Wissen*: wird unabhängig von der Erfahrung gesehen, obwohl soziales Wissen natürlich auch zum großen Teil durch Erfahrung erworben wird. Soziales Wissen wird dann gesehen, wenn eine Person

weiß, welche Personen wichtige Informationen, Daten, usw. für die vorliegenden Probleme haben könnten. Soziales Wissen wird nicht kodiert,
wenn C seinen Kollegen B befragt, weil er das sowieso immer tut, und
die Gründe für die Kommunikation vornehmlich in der gemeinsamen
guten Beziehung liegen.

Stil: Art und Weise, etwas mündlich oder schriftlich auszudrücken, zu
formulieren; das, was im Hinblick auf Ausdrucksform, Gestaltungsweise,
formale und inhaltliche Tendenz wesentlich, charakteristisch, typisch ist
(Duden 1990)

Stilistik: Lehre von der Gestaltung des sprachlichen Ausdrucks, vom
Stil (Duden 1990)

Strategie: ein System von Aushilfen (Moltke 1912). Die Strategie ist
die Fortbildung des ursprünglich leitenden Gedankens entsprechend den
stets sich ändernden Verhältnissen. Strategie ist nichts weiter als die
Anwendung des gesunden Menschenverstandes, und der läßt sich nicht
lehren. Es liegt indessen auf der Hand, daß theoretisches Wissen für den
Feldherren nicht ausreicht, sondern daß bei seiner Tätigkeit die Eigenschaften des Geistes und des Charakters zur freien praktischen, zur
künstlerischen Entfaltung gelangen, geschult freilich durch militärische
Vorbildung und geleitet durch Erfahrung, sei es aus der Kriegsgeschich-
te, sei es aus dem Leben selbst. (Moltke 1912)

Die Strategie ist eine Wissenschaft, wo bloßes Wissen der Zweck ist;
sie ist eine Kunst, wo ein hervorbringendes Können der Zweck ist (Clausewitz 1973).

Es kommt darauf an, in lauter Spezialfällen die in den Nebel der Un-
gewißheit gehüllte Sachlage zu durchschauen, das Gegebene richtig zu
würdigen, das Unbekannte zu erraten, einen Entschluß schnell zu fassen
und dann kräftig und unbeirrt durchzuführen (Moltke 1912).

Eine Strategie bezeichnet die gesamtzielorientierte Art des Abarbeitens von Zielen. Die Handlungsweisen, mit denen diese Ziele im einzelnen verfolgt werden, also wie die aktuellen Handlungen gesteuert und
geprüft werden, werden Taktiken genannt. (Fricke 1993, S. 26)

Streß: ist das körperliche Anpassungsprogramm des Menschens an
neue Situationen, seine unspezifische und stereotype Antwort auf alle
Reize, die sein persönliches Gleichgewicht stören. (Troch 1979, S. 11)

Studierphilosophie: persönliche Art und Weise, das Studieren zu betrachten, philosophieren, über ein Problem nachdenken und darüber
reden (Duden 1989)

Studierpolitik: zielgerichtetes Vorgehen beim Studieren; auf das Durchsetzen bestimmter Ziele gerichtetes Handeln beim Gestalten und Lenken des Studierens (Duden 1989)

Subjektiver Zeitdruck*: das individuelle Gefühl, daß die Zeitdauer bis zum Termin für das Fertigstellen der Handlung nicht ausreicht. Dieses individuelle Gefühl kann vom objektiven Zeitdruck abhängig sein, aber es gibt auch das subjektive Gefühl von Zeitdruck, ohne daß dies in gleichem Ausmaß von den Terminen gegeben ist und umgekehrt. Zeitdruck entsteht unter der Annahme, daß die Zeit zwischen aktueller Situation und dem Termin zum Fertigstellen der Handlung nicht ausreicht. Wesentlich sind hier sowohl der Zeitbedarf als auch die geschätzte Erfolgswahrscheinlichkeit der Handlung.

Synapsen: Der Übertragung von Reizen dienende Verbindung zwischen einer Nerven- oder Sinneszelle und einer anderen Nervenzelle oder einem Muskel (Duden 1989)

Syndrom: (soziologisch) Gruppe von Faktoren o.ä., deren gemeinsames Auftreten einen bestimmten Zustand anzeigt (Duden 1989)

Taktik: Taktiken managen das Abarbeiten von Unterzielen. Sie bestehen aus mehreren Handlungen, die nur mittelbar einem Unterziel des Lern- bzw. Arbeitsprozesses dienen. Handlungen bezwecken dies auch durch eine Abfolge von Routinen, also elementaren Zielen wie z.B. Lösungsideen speichern. (Fricke 1993, S. 26)

Theoretische Ausbildung*: umfaßt die theoretischen Kenntnisse, das können sowohl Methodikkenntnisse sein, als auch Kenntnisse bzgl. der Berechenbarkeit von Material, usw. Die theoretische Ausbildung vermittelt Kenntnisse im wesentlichen über Sachwissen nicht über Handlungswissen, also keine konkreten Handlungsanweisungen.

Unbestimmtheit: Unschärfe (Dörner 1987, S. 123)

Universitätskultur: in der Universität vorherrschende gemeinsame Wertvorstellungen, Normen und Überzeugungen (Duden 1989)

Verfahren: Art und Weise der Durch-, Ausführung von etwas; Methode (Duden 1989)

Verhalten: bezeichnen Psychologen jede beobachtbare Äußerung des Menschen (Schubert et al. 1973, S. 11). Umfassender Begriff für alle Handlungen und (Nicht-Handlungen), mit denen der einzelne alle auf ihn zukommenden Situationen zu bewältigen versucht. Verhalten kann aufgegliedert werden: 1. Fachliches Verhalten, 2. Denk-Verhalten, 3. Persönliches (Arbeits-)Verhalten und 4. Gemeinschafts-Verhalten (Paulik

1980, S. 230). Bezeichnung für die Gesamtheit aller feststellbaren Aktivitäten eines Individuums bzw. Organismus einschließlich geistiger Tätigkeiten und emotionalen Erlebens (Grüner et al. 1974, S. 181). Personen suchen und finden allerdings durchaus Möglichkeiten, die Konfrontation mit negativen Konsequenzen ihrer eigenen Handlungen zu vermeiden. Eine dieser Möglichkeiten ist das „ballistische Verhalten" (Dörner 1994, S. 267).

Verifizierung: (bildungssprachlich) durch Überprüfen die Richtigkeit einer Sache bestätigen (Duden 1989)

Weitergabe: eine produktive Äußerung, in der sich die stattgefundenen Denkakte niederschlagen, durch welche die gefundenen Ursache und Gründe ihren Ausdruck finden, mit deren Hilfe entdeckte Beziehungen, Zusammenhänge und Einflüsse mitgeteilt werden (Scheibler 1976, S. 130)

Yang: lichte, männliche Urkraft, schöpferisches Prinzip in der chinesischen Philosophie (Duden 1989)

Ying: dunkle, weibliche Urkraft, empfangendes Prinzip in der chinesischen Philosophie (Duden 1989)

Ziel: Bezeichnung für das vorgestellte erstrebenswerte Ergebnis einer Tätigkeit, das als Bezugspunkt für die Ausrichtung des Handelns dient (Grüner et al. 1974, S. 192)

11.2
Literatur

Clausewitz C von (1973) Vom Kriege. (1. Ausgabe 1832). Dümmler, Bonn

Dörner D, Kreuzig HW, Reither F, Stäudel T (1983) Lohhausen: vom Umgang mit Unbestimmtheit und Komplexität. Huber, Bern Stuttgart Wien

Dörner D (1987) Problemlösen als Informationsverarbeitung. Kohlhammer, Stuttgart Berlin Köln Mainz

Dörner D (1994) Die Logik des Mißlingens. Strategisches Denken in komplexen Situationen. Rowohlt, Reinbek bei Hamburg

Dorsch F (1982) Psychologisches Wörterbuch. Huber, Wien

Duden (1989) Deutsches Universalwörterbuch A-Z. Duden, Mannheim Wien Zürich

Frankenberger E (1997) Arbeitsteilige Produktentwicklung. Empirische Untersuchung und Empfehlungen zur Gruppenarbeit in der Konstruktion. Reihe 1: Konstruktionstechnik/ Maschinenelemente. Nr. 291. VDI, Düsseldorf

Fricke G (1993) Konstruieren als flexibler Problemlöseprozeß - Empirische Untersuchung über erfolgreiche Strategien und methodische Vorgehensweisen beim Konstruieren. Reihe 1: Konstruktionstechnik/ Maschinenelemente. Nr. 227. VDI, Düsseldorf

Grüner G, Kahl O, Georg W (1974) Kleines berufspädagogisches Lexikon. Bertelsmann, Bielefeld

Guilford JP (1964) Persönlichkeit. Beltz, Weinheim

Harmon P, King D (1986) Expertensysteme in der Praxis. Perspektiven, Werkzeuge, Erfahrungen. Oldenbourg, München Wien

Miller GA, Galanter E, Pribram KH (1975) Strategien des Handelns. Pläne und Strukturen des Verhaltens. Ernst Klett, Stuttgart

Moltke H von (1912) Moltkes Militärische Werke IV. Kriegslehren. 3.Teil: Die Schlacht. Dietz, Berlin

Mucchielli R (1974) Kommunikation und Kommunikationsnetze. Müller, Salzburg

Pahl G, Beitz W (1997) Konstruktionslehre. Methoden und Anwendung. 4. Auflage. Springer, Berlin Heidelberg New York

Paulik H (1980) Lexikon der Ausbildungspraxis. Moderne Industrie, München

Scheibler A (1976) Technik und Methodik des wirtschaftswissenschaftlichen Arbeitens. Vahlen, München

Sell R (1988) Angewandtes Problemlösungsverhalten. Denken und Handeln in komplexen Zusammenhängen. Springer, Berlin Heidelberg New York

Troch A (1974) Streß und Persönlichkeit. Reinhardt, München Basel

Ulich E (1994) Arbeitspsychologie. Poeschel, Stuttgart

Sachverzeichnis

Druck: Mercedesdruck, Berlin
Verarbeitung: Buchbinderei Lüderitz & Bauer, Berlin